はざまの哲学

野家啓一
KEIICHI NOE

青土社

はざまの哲学　目次

はざまの哲学

はじめに　「はざま」の作法

＊

　本書のタイトルに掲げた「はざま」という概念について、それが哲学とどのような関係をもつのか、ひとこと弁明しておくことにしたい。白川静『字訓』の「はさま（峡・谷）」の項には「山と山との間にはさまれたせまいところ。谷あい」とあり、さらに「鎌倉・室町期以後、「はざま」のように濁音となった。「はさ」に「ま」をそえた語。「はさむ」「はさまる」はその動詞形である」と解かれている。要するに、二つの山に両側からはさまれた空間、すなわち「間」を指す言葉である。

　もちろん哲学の上では、「間」については、和辻哲郎の「間柄」や木村敏の「あいだ」、さらに視野を広げれば、レーヴィットの“Zwischenmenschlichkeit”（間人間性）やメルロ＝ポンティの“l'entre-deux”（間）、ガダマーの“das Zwischen”（間）など、先行例には事欠かない。とりわけ私にとっては、木村敏による「あいだ」の精神病理学からの示唆と影響はまぎれもないが、東北出身の私が「はざま」という言葉に何よりも惹き付けられたのは、柳田國男がその語源をアイヌ語に求めていたことによる（引用は『柳田國男山人論集成』角川ソフィア文庫による）。

東京附近にはアイヌ語の残れるものが多い。ハザマ、すなわち尾張の桶狭間のごとき、この名を負うところは関東にかけて多い。これはアイヌ語のハッサマデ、イリノに比べてやや短き谿間の地である（「山民の生活（下）」）。

さらに柳田は日本山岳会における同タイトルの講演において、アイヌや蝦夷との連関を強調しながら「はざま」の語義を次のように敷衍している。

陸中の大迫町は「オハザマ」と呼びます。しかるに自分の信ずるところでは「ハザマ」はアイヌ語の「ハサマ」（底）でかくのごとき低地の行留まりをいう名詞であります。（略）我々の

> 祖先は現にアイヌの祖先が居住して居るところへ後から入って来て、アイヌの経済生活にはあまり大関係のない谷合の卑湿の地を占有して田を開きその附近に住居を構えたということを想像させるのです。（略）奥羽の辺柵で田村将軍が武威を耀してから後も、ずっと内地の関八州の山地などには蝦夷と日本人が境を接して居って、長い間平和なるまたは武装的の交渉が絶えなかったかと思われます。（「山民の生活（第二回大会席上にて）」）

　つまり、柳田の理解によれば、古代の日本人が徐々に蝦夷を征服し、北方へ追いやったという通説とは異なり、後から蝦夷地へ来た日本人はアイヌが居住しない「はざま」に水田を開き、境を接しつつそこで共存をはかった、というのである。いわば異民族どうしの「棲み分け」（今西錦司）がなされていたということにほかならない。もとより阿弖流為《あてるい》らとの「武装的の交渉」もあったであろうが、柳田は「一寸人は蝦夷を追いこくってその空地へ日本人を入れたかのように想像して居りますが、彼らと雑居することやや久しくなければ決してこれらの名詞を受け伝えするはずがありません」（同前）と付け加えている。

　だとすれば、「はざま」という言葉を、山と山に挟まれた谷合や「低地の行留まり」といったネガティブなイメージで捉えるのではなく、山と山とのあいだを行き来する通路、あるいは対立しつつ共存することを可能にする場所、というポジティブな意味をそこに付与することもできるはずである。さらには、そこから広大な扇状地へと展開する入口という地理学的位置づけを与えることも可能であろう。いずれにせよ、「はざま」という言葉を、本書では隘路を切り拓く突破口という含意をもった概念として使いたいと考えている。背反するどちらか一方に定位するのではなく、その「はざま」に身を置いて新たな思索を紡ぎ出すこと、これが「はざま」の作法である。

＊＊

唐突ながら、現代哲学（二〇世紀哲学）を代表する哲学書ベストスリーを挙げよと言われれば、国の内外を問わず、たいていの哲学者はL・ウィトゲンシュタイン『論理哲学論考』（一九二二年）とM・ハイデガー『存在と時間』（一九二七年）とにまず指を屈し、三番目をどれにするかでいささか迷うことであろう。逆にいえば、三番目に何を選ぶかで、その哲学者の立ち位置や哲学的嗜好が明らかになると言ってよい。私ならば、躊躇なく、E・フッサール最晩年の労作

『ヨーロッパ諸学の危機と超越論的現象学』(一九三六年)を挙げたい。私自身が受けた影響もさることながら、この書はまさに現象学と科学哲学の「はざま」に位置する作品だからである。

ところで、先に挙げた三冊の哲学書は、いずれも戦間期(interwar period)あるいは両大戦間期、すなわち一九一九年から一九三九年のあいだに刊行されている。「はざま」には「生死のはざま」のように、ある事柄と次の事柄との間の時間を指す派生用法があることを考えれば、これらの書物は第一次世界大戦と第二次世界大戦の「はざま」に刊行されているのである。この時期を『危機の二十年――一九一九―一九三九』と名づけたE・H・カーは、当時の時代状況を次のように総括している。

> 危機の時代は、歴史の過程ではめずらしくない。しかし、一九一九年から一九三九年への二十年間にわたる危機には独自の特質がみられた。前半の十年に夢みられた期待が、後半十年のわびしい諦めに変転し、現実に向けてはさして考慮をはらうこともしなかったユートピアから、そのような思考の要素をすべて厳しく排除するリアリティへ急降下していった(E・H・カー『危機の二十年』井上茂訳、岩波文庫)。

夢と諦めのはざま、ユートピアとリアリティのはざまを「危機」と呼ぶとすれば、危機とはまさに「はざま」の別名にほかならない。ここでフッサール最晩年の著書が『危機労作（Krisis-Arbeit）』と呼ばれていたことを思い起こしてもよい。彼はガリレオによる物理学的客観主義とデカルトによる超越論的主観主義の「はざま」に身を置き、近代哲学の骨格を形作ってきた数々の二項対立概念の「はざま」に身を置きを見据えながら、その隘路を切り拓こうとした哲学者であった。たとえば精神（Geist）と身体（Körper）のはざまに「身（Leib）」の概念を対置し、また主観と客観のはざまを「志向性」や「間主観性」の概念をもって架橋しようと試みたのは、誰あろうフッサールである。そこから、ハイデガーの『存在と時間』を存在と存在者のはざまを思索しようとした書として、またウィトゲンシュタインの『論理哲学論考』を言語と沈黙のはざまで思考を突き詰めようとした書として位置づけることも可能であろう。

その意味で、現代哲学は「はざま」という危機的（crotical）な場所に身を挺して、対立と共存を模索してきたといって過言ではない。私自身もまた、分析哲学と現象学のはざまでささやかな哲学的挑戦を試みてきたことについては、本書の端々から読み取っていただければ幸いである。

もうひとつ、私自身は思いがけず、七年前に東日本大震災と福島原発事故という危機的な場所（はざま）に身を置くことになった。自宅が全壊に瀕し、知人の家が津波に流された私にとって「はざま」とは「窮地」を意味していた。そうした窮地から紡ぎ出したいくつかの文章を収録したのはほかでもない、そこで哲学が試されていると感じたからである。そのような折に私の念頭を過っていたのは、戦間期にスペイン内戦に関わったイギリスの詩人W・H・オーデンの「見るまえに跳べ（Leap Before You Look）」と題する詩の一節である。

危険の感覚は失せてはならない
道はたしかに短かい、また険しい
ここから見るとだらだら坂みたいだが。
見るのもよろしい、でもあなたは跳ばなくてはなりません。
（深瀬基寛訳『オーデン詩集』せりか書房）

もちろん、哲学の本分は「見る（Look）」ことにある。しかし、危機的な場所（はざま）においては「跳ぶ（Leap）」ことが求められもする。その意味で、「はざまの哲学」が目指しているのは、「見る」ことが同時に「跳ぶ」ことでもあるような哲学なのである。

I

未知と既知のはざま

哲学のために

1　哲学とは何か――科学と哲学のはざまで

知識は「既知のものから未知のもの」に向かってではなく、「未知のもの」から「既知のもの」に向かって発展するのです。
R・Gコリングウッド『思索への旅――自伝』

1　未知と既知のあいだ

自然科学が「未知の探求」であることには誰しも同意するに違いない。ブラックホールやダークマター（暗黒物質）をはじめ、この宇宙にはわれわれがいまだ知らないことが数多く存在する。それらが科学者の知的探求心を駆り立てていることは言うまでもない。脳が「暗黒大陸」になぞらえられるのも、その未知性のゆえである。

他方、哲学が「既知の探求」であると言えば、冗談と思われるのがおちであろう。すでに知っていることならば、今さら探求するまでもないはずだ、というわけである。すでにプラトンは『メノン』のなかで、「論争家ごのみの議論」としてソクラテスに次のように言わせている。

人間は、自分が知っているものも知らないものも、これを探求することはできない。というのは、まず、知っているものを探求するということはありえないだろう。なぜなら、知っているのだし、ひいてはその人には探求の必要がまったくないわけだから。また、知らないものを探求するということもありえないだろう。なぜならその場合は、何を探求すべきかということも知らないはずだから。(1)

「探求のパラドックス」と呼ばれる周知の議論である。もちろんソクラテスは、この説を「われわれを怠惰にするだろうし、惰弱な人間の耳にこそ快くひびくもの」だとして退け、それに代えて「探求するとか学ぶということは、じつは全体として、想起することにほかならない」という知識の想起説へとわれわれを導いていく。(2)だが、科学と哲学という二種類の知のあり方を対比したいわれわれとしては、想起説に深入りはせず、その入口で道を引き返すとしよう。

なるほど、「論争家ごのみの議論」が主張するように、完璧に知っている事柄については探求の必要はないだろうし、また全く何も知らない事柄については、自然科学といえども探求のすべをもたないであろう。だとすれば、探求の必要性は既知の事柄と未知の事柄との「あいだ」にあると言わねばならない。ただ、既知と未知とを両極とするスペクトラムのあいだで、哲学の探求が既知の極に傾いており、自然科学の探求が未知の極に傾いていることは確かである。(3)たとえば、木村敏は次のように述べている。

だいたい哲学というものはわかりきったこと、自明なこと、あたりまえのことをことさら問題にする学問なんですね。たとえば時間とは何であるとか、空間とは何であるとか、存在とは、ものが「ある」とはどういうことかとか、一見わかりきった事柄をわざわざ取り上げて問題にするのが哲学だということができます。(4)

「わかりきったこと」すなわち既知の事柄を木村は「自明性」と呼び換える。この自明性は、普段はあまりにも当たり前のことなので、それが改めて問われることはない。自明性が問題化するのは、それが不調をきたし、失われるときである。木村によれば、自明性の欠乏あるいは喪失こそが精神疾患にほかならない。こう言えば、既知の探求である哲学と精神疾患とが紙一重であるように思われよう。だが実際、デカルトは「方法的懐疑」を通じて、またフッサールは「現象学的還元」を遂行することによって、自らの精神状態を方法的にその紙一重の次元に置くことから哲学的考察を出発させたのである。デカルトが省察を進める過程で「あたかも渦巻く深みにいきなり引きこまれたかのように、私は気が動転し、底に足をつけることも、水面に浮かびあがることもできないありさまである(5)」と述懐したゆえんであろう。

フッサールは現象学的還元という手続きによって、自明性、すなわち「自然的態度の一般定立」を括弧に入れること、あるいはエポケー（判断停止）することを要求した。それは自明性を主題化し、自明性の成り立ちを問い直す必要からである。還元を通じて、世界は自明性を剥ぎ取られた「現象」に変貌する。そこでは、自然科学的因果関係もまた自明性の一部を形作るものとして括弧に入れられている。したがって、自明性の探求は自然科学的方法によってはなしえない。因果関係に代えて、フッサールが対置するのは意識と対象とのあいだの志向的関係である。その解明は、志向的関係の中に潜在的に含蓄されている「意味」の発生過程を露呈させ、顕在化させるという形で行われる。それは知識を広げるのではなく、知識を深めるという垂直方向の探求である。

それに対して、自然科学の営みは、未知の領域を一歩一歩踏破し、知識を拡張していく水平方向の探求だと言ってよい。したがって、そこでは新たな知識の「発見」について語ることができる。だが、哲学的探求については「発見」という言葉はなじまない。自明性は、発見されるまでもなく眼前に横たわっているからである。それゆえ中村雄二郎は哲学の営みを「再発見」として特徴づけている。すなわち「科学の働きが〈発見〉であるのに対して、哲学の働きは〈再発見〉であること、フィジックス（物理学）の対象が〈事実〉であるのに対して、メタ・フィジックス（哲学）の対象は〈価値〉を含むこと」[6]と対比されている通りである。

ここで哲学の対象が「価値」を含むとされていることに注意しておこう。自明性と価値との関係がいまだ不分明だからである。たとえば、空気や水や日照については、その存在があまりにも自明であることから、われわれはその価値に気づかない。だが、大気汚染で呼吸が困難になったり、水不足で断水が続いたり、日照不足で冷害が生じたりすれば、われわれは改めてそれらが生存にとって不可欠であること、すなわち価値あるものであることに気づかされるのである。それゆえ、自明性の価値は、その欠落や喪失を通じてはじめて明らかになる。哲学が既知の事柄、つまり自明性の探求であるとすれば、それは同時に価値の探求にほかならないのである。

以上をまとめるならば、科学が新たな「発見」を目指す未知の探求であり、水平方向に知を拡張する活動であるのに対し、哲学は自明性の「再発見」を目指す既知の探求であり、垂直方向に知を深化させる活動である、と言うことができる。それゆえ、未知の事柄を合理的・実証的に解明する科学にとっては論証と実験という手段が不可欠であり、他方、既知の事柄を根本から問い直す営みである哲学にとっては、その既知の中味を確認するためにも、哲学史の「古典」と対話することが重要な意味をもつのである。

2　自然哲学から自然科学へ

これまで哲学と科学の対比に目を向けてきたが、古代ギリシアに遡るまでもなく、もともと両者は同根の学問であった。二つの〈知〉のあり方が明確に分岐したのは、一七世紀の科学革命を通じてのことである。自然哲学から自然科学へというその道筋を振り返ることによって、〈知〉の変貌の過程を確認しておこう。

近代科学の父と呼ばれるガリレオは「トスカナ大公の主席数学者兼哲学者」を名乗り、生涯「哲学者」の呼称にこだわりを見せたと伝えられる。実際、ガリレオのよく知られた言葉は「哲学は、眼のまえにたえず開かれているこの最も巨大な書〔すなわち、宇宙〕のなかに、書かれているのです」と始まり、「その書は数学の言語で書かれており、その文字は三角形、円その他の幾何学図形であって、これらの手段がなければ、人間の力では、そのことばを理解できないのです」と続いている。(7) もちろん、ここで言われている「哲学」とは「自然哲学」のことであるが、ガリレオが宇宙の構造の探求を哲学の領分と考えていたことは間違いがない。その当時、scientia（知）はいまだ science（科学）の意味を獲得してはいなかった。だが皮肉なことに、ガリレオの業績は、科学を哲学から切り離すことに決定的な役割を果たしたのである。のちにフッサールは、それを「ガリレオによる自然の数学化」と呼び、生き生きした感覚や感情に彩られた「生活世界」を隠蔽した廉で彼を告発するであろう。科学と哲学を切断するガリレオの一歩は、次のように踏み出された。

かくして、わたしたちのうちに、味、匂い、音を生じさせるのに、外的物体について、その大きさ、形、数、遅いもしくは速い運動といった以外のものが必要であるとは思いません。そのうえ、耳、舌、鼻をそぎとってしまったら、形、数、運動はたしかにのこりますが、匂いも、味も、音もまったくのこりはしないと判断します(8)。

いわゆる一次性質と二次性質との峻別である。ガリレオは一次性質、すなわち客観的に計測可能な物理量のみを事物の実在的性質と認め、一次性質によって体内に引き起こされる諸感覚は二次的な性質であり、単なる「名辞」にすぎないと考えた。それゆえ、自然哲学の目的は、一次性質のあいだの数学的関数関係を解明することに帰着するのである。

同様の思想はデカルトにも見ることができる。彼は『省察』のなかで「しかし純粋数学の対象であるこの物体的本性以外に、私は他の多くのものを想像するのが常である。たとえば、色、音、味、苦痛などである。だが、そのどれも物体的本性ほど判明には想像されない(9)」と述べている。ここで物体的本性とは一次性質のことであり、それが純粋数学の対象とされていることに注意すべきであろう。逆に、感覚的な二次性質は、数学的計測ができないために、判明には想像されないのである。デカルトはさらに、「自然の数学化」へ向けて重要な一歩を踏み出す。それは「運動」概念の純化にほかならない。彼は『哲学原理』において、「大きさや形などは、色や痛みなどとはまったく別の仕方で認識される」という標題に続けて以下のように論じている。

それに気づくのは、とくに次のことを考察する場合である。すなわち、大きさ、運動（少なくとも場所的な運動である。というのは、哲学者たちは、場所的な運動とは違った何か他の運動を想定して、その本性を自分自身にもよく分からないものにしているから）、位置、持続、数など、物体において明晰に認識されるとすでに述べたものが、見られた物体においていったい何であるかを認識する仕方は、同じ物体において色、痛み、香、味、その他、感覚に関するべきと私が言ったものが、何であるかを認識する仕方とは、まったく別であることを考察する場合である(10)。

アリストテレスは「運動」を物事が可能態から現実態へ移行する動きとして捉えた。それゆえ、植物の生長や昆虫の変態もまた、彼にとっては運動に属する。それに対してデカルトは、運動を「場所的な運動」、すなわち物体の位置移動に限定する。それによってはじめて、運動は純粋数学の対象となるからである。このように運動概念が純化されるに伴い、原因概念もまたアリストテレスの四原因から「作用因（動力因）」へと純化される。すなわち、自然界を物体の運動（位置移動）を基盤に因果法則（作用因）によって記述する準備が整ったのである。

それを完成させたのはニュートンであった。彼は地上の物体の運動（物理学）と天上の物体の運動（天文学）を万有引力の法則によって結びつけることにより、科学革命を終結させ、古典物理学的世界像を確立したのである。そこからは水平方向への「未知の探求」が陸続と始まることになる。だが、ニュートン自身は自然哲学者ではあっても、現在の意味での「科学者」ではなかった（“scientist”という英語がW・

ヒューエルによって造語されるのは一九世紀半ば、すなわちニュートンの死後一〇〇年以上も経ってからのことである)。そのことは、彼の主著が『自然哲学の数学的原理(プリンキピア)』と題されていることからも明らかである。今日で言えば自然科学の方法論を叙述した節も、この書のなかでは「哲学することの諸規則」という標題を与えられている。その規則は四項目からなり、以下のようなものである。[11]

まず規則Ⅰでは「自然界の事物の原因として、真実でありかつそれらの(発現する)諸現象を説明するために十分であるより多くのものを認めるべきではないこと」が主張される。「オッカムの剃刀」の原則と言ってよい。それを受けて規則Ⅱでは「したがって、自然界の同種の結果は、できるかぎり、同じ原因に帰着されねばならない」とされる。いわゆる「同一原因 - 同一結果」の規則である。規則Ⅲでは、「物体の性質は実験による以外われわれに知られないから、あまねく実験と合致するようなものはすべて普遍的なものであると考えられねばならない」として実験の普遍性が述べられる。最後の規則Ⅳは、「実験哲学」にあっては、現象から帰納によって推論された命題は、どのような反対の仮説によっても妨げられるべきではなく、他の現象が現われて、さらに精確にされうるか、それとも除外されねばならなくなるまで、真実のものと、あるいはきわめて真実に近いものと、みなされねばならない」という、帰納法の信頼性を強調するものである。

これらの諸規則が「哲学」と呼ばれていることに、現代のわれわれは違和感を覚えるであろうが、ニュートンにとってはこれがまさに「哲学すること」にほかならなかった。そして、この『プリンキピア』の刊行を分水嶺として、科学と哲学とは、未知の探求と既知の探求、水平方向の発見と垂直方向の再発見へと、それぞれ異なる道筋をたどることになるのである。

3　自然主義と心脳因果

自然哲学は「自然」を一次性質からなる物質的自然にまで切り詰めることによって哲学の母胎から離脱し、自然科学へと転生を遂げた。そこで物質的自然から切り離され、「心」あるいは「主観」のなかに残置されたのは、数量的計測になじまない「色」や「匂い」のような二次性質であり、「痛み」や「悲しみ」のような心的性質であった。いわば自然哲学は、二次性質と心的性質を考慮の外に置くことによって、物質的自然の法則的説明を目標とする自然科学として自らを一新することができたのである。

だが、西欧の知的伝統のなかには、自然哲学と並ぶ自然探求のもう一つの流れが存在する。わが国では「博物学」と訳されてきた「自然史（natural history）」がそれである。それは動物学、植物学、鉱物学などを含む記載と分類を方法とする、もう一つの科学にほかならない。自然哲学が物質的自然の普遍性・統一性の法則的説明を目指したとすれば、自然史は生命的自然の個別性・多様性の分類的記述を目指したのである。この自然史という学問のなかで、二次性質と心的性質はわずかに生き延びることができた。色や匂いや硬軟もまた、植物や鉱物の分類においては重要なメルクマールであったからである。しかし、自然哲学と自然史がともに「自然科学」のなかに統合されていくにつれ、自然史もやがて生物学や地質学などへと専門分化していき、厳密な方法論を身にまとうことになった。地質学（geology）は一八世紀後半に、生物学（biology）は一九世紀初頭に、科学の専門分化に応じて作られた呼称である。M・フーコーは自然哲学の方法を〈マテシス〉として、自然史の方法を〈タクシノミア〉として特徴づけながら、「構造」の概念を媒介にしてタクシノミアがマテシスに包摂されていくさまを次のように描いている。

構造は博物学の可能性を《マテシス》に結びつける。じじつ、構造は、可視的なものの場全体を、そのあらゆる値が量的にとはいわぬまでもすくなくとも完全に明断でつねに有限な記述によって決定されうる、そうした可変要素の一体系に帰着させるのである。（中略）アダンソンは、〈植物学〉がいつの日か厳密に数学的な学問として扱えるようになり、たとえば「マツムシソウ科とスイカズラ科の境界線をなすもっとも明瞭な点を求めよ」とか、キョウチクトウ科とルリヂシャ科のちょうど中間を占める既知の植物属（自然のものでも人工のものでもよい）を求めよとかいうふうに、代数学や幾何学の場合のような問題を出すことが許されるだろうと考えていた。[12]

こうした動きを捉えて、フーコーは「やがて一八世紀の末に、ひとつの新しい布置があらわれ、それによって、博物学の古い空間は、近代の眼には決定的に混乱したものとなるであろう[13]」と述べている。新しい布置とは科学的方法によって編成された〈知〉の布置のことであり、近代の眼とは自然科学の眼、とりわけ物理学の眼差しにほかならない。それを「自然化（naturalization）」と呼ぶこともできる。自然化とは、自然科学にとってこれまで未知の領域であった生命、意識、価値などを物質的自然へと還元し、それを科学的説明の対象としようとする動向のことである。実際、自然科学から排除されていた二次性質は、それ以降、色彩学、音響学、熱学、感覚生理学などによって自然化されており、心的現象もまた、現代では実験心理学、認知科学、脳科学、情報科学などによって自然化が推し進められている。その趨勢は哲学にまでおよんでおり、クワインは科学的認識の基礎づけを目指す「第一哲学という目標の放棄」を宣言し、「自然主義は認識論を拒絶するわけではないが、それを経験的心理学に同化させる」と述べて「認識論の自然化」を主唱しているほどである[14]。

このように自然化を旗印にして、これまで哲学の特権的領域と見なされていた心や意識のあり方をも科学的方法によって解明しようとする哲学的立場を「自然主義（naturalism）」という。ブラックバーンによれば、自然主義とは「究極的にはいかなるものも自然科学に特有の方法による説明に抗えないとする見解を支持すること[15]」を指す。その矛先は倫理や価値の領域にまでおよんでおり、先鋭な論者によれば「倫理的なものは自然的なものである、言いかえれば倫理的性質は自然的性質である[16]」のであり、また「世界の中には、事物に関する自然主義的概念図式へと還元できない、またはそれによって説明し尽くせないいかなる価値も存在しない[17]」と主張されるのである。

なかでも「心の哲学」は、近代科学の出発点において、考察の範囲からいったんは切り捨てられた心的性質を、もう一度科学的説明の枠組みのなかに取り戻そうとする試みといってよい。しかし、科学的説明の中核をなす因果関係は、基本的には物的性質のあいだの関係と見なされている。したがって物的性質と心的性質のあいだの関係、すなわち心身因果は少なくとも現代科学においては正当な因果関係とは認められていない。いわばガリレオやデカルトが一次性質のみを実在的性質と認め、二次性質や心的性質を考察から排除したツケが今頃になって回ってきたと言うべきであろう。こうした窮状を打破すべく、デイヴィドソンによって提唱されたのが非法則的一元論（anomalous monism）の立場であり、それを支えているのは「付随性（supervenience）」という概念である。

私がここで叙述している立場においては心理・物理的法則が存在するということは否定されるが、

それは、心的特徴はある意味において物的特徴に依存する、あるいは付随するという見解とは整合的である。そのような付随性（supervenience）は、あらゆる物的側面において類似しているにもかかわらずある心的側面において異なる二つの出来事というのは存在しえないということ、あるいは、いかなる対象もある物的側面において変化することなしには心的側面において変化することはできないということ、を意味するものと理解することができるかもしれない[18]。

ここで「物的特徴」と言われているのは、端的に脳状態と考えればよい。たしかに、脳状態という物質的基盤がなければ心的状態は存在しえないし、脳が損傷を受ければ心的状態もまた変化せざるをえない。その意味では、「付随性」は当然のことを述べているとも言えよう。だが、現代の脳科学の知見によれば、そこに見出されるのは脳状態（の画像）と心的状態（の言語的記述）とのあいだの「対応関係」であるにすぎない。問題は、そこに対応関係以上の「因果関係」を設定することができるか否かである。

茂木健一郎は「付随性」を「重生起」と訳し直しながら（この訳語は適切である）、「「重生起」の概念には、因果性が本質的に取り込まれている。一方、「対応関係」は、本来的に因果性を含まない[19]」と述べ、そこに心脳問題に対するブレイクスルーを求めている。だが、因果性が心と脳の間の「因果法則」の存在を示唆するものとすれば、少なくともデイヴィドソンの議論に即するかぎり、そこには疑問が残る。というのも、デイヴィドソンは心的出来事と物的出来事の間に因果的相互作用があることを認め、また因果性があるところには法則が存在せねばならないとしながらも、「心的出来事を予測したり説明したりするための根拠となる厳格な決定論的法則は存在しない[20]」と明言しているからである。したがって、厳格な因果法則は物的出来事相互の間にのみ成立する。それでもなお「付随性」の概念を維持しようとすれば、「心的出来事は物的出来事と同一である[21]」と主張するほかはない。すなわち、デイヴィドソンの立場は「心的出来事と物的出来事とを結合する厳格な法則が存在しうるということを否定する同一説[22]」なのである。

だが、物的出来事と心的出来事というカテゴリーの異なるものが「同一」であるというときの「同一性」の意味は、デイヴィドソンの手の込んだ議論によってもいまだ分明とは言いがたい。ただ、物的出来事と心的出来事が「同一」である限り、そこには時間的前後関係は存在しないはずである。それゆえ、前者を原因、後者を結果とする厳格な因果法則はそこには成立しない。もちろん、ある人が殺意を抱いた(心的出来事)ときに一定の脳状態にあること(物的出来事)は「付随性」から否定できないが、両者の関係は因果関係ではなく同一性関係なのである。その同一性のことを、大森荘蔵ならば「殺意すなわち脳状態X」という「すなわち」の関係に立つ〈重ね描き〉と呼ぶことであろう。つまり、「日常的な知覚風景が見えている、それは「すなわち」かくかくの科学描写に他ならない、という日常風景とその科学描写との一体性をあるがままに表現したのが、この重ね描きの構図[23]」なのである。この構図を踏まえながら、大森は心脳因果に抗しつつ次のように述べている。

脳が意識の原因だという心脳因果の考えは、固定観念になって生理学を独占するだけでなく、常人の人間観を制圧してそれ以外の思考をタブーにする寸前といってよい。重ね描きの構図は、尚僅かに残された人間観の自由を証示することで、心脳因果の圧制に抵抗してみせる試みである。[24]

二次性質と心的性質を切り捨ててきた近代科学の自然観は、現代では二次性質を物理的出来事に還元したのみならず、心的性質をも物理的出来事に還元しようとする自然主義の趨勢として水平方向の探求を推し進めようとしてきている。その意味で、還元主義と唯物論を拒否するデイヴィドソンの「同一説」と心脳因果に代えて「重ね描き」を提唱する大森荘蔵の後期哲学は、全く異なる視点からではあれ、自然主義に対する最後の抵抗線を形作っているのである。

4　コスモロジーの復権

これまで見てきたように、哲学と科学とは一七世紀の科学革命を分水嶺として二つの流れに分かれ、現在では相交わらないまま別々の海へと注いでいる。科学革命がもたらしたのは、二〇〇〇年近くにもわたって西欧世界を支配してきた「アリストテレス的自然観」の凋落であった。A・コイレはそれを「コスモスの解体」と呼んだ。すなわち「有限できちんと秩序づけられた有機的統一体としての世界の概念」に代わって、「究極的で基本的な構成要素と法則の同一性によってのみ統一されている無際限な、あるいは無限なとさえ言える宇宙の概念」が登場したのである。[25] それを「生命的（有機的）自然」から「物質的（機械的）自然」への自然観の転換と特徴づけることもできる。

それによって、自然界の事物からは二次性質と心的性質が「主観的印象」にすぎないものとして剥ぎ取られ、自然はいわば無色・無音・無味・無臭の「客観的世界」として描き出されることになった。しかも、その描写は特定のパースペクティヴを排した「無視点」の立場から数学的定式をもってなされねばならないのである。そうした傾向は、一八世紀における啓蒙主義の勃興と世俗化の運動、一九世紀における科学の専門分化と産業技術化の推進を通じて、強められこそすれ弱められることはなかった。

だが、一七世紀の科学革命のただなかにあって、近代科学の行き着く先を冷静な眼差しで見据えていた哲学者がいた。「無益で不確実なデカルト[26]」と喝破したパスカルである。彼はその意味を次のように敷衍している。

デカルト。おおづかみにこう言うべきである。「これは形状と運動から成っている」と。なぜなら、それはほんとうだからである。だが、それがどういう形や運動であるかを言い、機械を構成してみせるのは、滑稽である。なぜなら、そういうことは、無益であり、不確実であり、苦しいからである。そして、たといそれがほんとうであったにしても、われわれは、あらゆる哲学が一時間の労にも値するとは思わない[27]。

ここで一時間の労にも値しないと言われている「哲学」とは、むろん自然哲学のことである。あるいはそれを宇宙論（コスモロジー）と呼んでもよい。ニュートンの主著を想い起こすまでもなく、宇宙の美しい秩序（コスモス）のあり方を解明する学問は、自然哲学の領分に属していた。だが、自然哲学がそのコスモスを「形状と運動」に還元するさまを目の当たりにして、パスカルはほとんど肉体的とも言える恐怖を感じる。「この無限の空間の永遠の沈黙は私を恐怖させる[28]」という一句がそれである。彼が恐怖を覚えたのは、宇宙が人間にとっての意味と価値を剝奪され、一個の巨大な機械と化したありさまを目の前にしてのことであった。

それに対して、これを「パスカル反応（物理的・機械論的宇宙のことを考えて恐怖する）」と呼び、「「パスカル反応」とでも名づけられそうなものは、一希少種となり、心理学者の好奇心の対象となるかもしれない」と揶揄したのはP・ヴァレリーであった[29]。彼はまた「やがて分かることは、わたしたちはこの宇宙のことをわたしたちとはっきり切り離された、わたしたちの意識とは完全に対立する客体としてしか考えられないということだ[30]」とも述べている。ヴァレリーがこの「『パンセ』の一句をめぐる変奏」を書いたのが一九二三年であったことを考え合わせても、彼の発言はいささか科学主義的反応と言わざるをえない。少なくとも二〇世紀後半には、宇宙が人間から切り離された単なる「客体」ではなく、地球温暖化などを通じて人間社会と相互作用するものであり、人間もまた宇宙を含む「環境内存在」であることが明らかになっているからである。

それゆえ、「持続可能性（sustainabiliry）」をめぐる議論を持ち出すまでもなく、パスカル反応は、今や一希少種などではなく、全人類的な課題となったと言うべきであろう。ただし、パスカルの恐怖は「そもそも自然のなかにおける人間というものは、いったい何なのだろう。無限に対しては虚無であり、虚無に対してはすべてであり、無とすべてとの中間である[31]」という人間観によって裏打ちされていた。そして、無限と虚無のあいだの中間者という自己認識は、知識の領域へも適用される。

> われわれは確実に知ることも、全然無知であることもできないのである。われわれは、広漠たる中間に漕ぎいでているのであって、常に定めなく漂い、一方の端から他方の端へと押しやられている。（中略）われわれはしっかりした足場と、無限に高くそびえ立つ塔を築くための究極の不動な基盤を見いだしたいとの願いに燃えている。ところが、われわれの基礎全体がきしみだし、大

地は奈落の底まで裂けるのである。[32]

おそらくパスカルの念頭を去来したのは、確実で美しい秩序、すなわちコスモスが解体するとともに、学問や知識が人間の生存に対する意義を見失い、寄る辺なく漂いはじめているという事態であったに違いない。それは二〇世紀に入ってフッサールが、実証科学の繁栄に対して発した「もし諸科学がこのように、客観的に確定しうるものだけを真理と認めるのだとしたら……世界と世界に生きる人間の存在は、はたして本当に意味をもちうるものであろうか[33]」という問いをはるかに先取りするものであった。それをコスモロジーにおける「自然の秩序」と「価値の秩序」の分裂と言い換えることもできる。

コスモロジー（宇宙論、宇宙観）には今日、二つの意味が認められる。一つは科学概念としてのコスモロジーであり、天文学や物理学の知見に支えられて宇宙の誕生と進化を解明する自然科学の一分野を指している。つまり、科学的な「宇宙論」にほかならない。もう一つは文化概念としてのコスモロジーであり、事物の分類方式、宗教的信念、儀礼などを含む象徴的な価値体系を指し、いわばそれは「生き方の規範」を含んでいる。こちらの方は「宇宙観」と訳すのが適切であり、文化人類学で「アザンデ族のコスモロジー」などと言われる場合がそれに当たる。近代科学以前、すなわちアリストテレス的自然観を基盤としたコスモロジーにおいては、これら二つの概念は矛盾なく統合されていた。すなわち、大地を宇宙の中心とする天動説的コスモロジーにおいては、天上界と地上界の区別や上下方向の差異など宇宙の構造そのものが、価値の位階秩序（ヒエラルキー）と過不足なく一致していたのである。自然の秩序と価値の秩序が撚り合わされて「生存の秩序」を形作っていたと言ってもよい。

ところが、まさに「驚天動地」とも言うべき地動説的コスモロジーが登場するにおよんで、これまで一体であった価値の位階秩序は無意味なものとなり、科学的宇宙論から切り離されたのである。それ以降、コスモロジーは「生存の秩序」であることを止め、分裂したまま現在にいたっている。それゆえ、ヴァレリーの言うパスカル反応とは、人間の生存の意味について沈黙したまま何も語らなくなった物理的宇宙を前にしての底知れない恐怖であり不安であった。ギリシア以来のコスモロジーには、何らかの形で「われわれはどこから来たのか、われわれは何者であるのか、われわれはどこへ行くのか」（ゴーギャンが晩年の大作に付したタイトル）という問いに対する示唆が含まれていた。だが、現代の科学的コスモロジーは、第一の問いには宇宙論や進化論が、第二の問いには生命科学や人類学が答えうるとしても、第三の問いには答えを与えることができない。それはすぐれて「価値」に関わる問いだからである。

おそらく今日、人類的課題としての「持続可能性」の標語のもとに求められているのは、分裂したコスモロジーを「生存の秩序」として再び接合する回路を模索することであろう。そのためにこそ、哲学の「知恵」は生かされねばならないのである。

5　おわりに

二〇世紀を代表する詩人T・S・エリオットは、現代の知的状況を「岩のコーラス」のなかで次のように歌っていた(34)。

Where is the wisdom we have lost in knowledge?
Where is the knowledge we have lost in information?

われらが知識のうちに失ってしまった知恵はどこか？
われらが見聞のうちに失ってしまった知識はどこか？

（田村隆一訳）

ここで「見聞」と訳されているのは information すなわち「情報」である。知恵が知識へ、知識が情報へと縮退してきたさまは、まさに今日のものと言ってよい。情報は流通し消費されるが、知識は学ばれ蓄積される。しかし、その知識すら、科学革命以降は専門分化した「局所最適性」を追及するあまりに断片化し、全体性を見失ってきた。知恵とは「全体最適性」の追求にほかならない。全体最適性の追求は事実と価値とを統合したコスモロジーの再興によってのみなされうるはずである。実際、自然科学の領域においても、生物多様性の保護を目指す保全生物学は、明確に「価値志向的」科学であることを標榜している。そこには、価値を事実へ還元する自然主義とは逆の方向への統合の可能性を、萌芽的にではあれ見出すことができる。

自然科学が未知を既知へと反転する作業であるとすれば、哲学は既知を未知へと反転する営みにほかならない。その両者が反転し合いつつメビウスの帯のように再び接合されるとき、われわれは新たな価値意識に基づいた「生存の秩序」としてのコスモロジーを手にし、先のゴーギャンの問いに答える道を歩き出すことができるに違いない。

註

（1）プラトン『メノン』藤澤令夫訳、岩波文庫、一九九四年、80E.
（2）同前、81D.
（3）科学と哲学の営みを未知の探求と既知の探求として対比することについては、篠憲二氏（東北大学名誉教授）から示唆を受けた。
（4）木村敏『自分ということ』ちくま学芸文庫、二〇〇八年、九六頁。
（5）R・デカルト『省察』山田弘明訳、ちくま学芸文庫、二〇〇六年、四三頁。
（6）中村雄二郎『術語集Ⅱ』岩波新書、一九九七年、一二二頁。
（7）ガリレオ・ガリレイ『偽金鑑識官』山田慶児・谷泰訳、中公クラシックス、二〇〇九年、五七頁。
（8）同前、三六一頁。
（9）R・デカルト、前掲書、一一二頁。
（10）R・デカルト『哲学原理』山田弘明ほか訳、ちくま学芸文庫、二〇〇九年、二五六—七頁。
（11）I・ニュートン『自然哲学の数学的諸原理』河辺六男訳、〈世界の名著〉第二六巻、中央公論社、一九七一年、四一五—七頁。
（12）M・フーコー『言葉と物』渡辺一民・佐々木明訳、新潮社、一九七四年、一五九—一六〇頁。
（13）同前、一八五頁。
（14）W. V. Quine, *Theories and Things*, Harvard University Press, 1981, p.72.
（15）S. Blackburn, "naturalism" in *The Oxford Dictionary of Philosophy*, Oxford University Press, 1994.
（16）M. Schroeder, "Ethical Naturalism［Addendum］" in *Encyclopedia of Philosophy* (2nd edition), Thomson Gale, 2006.
（17）E. M. Adams, *Ethical Naturalism and the Modern World-View*, Greenwood Press, 1973, p.14.
（18）D・デイヴィドソン『行為と出来事』服部裕幸・柴田正良訳、勁草書房、一九九〇年、二七三—四頁。
（19）茂木健一郎『クオリア入門』ちくま学芸文庫、二〇〇六年、一〇二頁。
（20）D・デイヴィドソン、前掲書、二六四頁。
（21）同前、二六六頁。
（22）同前、二七〇頁。
（23）大森荘蔵『時間と存在』青土社、一九九四年、二六八頁。
（24）同前、二四五頁。
（25）A・コイレ『閉じた世界から無限宇宙へ』横山雅彦訳、みすず書房、一九七三年、ⅳ頁。

(26) B・パスカル『パンセ』前田陽一・由木康訳、中公文庫、一九七三年、五六頁(78)。カッコ内はブランシュヴィック版の断章番号を示す。
(27) 同前(79)。
(28) 同前、一四六頁(206)。
(29) P・ヴァレリー『ヴァレリー・セレクション(下)』東宏治・松田浩則編訳、平凡社ライブラリー、二〇〇五年、四六―四七頁。
(30) 同前、四五頁。
(31) B・パスカル、前掲書、四四頁(72)。
(32) 同前、四八頁(72)。
(33) E・フッサール『ヨーロッパ諸学の危機と超越論的現象学』細谷恒夫・木田元訳、中公文庫、一九九五年、二一頁。
(34) T. S. Eliot, *Selected Poems*, Faber and Faber, 1971, p.107.(田村隆一編訳『エリオット詩集』彌生書房、一九六七年、一〇五頁)

2　哲学のアイデンティティ・クライシス

（ハムレット）たしかに自然の条理を超えるものがあるのだ、哲学をもってても説きあかせないものが。
シェイクスピア『ハムレット』（小田島雄志訳）

1　哲学は何の役に立つのか？

「哲学は無用か」という問いが哲学関係の学会でまともに取り上げられること自体が驚きだが、この自虐的な今回の課題研究発表のテーマは、おそらく修辞疑問として発せられたものと思われる。だが、修辞疑問であるにせよ、たとえば日本物理学会で「物理学は無用か」という問いが真面目な議論のテーマになるとは考えにくい。また海外の哲学関係の学会で、このようなテーマが取り上げられたという例も、私は寡聞にして知らない。裏を返せば、それだけわが国の哲学を取り巻く環境は厳しくなっており、哲学研究者たちが哲学の行く末に危機意識を感じているということであろう。

その理由ははっきりしている。教養部の解体、大学院重点化、国立大学法人化など一連の大学改革の嵐のなかで、人文系の学問にも産学連携、外部資金の導入、社会貢献など理工系の学問に準じた対応が求められてきていることである。その結果、「基礎学」と呼ばれる「無用の用」を本領としてきた分野、とりわけ浮世離れした学問である哲学は、予算削減やポスト減少などの「兵糧攻め」に遭い、最近では研究者の再生産さえおぼつかなくなっている状況にある。

もちろん、その責任の一斑は、十年一日のごとき「哲学史」の講義を繰り返し、哲学教育の重要性を社会にアピールしてこなかった哲学教師の側にもあるであろう。それゆえ、この窮状を突破するための短期的方策はおそらく限られている。すなわち、伝統を墨守して篭城を決め込むのではなく、座して死を待つよりは野戦に打って出ることである。具体的には、「リベラル・アーツ」の再編を通じて教養教育のなかに哲学の立脚点を確保し、他方で生命倫理、環境倫理、科学技術倫理など「応用倫理」の分野を盾に哲学の「有用性」を社会に訴えていくほかはない。むろん、その上で大学院教育においては基礎学に徹し、原典の緻密な読解や筋道だった論文作法など研究者としての基本的な訓練を施す必要があることは言うまでもない。いわば、面従腹背の二段構えの対応である。

だが、哲学が「有用性」を目指す学問ではなく、むしろ「有用性」について考える学問であることは、ここで繰り返し強調しておくに値する。以前、新入生オリエンテーションの折に、学生から「哲学は何の役に立つのですか」と問われて答えに窮したことがある。そのときは「哲学は「役に立つ（有用性）」とはどのようなことかを根本に立ち返って考える学問です」と答えて急場をしのいだのだが、その考えはいまでも変わっていない。つまり、「有用（useful）」とは自明の概念ではなく、「存在」や「真理」と同様に哲学的探究を必要とする概念なのである。それゆえ「哲学は無用か」という問いに答えるためには、まずもって「有用／無用」という常識になずんだ二項対立を、デリダではないが「脱構築」しておかねばならない。

2 「有用性」とスローサイエンス

アリストテレスは『形而上学』第一巻において、学問の成立基盤を「閑暇（スコレー）」に求め、「制作的［生産的］な知よりも観照的［理論的］な知の方が、いっそう多く知恵がある」と述べていた。[1] だが、現在では理工系の学問を中心に生産的な知が優位を占め、学問は「閑暇」どころか「実業（ビジネス）」になりおおせている。このような変化が生じたのは、近代における啓蒙主義の隆盛以降のことである。一八世紀半ばに刊行された『百科全書』の序論で、ダランベールは「自由学芸（liberal arts）」から「機械技術（mechanical arts）」への転換を説いて次のように論じている。

しかしながら、自由学芸が機械技術の上に有する優越性――それは前者が精神に課する労働とそれに秀でることの困難さとによるものだが――は、後者のほとんどが私たちに得させるはるかにまさる有用性によって十分に相殺される。（中略）私たちのために時計の円錐滑車・がんぎ・鳴鐘装置を発明してくれた人々が、なぜ代数を完成すべく次々に努力してきた人々と同様に尊敬されないのか。（中略）その名は忘却の中に葬り去られているこういう稀有の天才は、学問において新しい道を私たちに切り開いてくれた数少ない創造的精神たちとならんで席を占めるのに充分値いしていないかったであろうか。[2]

ここに見られるように、「有用性」の概念を梃子にして、自由学芸と機械技術の優劣は啓蒙期において逆転してのである。逆に言えば、有用性、確実性、効率性などが学問の評価基準となったのは、高々ここ二五〇年ばかりの出来事にすぎない。それは永遠不変の基準ではなく、近代的な生活形式という歴史的刻印を帯びて生れてきたのである。

そもそも「有用」とは何かの「ために」有用であるという目的－手段関係を想定した概念である。チャールズ・テイラーは、ヘーゲルの啓蒙イデオロギー批判に触れて「あるものを有用と考えることは、それを内在的意義をもたないものと考えることであり、むしろその意義を何か他のものの目的に奉仕するためのものとすることである」(3)と述べている。それからすれば、学問が有用であるとは、学問の営みそれ自体が内在的価値をもつのではなく、学問はそれにとって外在的な目的のために奉仕する手段として価値を持つ、ということにほかならない。そこから帰結するのは、学問それ自体の存在価値の下落であり、学問の意味の空洞化であろう。フッサールが「ヨーロッパ諸学の危機」に際会して学問の実証主義的傾向を批判し、「十九世紀の後半には、近代人の世界観全体が、もっぱら実証科学によって徹底的に規定され、また実証科学に負う「繁栄」によって徹底的に眩惑されていたが、その徹底性たるや、真の人間性にとって決定的な意味をもつ問題から無関心に眼をそらさせるほどのものであった。単なる事実学は、単なる事実人をしかつくらない」(4)と喝破したゆえんである。

だが、少なくとも二〇世紀前半までは、自然科学といえどもJ・R・ラベッツの言う「アカデミズム科学」の枠内にとどまっていた。すなわち、社会とは一定の距離を置いた象牙の塔（研究室や実験室）のなかで、科学者個人の知的好奇心に基づいて自然の仕組みを探究する「真理探究型」の学問のことである。アインシュタインやキュリー夫人の研究姿勢を思い浮かべればよい。そこでは、論文はいまだ個人が単独で発表していたし、その見返りといえば個人的名誉以外にはなかったのである。

それが二〇世紀後半になると、ラベッツが「産業化科学」と呼ぶ「プロジェクト達成型」の研究開発が自然科学の主流を占めるにいたる。そのモデルとなったのは、アメリカ政府が巨額の資金を投入し、科学者を動員して原爆開発を推進した「マンハッタン計画」にほかならない。この計画の成功は、戦後アメリカの科学政策に大きな影響を与えた。すなわち、アメリカ政府は「全米科学基金（ＮＳＦ）」を設立し、科学者に研究開発プロジェクトを請け負わせる形で財政援助を行ったのである。これは戦時の科学者動員を平時化するものであり、同時に莫大な予算を必要とする「ビッグ・サイエンス」の始まりでもあった。

この「プロジェクト達成型」科学の特徴は、政府や企業から研究資金を調達し、科学者を組織して期限までにプロジェクトの達成を請け負うところにある。そこで指導的な科学者に求められているのは、「研究者」であるよりは「組織管理者」あるいは「企業家」としての役割なのである。さらに、外部資金の援助を受けている以上、研究成果については専門学会における「同僚評価（peer review）」に加えて「社会的説明責任（accountability）」が要求されることになる。出資者に対して短期的成果を提示する必要があることから、このタイプの科学研究を「ファストフード」になぞらえて「ファストサイエンス」と呼ぶことができる。

それに対して、哲学をはじめとする人文学は「ファストサイエンス」ではありえない。人文学ではさほど巨額の予算を必要としない個人研究が主流であり、あったとしても共同研究は二次的役割をしか果たしていない。また、原稿の締め切りはあっても、引用頻度やインパクトファクターのような形で短期的成果を求められることは稀である。その意味で、人文学は「スローサイエンス」と呼ばれてよいであろう。ギリシアの学問が「閑暇（スコレー）」から発したように、もともと人文学は市場価値や流通速度とは無縁の学問であった。

だとすれば、「ファストフード」に対して伝統的な「スローフード」の価値が見直され、「スローライフ」に人々の関心が集まっている今日、人文学はむしろ「スローサイエンス」としてのアイデンティティを確立すべきではないだろうか。「スロー」とは「スローライフ」という言葉が生き方のスタイルを表しているように、知の成立を支える学問的態度に関わる特質である。とりわけ哲学は、「有用性」の有無に拘泥するのではなく、この世界やわれわれの生には、有用性や効率性を掲げる市場原理には還元できない価値が厳として存在することを積極的に言挙げせねばならない。

3　哲学無用論（Ⅰ）――自然主義の挑戦

だが、哲学が「スローサイエンス」としてのアイデンティティを確立しようとしても、そこには前門の虎と後門の狼が立ちはだかってそのアイデンティティを脅かしている。前門の虎とは、現代自然科学の飛躍的発展とそれに依拠した「自然主義（naturalism）」の勃興である。とりわけ二〇世紀後半における生命科学、情報科学、脳科学の発達は、これまで哲学固有の研究領域と考えられてきた「精神」や「意識」、あるいは「倫理」や「規範」までをも科学的方法によってその射程に収めようとしている。たとえば生命科学者の利根川進は「宗教とか哲学が対象にしてきたいろいろな概念とか問題は、脳科学がもっと進めば、説明がついていくだろうと思っています(5)」と述べ、心的現象もまた物質的説明が可能であることを示唆しているのである。

こうした趨勢に呼応して、哲学内部においても、このところ自然主義の潮流が力を増してきている。自然主義とは、心的現象のみならず「倫理」や「価値」をも含めたいっさいの人間的事象はつまるところ自然現象であり、したがって自然科学的解明が可能であると主張する哲学的立場のことである。その主唱者であるW・V・クワインは、自然主義を「第一哲学という目標の放棄」として特徴づけた上で、「自然主義は認識論を拒絶するわけではないが、それを経験心理学に同化させる」[6]と述べている。つまり、哲学は科学的認識の「基礎づけ」という伝統的役割を放棄すべきであり、代わりに科学と哲学との境界線は連続的となり消滅するのだから、哲学は科学的成果を循環に陥ることなく自由に利用できる、というわけである。

もちろん、哲学が「万学の女王」の地位を誇った時代はすでに過去のものであろう。それゆえ「第一哲学の放棄」を掲げる自然主義の主張にも一理はある。しかし、自然主義を徹底化すれば、哲学は「無用」とはいわないまでも、「科学の碑」すなわち科学の補助学科の位置に甘んずるほかはない。哲学固有のアイデンティティを否定するという意味で、自然主義は哲学無用論の一形態なのである。

自然主義の世俗化されたヴァージョンは、現在「遺伝子（DNA）決定論」や「脳科学的決定論」のような形で一般に流布している。自然科学が現象間の因果的必然性を法則化する学問である以上、人間的事象を自然現象に還元してしまえば、それは一種の「決定論」に行き着かざるをえない。人間の行動は遺伝的にプログラムされており、意志や意図などの心的状態もまた大脳過程のミクロな遷移によって因果的に決定されている、というわけである。だとすれば、「殺意」を抱くことも脳状態の因果的帰結であり、殺人者の責任は問えないということになろう。

これはカントの「第三アンチノミー」の現代版にほかならない。すなわち、自由による原因性と自然法則による因果性との古くて新しい対立である。これに対しては、デイヴィドソンが「非法則論的一元論」の立場から、一つの解決案を提示している。その詳細は省かざるをえないが、彼自身が「カントと私の間のつながりはかなり緊密である。なぜなら、自由には非法則性が伴うとカントは考えていたからである(7)」と述べているように、その方向はカントの線に沿って「自由と決定論」との相克を調停しようというものであった。ただし、彼が「トークン同一説」に立つ限り、問題はより単純であるといってよい。同一説の観点からは、特定の時点における脳状態と心的状態は同一性関係にあるのであって時間的前後関係を含む因果関係にあるのではない。それゆえ、脳状態と心的状態の間に因果関係を読み込むのは、カテゴリー・ミステイクにすぎないである。

そもそも「原因－結果」の関係を表す因果性（causality）は、現在でこそ自然科学の専売特許となった観があるが、もともとは日常用語であり、生活世界のカテゴリーにほかならない。因果性が決定論的意味を帯びるようになったのは、近代科学成立以後のことである。それゆえ、「心身因果」のような自然科学を逸脱した事象を考察する場合には、むしろ因果性を生活世界のカテゴリーとして捉え直す必要がある。その際に手がかりとなるのは、ラッセルの「因果概念不要説」である。彼は「どの学派に属する哲学者もみな、因果性は科学の根本的な公理ないしは公準であると想像しているけれども、奇妙なことに、重力天文学のような発達した科学においては、「原因」という言葉は決して姿を見せないのである」と述べ、続けて「物理学が原因を探し求めることを止めた理由は、実際のところ、そのようなものは存在しないからなのである(8)」と断言している。いささか奇矯とも見える主張だが、その理由は以下のようなものである。

重力の法則は、いかなる発達した科学においても生じていることの例証となるであろう。相互に重力で引き合っている物体の運動には、原因と呼びうる何ものも、また結果と呼びうる何ものもなく、あるのはただ公式だけである。(中略) このような系には、正確に「原因」と呼びうるものも、正確に「結果」と呼びうるものも存在しない。(中略) 疑いもなく、古き「因果律」がかくも長く哲学者たちの著作に浸透し続けてきたのは、関数という概念が彼らのほとんどに馴染みがなく、それゆえ彼らは不当に単純化された言明を探し求めるということにすぎない。「同一」原因が「同一」結果を生み出すことが繰り返される、という問題は存在しない。科学法則の恒常性は、原因と結果のいかなる同一性にも存するわけではなく、諸関係の同一性にこそ存する。さらに「諸関係の同一性」という語句すら単純すぎるのであって、「微分方程式の同一性」というのが唯一の正しい文言である[9]。

すなわち、成熟した科学においては、「原因」や「結果」の概念は無用の長物であり、「微分方程式の同一性」さえあればよい、というのである。この乱暴ともいえる提案は、しかし因果関係についての二つの示唆を与えてくれる、微分方程式で記述できる自然現象（たとえばリンゴの落下）は、時間的に連続的な現象であり、どの時点の事象を原因および結果と見なすかについては、任意性が存する。だが、リンゴが木の枝を離れた時点を原因、それによって地上の蟻が押しつぶされた時点を結果と呼ぶとすれば、そのときわれわれは連続的現象のなかから二つの事象を分離可能な出来事として特定し、それに理解可能な人間的意味を与えているのである。したがって、原因‐結果のカテゴリーが適用可能なのは自然現象であるよりは、人間的事象だと言うことができる。より具体的には、因果関係のプロトタイプとなっているのは人間の行為にほかならない。そのことを、以下のE・M・フォースターの小説論は鮮やかに照らし出してくれている。

われわれはストーリーを「時間の進行に従って事件や出来事を語ったもの」と定義しました。プロットもストーリーと同じく、時間の進行に従って事件や出来事を語ったものですが、ただしプロットは、それらの事件や出来事の因果関係に重点が置かれます。つまり「王様が死に、それから王妃が死んだ」といえばストーリーですが、「王様が死に、そして悲しみのために王妃が死んだ」といえばプロットです。時間の進行は保たれていますが、二つの出来事の間に因果関係が影を落とします。(中略)ストーリーなら「それから?」と聞きます。プロットなら「なぜ?」と聞きます。これがストーリーとプロットの根本的な違いです。[10]

ここで「それから?」という問いに応ずるストーリーは、いわば自然現象を記述する微分方程式に相当する。それに対して、「なぜ?」という問いに応ずるプロットは人間的事象を記述する因果関係に対応している。それが通常の自然科学的因果概念に反するというのであれば、これを「物語り的因果性」と呼び換えてもよい。いずれにせよ、物語り的因果性は決定論からはほど遠い概念であり、「なぜ?」という問いに答えて人間的行為の理由を説明する生活世界的カテゴリーにほかならない。その意味で、人間的事象を自然現象に還元する自然主義のプログラムは、木に縁りて魚を求むるごとく、物語り的因果性を微分方程式で記述することを求めているに等しいのである。

4　哲学無用論（II）——ローティの「哲学の終焉」論

先に哲学のアイデンティティを脅かしている後門の狼と呼んだのは、ほかでもないリチャード・ローティの「哲学の終焉」論のことである。たしかに彼は、科学に対して「基礎学」の位置を要求する「基礎づけ主義（foundationalism）」を哲学の特権化として批判し、合理性や客観性の普遍的基準を占有してきたロック以来の「認識論的哲学」の終焉を宣告した。さらに彼は、「真理」「実在」「知識」などこれまで大文字で語られてきた哲学的主題と並んで、「哲学」という概念そのものの「非大文字化（uncapitalization）」を企ててもいる。その果てにローティが展望するのは、あらゆる文化に共通する普遍的基盤を解明するという「基礎づけ」の強迫から哲学を解放し、ありうべき「ポスト哲学的文化」を構想することである。そうした主張からすれば、ローティこそ「哲学無用論」の急先鋒と見えるであろう。しかし、『哲学と自然の鏡』の末尾近くに置かれた次の文章は、彼の哲学終焉論が単純な哲学無用論ではないことを示している。

しかしながら、どちらの事態が生じても、哲学が「終焉する」という危険はない。宗教は啓蒙主義で終らなかったし、絵画も印象主義で終らなかった。たとえプラトンからニーチェまでの時代が埋葬され、ハイデガーが示唆したように、それがわれわれから「距離をとった」としても、また、たとえ二〇世紀の哲学が（一六世紀の哲学がそう思われるように）ぎこちなく、ジグザグと歩む過渡的段階にさしかかっていようとも、この移行期の向こう側には、「哲学」と呼ばれる何かがあるであろう。(11)

そこからローティは「私が是非とも主張して起きたい唯一の点」として「哲学者の道徳的関心は、西欧の会話を継続させることに向かうべきであって、近代哲学の伝統的諸問題がこの会話の内部で現に占めている位置に固執すべきではない[12]」ことを挙げて巻を閉じている。それからすれば、彼が「「哲学」と呼ばれる何か」と呼んでいるものは、近代の認識論的哲学が目指した「真理の発見」ではなく、そのプロジェクトが終焉した後にも残り続ける「会話の継続」ということになるであろう。そこにおいて哲学者に求められているのは「プラトン的な哲人王」ではなく、「さまざまな言説の間をとりもつソクラテス的媒介者の果たす役割[13]」にほかならない。そして、継続される会話は一致への希望を失ってはならないが、「この一致への希望は、先行的に存在する共通の地盤が発見されることへの希望ではなく、単なる一致への希望、あるいは少なくとも刺激的で実りある不一致への希望[14]」なのである。

このような前提に立って、ローティは「ポスト哲学的文化」を遠望する。彼によれば、それはプラグマティズムの徹底化によってのみ実現されるものである。ローティ流のプラグマティズムとは、反プラトン主義、反カント主義、反実証主義、反本質主義などによって特徴づけられる思想運動であり、知識を「実在の正確な表象」ではなく「社会的実践」として捉え直す考え方のことにほかならない。アメリカにおける分析哲学のプラグマティズム化のことを、彼は「つまりそれは、〈哲学〉を「科学的」にするかわりに、むしろ〈哲学〉を破棄するための方法を発見してしまったのである。このポスト実証主義的な分析哲学は、プラトン主義の批判に始まって〈哲学〉それ自体の批判に終わる点で、ニーチェ、ハイデガー、デリダと続く伝統に相似したものとなる[15]」と述べている。プラグマティズムは「歴史の外にあるアルキメデスの支点[16]」を拒否することにおいて、ヘーゲルとその視座を共有することになる。事実、ローティはヘーゲル哲学への親和性を隠そうとしていない。

もしヘーゲルのように、世界の各々の時代は過去のすべての時代を要約するものであるという意味で、「われわれの時代」を「先行する諸時代についてのわれわれの観点」だと理解するなら、ポスト〈哲学〉的文化は哲学を「思考において把握されたみずからの時代」であるとする点でヘーゲルに同意するものとなるであろう。（改行）ポスト〈哲学〉的文化においては、それが哲学のありうる仕方のすべてだということは自明のこととなるだろう。そこで哲学は、われわれの時代の思考――用いられている記述、使われているボキャブラリーが単に変更可能なボキャブラリーではない何かに対してどんな関係をもつかという問いには、答えることができない。そこで哲学とは、われわれの仲間たちが作り出してきたさまざまな語り口の長所や短所を比較する研究のこととなるのである[17]。

この研究のことを彼は「文化批評」とも呼んでいる。すなわち、文化批評家とは「ポスト〈哲学〉的文化の万能知識人、つまり〈哲学〉という見せかけを脱ぎ捨ててしまった哲学者の前兆[18]」なのである。このようなローティの議論は、伝統的な哲学のイメージを逆なでするものと感じられよう。しかし、その背後にあるのは、「人間は中心のない信念と願望の網目であり、その語彙と意見は歴史的状況によって決定される[19]」という独自の人間観である。それゆえ、ポスト〈哲学〉的文化における哲学の役割は、この「信念の網目を絶えず編み直すこと[20]」にほかならない。それは、新たな語彙を増殖させることによって、世界を「再記述」することと言い換えてもよい。あるいはそれを、世界を新たに「物語り直す」ことと呼ぶこともできるであろう。そのように考えるならば、ローティの言う「会話の継続」とは、われわれの経験を時間的に組織化する「物語り（narrative）」の絶えざる語り直しを通じての自己更新のプロセスにほかならないのである。

5　哲学に何ができるか

ローティの議論のなかで、もう一つ見逃せないのは、「体系的哲学（systematic philosophy）」と「啓発的哲学（edifying philosophy）」との区別である。体系的哲学とは伝統的な哲学的問題の解決を目指して体系や理論を打ち立てる「建設的」あるいは「構築的」な哲学のことである。具体的には、カント、フッサール、ラッセル、カルナップなどがこのグループに属する。それに対して啓発的哲学とは、論証的議論ではなく、アフォリズムやメタファーやアレゴリーを駆使して新たな語彙と語り方を提起する変則的な哲学のことである。こちら側には、キルケゴール、後期ハイデガー、後期ウィトゲンシュタインなどが属する。そしてローティは、体系的哲学から啓発的哲学へのスタイルの転調を推進し、後者の積極的意義を強調するのである。

かつてヘーゲルは哲学を「ミネルヴァの梟」にたとえて「現実の成熟のなかではじめて、観念的なものは実在的なものの向こうを張って現われ、（中略）これを一つの知的な王国の姿でおのれに建設する」[21]と述べたことがある。だが、哲学が「万学の女王」の玉座を去って久しい今日、知的な王国の建設を目指す「体系構築型」の哲学はその耐用期限を過ぎており、自然主義をはじめとする哲学無用論に抗する力をもちえないことは明らかであろう。

現在求められているのは、現代社会が直面している困難な課題を物事の根本に立ち返って考え直し、人類の未来へむけて根源的な「問い」を発する「問題発見型」の哲学である。それは啓発的哲学のあり方が示唆するように、問題を新たな語彙と語り方で再定式化することによって、新たな生のスタイルを提示することにつながるであろう。おそらく哲学に括弧つきの「有用性」があるとすれば、それはこのような長期的展望のなかにあるほかはない。

アメリカの作家カート・ヴォネガットは、作家の役割を「炭鉱のカナリア」になぞらえたことがある。つまり、時代の危機を鋭敏に察知し、それを人々に告げ知らせる木鐸としての役目である。その意味では、哲学もまた時代の危機に触角を伸ばし、それを克服する方途を模索してきたと言ってよい。とりわけ、地球環境の危機に直面して人類の滅亡すら囁かれている現在、哲学には「末期の眼」をもって問題を見据えることが要求されているのである。だとすれば、哲学はいまや「体系構築型」から「問題発見型」へ、すなわち「ミネルヴァの梟」から「炭鉱のカナリア」へと脱皮する道を歩み始めねばならないであろう。そのとき、哲学に突きつけられた「有用／無用」という素朴な二項対立は意味を失い、「声の風（flatus vocis)」となって消滅するに違いない。

註

（1）アリストテレス『形而上学（上)』出隆訳、岩波文庫、一九七一年、二五頁、982a1。
（2）ディドロ、ダランベール編『百科全書』桑原武夫訳編、岩波文庫、一九七四年、六〇―六一頁。
（3）C. Taylor, *Hegel*, Cambridge University Press, 1975, p.181.
（4）E・フッサール『ヨーロッパ諸学の危機と超越論的現象学』細谷恒夫・木田元訳、中公文庫、一九九五年、二〇頁。
（5）利根川進『私の脳科学講義』岩波新書、二〇〇一年、一四八頁。
（6）W. V. Quine, *Theories and Things*, Harvard University Press, 1981, p.72.
（7）D・デイヴィドソン『行為と出来事』服部裕幸・柴田正良訳、勁草書房、一九九〇年、二六三頁。
（8）B. Russell "On the Notion of Cause", in *Mysticism and Logic*, Unwin Books, 1970（1917), p132.

(9) *ibid.*, pp.141-2.
(10) E・M・フォースター『小説の諸相』中野康司訳、みすず書房、一九九四年、一二九―一三〇頁。
(11) R・ローティ『哲学と自然の鏡』野家啓一監訳、産業図書、一九九三年、四五四頁。
(12) 同前、四五五頁。
(13) 同前、三七〇頁。
(14) 同前、傍点原文。
(15) R・ローティ『哲学の脱構築』室井尚ほか訳、御茶の水書房、一九八五年、二三頁。
(16) 同前、五八頁。
(17) 同前、五七頁。
(18) 同前。
(19) R・ローティ『連帯と自由の哲学』冨田恭彦訳、岩波書店、一九八八年、一九〇頁。
(20) 同前、一四頁。
(21) G・W・ヘーゲル『法の哲学』序文、藤野渉訳、〈世界の名著〉第三五巻所収、中央公論社、一九七五年、一七四頁。

II

科学と哲学のはざま

科学哲学

3　「真理」の構成的側面——プラトニズムとニヒリズムのはざまで

「真理とは何か」。

「真理は天に属する」。

「地上に真理はないのか」。

「真理を語る者が、地上で権力を持っている者によって、どのように裁かれているかは貴下の知るところだろう」。

『ニコデモ福音書』（田川健三訳）

1　等身大の真理を求めて

一九三〇年代、亡命の旅中にあったトロツキーに秘書として付き従い、政治抗争に明け暮れた数理論理学者ジャン・エジュノールは、その回想録の末尾に「何年もの間、数学の研究だけが精神の均衡を保つ唯一の方法だった(1)」と書き記している。彼にとっては、厳密な数学的論証が明らかにしてくれる「普遍的真理」こそが、今日の友が明日の敵となる政治的陰謀や裏切りなどの人間的事象とはいっさい無縁の、永遠不変の秩序を象徴するものとして観念されたからであろう。たしかに、煩わしい人間関係や空虚な社会的儀礼に日々翻弄されている者にとって、それらの関係性が指一本触れえない「真理」の確固たる存在ほど、疲弊した心を慰めてくれるものはない。
だが、歴史を振り返れば、他方で「真理」の名のもとに数限りない不正や非道が行なわれてきたこともまた事実である。宗教的真理をめぐる抗争を挙げるまでもなく、ヒトラーやスターリンもまた「真理」を口にする者たちの一人であった。そのような事実を目の前にすればニーチェならずとも「真理とは、それなくしては特定種の生物が生きることができないかもしれないような種類の誤謬である」(2)とでも言いたくなろう。ニーチェはさらに、次のようにも述べている。

最も強く信じられてきたア・プリオリな「真理」は、私たちにとっては——さしあたっての想定であり、たとえば因果性の法則のごとく、信仰のきわめてよく仕込まれた習慣であるが、それを信じないなら種族が没落するにいたるほど血肉化されてしまったものである。しかし、それはこのことのゆえに真理なのであろうか？　なんたる推論であることか！　あたかも真理は、人間が存続しているということで証明されるがごとくであるとは！(3)

真理を不動の超越的価値として崇める態度を「プラトニズム」と呼ぶとすれば、真理を人間の生存条件にまで相対化すること、これこそまさにニーチェが「ニヒリズム」と名づけたものであろう。それでは、真理はいまやプラトニズムとニヒリズムの両極に引き裂かれて、その行き場を失っているのであろうか。そうではあるまい。われわれが求めるべきは、有限の人間にふさわしい等身大の真理のあり方である。そのとき、最も強く信じられてきたア・プリオリな(経験に先立つ)「真理」の典型である数学的真理もまた、これまでとは違った姿でわれわれの前に立ち現われるはずである。

　真理と虚偽といえば大仰だが、それを真と偽と言い換えてみれば、事柄は一挙に身近なものとなる。「お前の言うことは正しい（真だ）」あるいは「間違っている（偽だ）」という日常表現に見られるように、真や偽が語られるのは特定の発言（文、命題、言明）についてである。すでにアリストテレスは、真や偽が語の結合を用いて肯定することと不可分であることを指摘し、いかなる結合もない「「人間」とか、「白い」とか、「走る」とか、「勝つ」というだけでは、いまだ真でも偽でもない」[4]と述べている。すなわち、真や偽が語られるのは、語結合としての文についてである。

　それでは、すべての文が真または偽であるのだろうか。もちろん、そうではない。そのことは、たとえば「これは胡蝶蘭ですか？」という疑問文、あるいは「窓を閉めなさい！」という命令文を考えてみれば明らかであろう。これらの文について真偽を論ずるのは単なる的外れにすぎない。真や偽を有意味に語りうるのは、事実を記述する平叙文、すなわちわれわれが日常用いる文のうちのごく一部にすぎないのである。

　この当たり前の事柄を初めて指摘したのは、イギリスの言語哲学者J・L・オースティンであった。ということは、プラトン以来二〇〇〇年ものあいだ、哲学者たちはこの簡明な事実に気づかなかったことになる。それゆえ彼は、文の機能を事実の記述に一面化して真偽の支配下に置いてきた哲学的伝統を「記述主義的誤謬」と呼び、自らの発見が「哲学における一つの革命を生み出しつつあることは疑いの余地がない」[5]と自負したのである。

　オースティンが発見したのは、疑問文や命令文の機能は「事実の記述」にではなく「行為の遂行」

にあるという、考えてみれば平明にして単純な事柄であった。行為の遂行であるからには、疑問文や命令文の評価は真偽とは別の基準によってなされるべきであろう。閉まっている窓を指差して「窓を閉めなさい！」と命令したとすれば、それは「偽なる」命令ではなく、「不適切な」命令なのである。それゆえオースティンは、疑問や命令のみならず、宣誓、約束、依頼、警告、脅迫など言語行為としての働きをもつ文の発話を「行為遂行的発言」と呼び、それらを「真／偽」ではなく「適切／不適切」という基準によって評価すべきことを提案した。それに対して、陳述、報告、主張など平叙文で語られ、「真／偽」が適用可能である文の発話は「事実確認的発言」と呼ばれる。

しかし、事実確認的発言ではあっても、その真偽が一義的に決定されるとは限らない。たとえば、「フランスは六角形である」という主張を取り上げてみよう。これは小学校の社会科の授業でなら、十分に正しい（真なる）発言と言ってよい。だが、地理学者がこれを学会で主張したとすれば、偽とは言わないまでも大雑把にすぎる発言であり、少なくとも真なる地理学的事実とは認められないであろう。それゆえ、真偽は一定の文が与えられれば自動的に決まるものではなく、そこでは発言の意図や目的、さらには発言を取り巻く文脈（コンテクスト）が真偽の決定に重要な役割を果たすのである。その点について、オースティンは次のように敷衍している。

したがって、「自由」（“free”）や「不自由」（“unfree”）と同様に、「真」や「偽」もまた、なんら単純なものを意味する言葉ではなく、むしろ、しかじかの状況においてしかじかの聴き手に対して、しかじかの目的のために、しかじかの意図をもつときにそのように述べることは正しい、あるいは適当である、また逆に間違っているというような評価を与えるための一般的観点を意味する言葉にすぎないのである。（中略）陳述の真偽は、語の意味（meaning）だけに依存するものではなく、いかなる状況でいかなる行為を遂行しているかということにも依存するものであると私は述べているのである。(6)

要するに、事実確認的発言といえども広義の行為遂行の一環であり、したがって陳述の真偽の決定には行為の文脈（コンテクスト）が深く関わっているのである。ここでもう一度「真／偽」を「真理／虚偽」と言い換えるならば、真理／虚偽はわれわれの言語行為から独立に定まるものではなく、言語行為が遂行される文脈の関数だといえよう。その意味で、真理の成立には行為遂行の文脈が「構成的」に関与しているのであり、そこでは何よりも語用論的考察が要求されるのである。

3　パラダイム論

行為遂行的発言が真偽の枠には収まらないこと、また事実確認的発言といえども行為遂行の文脈に依存していることはわかったとしよう。しかし、「万有引力の法則」や「不確定性原理」など自然科学の陳述は明らかに事実確認的発言であり、しかもその真偽は発言者の意図や発言の状況にはいささかも依存していない。そこでなら、われわれは大手を振って永遠不変の「真理」について語ることができるのではないか。なるほど、それが健全な常識というものであろう。だが、このような考えに最終的な引導を渡したのは、「パラダイム論」の提唱者として知られる科学史家トマス・クーンであった。クーンの言う「パラダイム」とは、「一定の期間、研究者の共同体にモデルとなる問題や解法を与える一般に認められた科学的業績」(7)を意味する。つまり、現場の科学研究を導く具体的な指針のことである。この定義から明らかなように、パラダイムの概念は個別諸科学の研究規範という学問論的意味と、科学者共同体を律する暗黙の掟という社会学的意味を共に含んでいる。そこから、クーン自身は必ずしも積極的ではなかったが、「科学知識の社会的構成」という、後に「サイエンス・ウォーズ」として大きな論争を招くことになるテーゼが帰結するのである。

また、「一定の期間」という限定が付されているように、パラダイムは固定的なものではなく、歴史的に変化する。クーンによれば、天文学におけるプトレマイオス体系からコペルニクス体系への転換、物理学におけるアリストテレス運動論からニュートン力学への転換、化学におけるフロジストン理論から酸素理論への転換など、科学史上の主要な理論転換は、すべて旧パラダイムから新パラダイムへのいわゆる「パラダイム転換」によって生じたものなのである。彼はこの転換の過程を「科学革命」と呼んだ。そこから、科学の歴史は唯一の不動の真理へ向かう「連続的進歩」としてではなく、パラダイムの交代によって科学革命が繰り返される「断続的転換」のプロセスとして描き直されることになる。

さらにクーンは、科学革命の前後を通じて交代した新旧のパラダイムのあいだには、それらの優劣を判定する「共通の尺度」は存在しないとして、それを「通約不可能性」と名づけた。言い換えれば、複数のパラダイムを見渡して、その「進歩」や「真理」を語りうる超越的視点(神の眼)は存在しない、ということである。こうしたクーンのラディカルな主張に対して、カール・ポパーをはじめとする科学哲学者からは相対主義や非合理主義といった非難の言葉が投げつけられ、一九七〇年代を通じて一連の「パラダイム論争」が出来することになる。その焦点となったのが「真理」の捉え方である。

クーンは「真理」という言葉を文脈を考慮せずに無条件に用いることには極めて慎重であった。実際、『科学革命の構造』のなかで「真理」に言及がなされるのは、「革命を通じての進歩」を論じた最終章を除けば、ただ一箇所のみである。パラダイム論争の舞台となったコロキウム「批判と知識の成長」において、彼はポパーの批判に答えて、ある理論がその時代には真と信じられていたが後に偽として捨てられたとか、旧理論に対して新理論が科学的実践の道具として優れていると語ることには問題がないとしながら、「真理」の無制限な使用に留保をつける理由を以下のように説明している。

> それにもかかわらず、多くの科学哲学者たちが踏み出そうと望んでいて、私が拒否しているもう一つの段階、あるいはある種の段階がある。すなわち、彼らは諸理論を自然の描写として、あるいは「真に外在するもの」についての言明として相互に比較することを求めている。歴史的に対をなす理論のどちらも真でないということを認めた上で、にもかかわらず、後から生れた理論の方が真理へのよりよき近似であると言える意味を捜し求めているのである。その種のものは見出しえないと私は思う。[8]

つまり、真理を超越的あるいは外在的なものと前提した上で、それへの近似として科学理論の進歩を語ることは不可能だ、というのである。その理由は、真理と対照して理論どうしを比較しうる「中立的言語」（たとえば感覚与件言語）は存在しない、という点にある。クーンによれば、「「真理」という用語は「証明」という用語と同様に、理論内的にしか適用できない用語[9]」なのである。

たとえば、「三角形の内角の和は二直角である」という命題は、ユークリッド幾何学の公理系では証明可能な真理であるが、リーマン幾何学の公理系では証明不可能な虚偽にほかならない。同様のことは、相対性理論以前と以後の物理学における「ガリレイ変換」についても言うことができる。それゆえ、真理を理論内的文脈から切り離して論ずることはできない。

それからすれば、ポパーらの科学哲学者たちは、「真理」という用語を「理論外的」に適用しているということになろう。真理を「理論内的」概念と見るクーンの立場からすれば、自然科学的「真理」の成立に対しても、やはり理論内的文脈（パラダイムと言い換えてもよい）が「構成的」に関与しているのである。

4　直観主義

日常的発言における「真理」および自然科学的「真理」のいずれもが文脈依存的であり、広義の文脈が真理の成立に「構成的」に関わっていることを見てきた。ここで「構成的」という言葉は、真理の勝手な捏造を意味するものではなく、真理の決定に不可欠の「意味の構成」への関与という意味で用いられている。すなわち真理の認識は、発言や命題の意味を理解し、それを確認する手続きから独立ではありえず、それと不可分のものなのである。

だが、とおそらくは言われるであろう。「1＋1＝2」のような数学的真理は、いつどこで誰が発言しようと真であり、パラダイムが転換しようと真理であり続けるのではないか、と。当然の疑問であろう。最後にこの数学的真理の問題を取り上げることにしたい。

たとえば、π＝3.14159265 35……という円周率の小数展開を考えてみよう。現在ではコンピュータによって一兆二四〇〇億桁までの計算がなされているようだが、その中に1から9までの数字が連続して現われる箇所はまだ見つかっていない(二〇〇五年時点)。では、「πの小数展開の中に1から9までの数字が連続して現われる箇所が存在する」という命題は真であろうか、それとも偽であろうか。もちろん、「一〇億桁までの中に」という限定がつけば、コンピュータを使って検索し、簡単に真偽を決定することができる。しかし、πは周知のように超越数であり、無限小数である。

そのような場合に、一つの道として、人間(あるいはコンピュータ)の能力が有限であるため、現在のところその命題の真偽は知られていないが、それが真であるか偽であるかはあらかじめ決まっているはずだ、と考えることができる。これは無限の能力をもった「神の眼」を想定することにほかならず、「古典論理」ないしは「数学的プラトニズム」の立場と言ってよい。その論理的根拠となっているのは、あらゆる命題は「pであるか、またはpでないかのいずれかである」という排中律と呼ばれる原理である。

それに対して、オランダの数学者ブラウワーはこの排中律の無制限の適用に疑問を抱き、その使用を制限しようと試みた。すなわち、排中律は有限の領域にのみ適用可能な原理であり、それをπの小数展開のような無限の領域にまで拡張して適用することは誤りだというのである。同じことは数学の定理についても言うことができる。たとえば「ゴールドバッハの予想」と呼ばれる命題「4以上の偶数はすべて二つの素数の和である」は、いまだ真とも偽とも証明されていない未解決の問題である。数学的プラトニストならば、証明がなされていなくとも、この予想は排中律によって真か偽かのいずれかである、と主張するであろう。しかし、この立場を押し進めれば、未解決の問題のみならず誰も考えたことのない問題すらも、真偽が決まっていると考えざるをえない。ブラウワーはそれに対して、証明手続きが具体的に与えられていない問題は真でも偽でもない（真偽不定）と主張する。これが「直観主義（直観論理）」ないしは「構成的数学」と呼ばれる立場である。

ブラウワーの主張の核心は「有限回の操作で構成できる対象以外のものに数学的存在を認めない」という点にある。つまり、彼は有限の手続きで構成可能な対象のみを用いて新たな数学を作り上げようと試みたのである。それゆえ真／偽の概念もまた、この原則に基づいてその内容が変更されることになる。

論理学者の竹内外史の言葉を借りれば、「直観論理とは、真という代わりに「確認する方法をもっている」といい、偽という代わりに「その命題から矛盾を導く方法をもっている」といい直して出来る論理[10]」にほかならない。逆に言えば、真／偽は証明という具体的操作を通じて構成されるのである。その意味で、古典論理が世界を「神の眼」から俯瞰した絶対者の論理であるとすれば、直観論理は証明手続きの構成という人間的行為に即した有限者の論理と言うことができよう。

もちろん直観主義（構成的数学）は、現代数学の主流とはなっていない（主流の位置を占めているのは、ブラウワーと対立したヒルベルトの「形式主義」である）。しかし、永遠不変と見られる数学的真理の成立にさえも、証明や操作という人間的行為が「構成的」に関与していることを示した点において、直観主義（構成的数学）は数学基礎論の分野に極めて大きなインパクトを与えたのである。

5 「人間の顔」をした真理

これまで見てきたオースティンの言語行為論、クーンのパラダイム論、ブラウワーの直観主義（構成的数学）は、いずれも真理を「超越的」なものではなく「人間的」なものとして描き直したことに、すなわち真理を「天上」から「地上」に引きずり下ろしたところにその共通の特徴をもっている。言い換えれば、それは真理を「存在」の相においてではなく、「生成」の相において捉えることを意味する。真理はあらかじめどこかに存在してわれわれの「発見」を待っているわけではなく、誤解を恐れずに言えば、われわれの構成的行為を通じて生成し、「発明」されるものなのである。

近代以降、真理は自然科学および数学の占有物となってきた。それは、真理が人間的事象の有為転変から独立に「存在」するものと観念されてきたからにほかならない。しかし、それが「生成」の側面を切り捨ててきたことの帰結にすぎないことについては、精神医学者の木村敏が次のような形で指摘している。

自然科学は、事実とデータに依存するその基本的性格からして、けっして生成の現場に降りてくることができない。自然科学が真偽の判定を下しうるのは、完了形で捉えられるかぎりでの「存在」についてだけである。「真理」が生成を捉えようとするならば、生成に存在の性格を刻印しなくてはならない。瞬間を停止させなくてはならない。(11)

たしかにその通りであろう。「存在」についての真理を停止した静止画像のように捉えようとする自然科学にとって、それを揺るがす「生成」のダイナミズムは悪魔の囁きに等しく、生成を可能にする「時間」や「歴史」は真理の敵対物にほかならない。

だが、言語行為論、パラダイム論、直観主義（構成的数学）などの問題提起は、真理概念そのものを

「生成」のダイナミズムの中に置き直すことを試みた。それは、真理を時間と歴史の中で「生成」するものとして捉え返すことを意味する。人間が有限の時間を生きる存在である限り、われわれは時間過程の外部に立って世界を見渡すことはできない。イギリスの哲学者マイケル・ダメットの言葉を借りるならば、世界を記述するに際して「われわれが時間に浸されているという事実を、もっと真剣に受けとめる」[12]必要があると言えよう。真理もまた時間に侵されているという事実を真剣に受けとめるならば、われわれに必要なのは真理の構文論でも意味論でもなく、まさに真理の生成過程を人間的営みとして解明する「語用論（pragmatics）」の次元なのである。そのとき初めて、真理は「人間の顔」をしてわれわれの前に姿を現わすことであろう。

註

（1）ジャン・ヴァン・エジュノール『トロツキーとの七年間』小笠原豊樹訳、草思社、一九八四年、一九八頁。
（2）Friendrich Nietzsche, *Der Wille zur Macht*, Kroner, 1964, S.343.（原佑訳『権力への意志』河出書房新社、一九六七年、二二〇頁）
（3）*Ibid*., S.344（前掲書、二二一頁）
（4）アリストテレス「カテゴリアイ（範疇論）」松永雄二訳、2a10　世界古典文学全集第一六巻『アリストテレス』筑摩書房、一九六六年。
（5）J. L. Austin, *How to do things with words*, Oxford U. P., 1962, p.3.（坂本百大訳『言語と行為』大修館書店、一九七八年、八頁）
（6）*Ibid*., p.144.,（前掲書、二四一―二四二頁）
（7）Thomas Kuhn, *The Structure of Scientific Revolutions*, 2nd ed., Chicago U. P., 1970, p. vii.（中山茂訳『科学革命の構造』みすず書房、一九七一年、v頁）
（8）Imre Lakatos & Alan Musgrave（eds.）, *Criticism and the Growth of Knowledge*, Cambridge U. P., 1970, p.265.（森博監訳『批判と知識

の成長』木鐸社、一九八五年、三六九頁）
（9）*Ibid.*, p.266.（前掲書、二七一頁）
（10）竹内外史『数学的世界観』紀伊國屋書店、一九八二年、七五頁。
（11）木村敏『偶然性の精神病理』岩波書店、三九―四〇頁。
（12）Michael Dummett, *Truth and Other Enigmas*, Duckworth, 1978, p.369.（藤田晋吾訳『真理という謎』勁草書房、一九八六年、四〇一頁）

4　マッハ科学論の現代的位相――実証主義と反実証主義のはざまで

マッハの『通俗科学講義』が今日うまい具合に手に入ったが、高い価値をもつにもかかわらずたやすく理解しうる存在が目の前にあることをはっきりと示してくれた。もっとも、これまでもそれを疑ったことはなかったのだが、僕はこれによってもう一度念の為に思い出すことができたわけだ！

ローベルト・ムジール『日記』

1　マッハ評価の推移

西田幾多郎は『善の研究』初版序文において、自らの思索の来歴を振り返りながら「純粋経験を唯一の実在としてすべてを説明して見たいといふのは、余が大分前から有つて居た考であつた。初はマッハなどを読んで見たが、どうも満足はできなかつた」(1)と述べている。戦前の日本において、エルンスト・マッハの名前は、おそらくこの一節によって人口に膾炙したものと思われる。その数年後に京都大学で行なわれた「現代に於ける理想主義の哲学」と題された特別講義において、西田は当の「満足はできなかつた」理由を、マッハの経験概念を批判しながら次のように敷衍している。

経験とは先づ普通には吾々の直接に知覚する感覚そのものを指すのであらうが、これが真に純粋なる経験といはるべきものであらうか。マッハなどは経験を目して感覚の系列であると考へてゐるやうであるが、少しく進んで考へると斯く切れ切れな感覚が別々に離在するといふのは真に直接なる経験そのものではない、概念によつて加工された間接のものである。純粋経験は直接なる生きた経験でなくてはならぬ。即ち最も直接なる生命が真の実在でなければならない。マッハなどは経験を以て感覚の結合と見做してゐるが、結合と云ふからには之をまとめる或ものがなければなるまい(2)。

これはマッハの「要素一元論」に対する批判としては最も早いものに属する。しかも、西田の純粋経験の立場からマッハの感覚概念の急所を突いた鋭利な批評と言うべきであろう。この講義を聴講した者たちが、マッハ哲学をこの程度のものと値踏みしたとしても、それはそれで無理からぬことであった。そして当時の哲学界に対する西田の影響力の強さを考慮に入れるならば、わが国の哲学アカデミズムの内部においては、当然にもマッハの哲学は真摯な検討には値しないものとして無視あるいは唾棄されてきたのである。

他方、西田の学統に属しながらも「唯物論研究会」を主宰してマルクス主義を奉じた戸坂潤もまた、マッハについては『科学論』の中で「実証的な批判主義とも云うべきものはE・マッハ、アヴェナリウス、ペーツォルト等の経験批判論である。之が実は、実証的な自然科学と批判的な所謂哲学とを、バラバラに引き離すことによって、如何に自己撞着に陥っているものであるかに就いては、レーニンが巨細に分析し批判した処である（『唯物論と経験批判論』の全巻を通覧）(3)」と述べて、レーニンの権威に寄りかかりながら、その哲学説をいとも簡単に切り捨てている。それどころか、彼は「哲学上のマッハ主義は今日でも多くの「ブルジョア自然科学者」の科学精神を支配している」(4)として、そのイデオロギー的役割をことさら厳しく論難したのである。

戦前におけるわが国の哲学界が、アカデミックな哲学史研究を除けば、ほぼ西田哲学とマルクス主義とに二分されていた事情を考え合わせるならば、これら両陣営のマッハ評価が以上のようなものであったことは、彼がすでに「死せる犬」のごとき取り扱いを受けていたことを推測させるに十分であろう。

しかし、戦後になってもマッハをめぐる状況には基本的な変化はなかったと言ってよい。確かにアメリカ経由で分析哲学が導入され、次第に勢力を増しつつはあったものの、マッハの名前はウィーン学団の前身である「マッハ協会」の盟祖として、論理実証主義の歴史を語る際に申しわけ程度に言及されるに留まっていた。戦後になってわが国の哲学界に論理実証主義を初めて本格的に紹介した大森荘蔵ですら、「マッハのごとき実証主義は、たんに一つの特殊な言語――感覚言語――の提唱と解さねばならぬ。もしこれをこえて、感覚所与のみが唯一の現実的存在だと主張するならば、それは無意味な発言であること、実在論者の主張とかわらない。この両者は誤っているためではなく、無意味なゆえに、論理実証主義は拒否するのである」(5)と述べて、マッハの立場を論理実証主義によってすでに乗り越えられた過去の遺物と断じている。また、「三段階論」を軸にしたマルクス主義科学論を展開して一世を風靡した武谷三男は、『弁証法の諸問題』の中で「私は新カント派や、マッハ的な立場を完全にすてて唯物論の哲学に向かって進んだ」(6)と自らの立場を明らかにし、さらに一部の科学者の態度を批判して「そしてこれがマッハ主義、神秘主義に拍車をかけ、理論的努力を怠り、実験についても奇妙な結果を十分な検討もせず直ちに大発見のごとく考える傾向が生まれた」[7]とマッハ主義を神秘主義と並べて断罪している。このように、マッハは戦後においても相変わらず「死せる犬」として遇され続けていたのである。

このような状況に変化の兆しが見え始めたのは、一九六〇年代に入ってからのことである。そのためには、廣松渉と広重徹の登場を待たねばならなかった。廣松は一九六三年にマッハの主著『感覚の分析』の翻訳を上梓し、それとともに卓抜なマッハ論を公表して彼の哲学を「近代哲学の地平一般を端的に超出するための、格好な手掛りを供する」[8]ものとして積極的に評価し、宣揚することに努めた。これは、廣松がまぎれもないマルクス主義者であったことを考えるならば、極めて異例のことと言わねばならない。というのも、少なくともマルクス主義の陣営においては、マッハ哲学は、それを「主観的観念論」の亜種とするレーニンの壊滅的な批判によって、完膚なきまでに葬り去られたものと見なされていたからである。それゆえ、廣松のマッハ評価は既成のロシア・マルクス主義に対する根底的な批判を含意したものであった。

他方で広重は一九六〇年に『戦後日本の科学運動』を公刊し、「民主主義科学者協会」の運動を批判的に総括することによって論壇に登場した。彼はその後、わが国に本格的な科学史研究を根づかせるために奔走し、その緻密な現代物理学史研究は国際的な評価をかちえるにいたっている。一九六〇年代半ばから七〇年代半ばにかけての一〇年間、広重はライフワークであった「相対性理論の起源」をめぐる一連の論稿を内外の雑誌に発表した。その中心的主題は、マッハが若年のアインシュタインに与えた影響は単にエピソードに留まるものではなく、近代物理学のパラダイムともいうべき「力学的自然観」の超克という視座を確立せしめた点において本質的なものであるというところにあった。

この広重による問題提起は、廣松の一連の論考と相乗しつつ、近代哲学および近代物理学の「パラダイム変革者」としてのマッハの位置価をゆるぎないものとし、わが国におけるマッハ再評価の座標軸を定めたのである。

ここでわれわれは、廣松と広重の両者が、六〇年代末期における知的ラディカリズムの運動を理論面においてその先頭で担った哲学者であり科学史家であったことを記憶にとどめておくべきであろう。彼らがマッハの科学論の中に読み取ったものは、まさに既成の思考の枠組みを解体する知的ラディカリズムの精神にほかならなかったのである（付け加えておけば、広重徹は一九七五年一月に、廣松渉は一九九四年五月に、それぞれ早すぎる死を迎えた）。

2　マッハと世紀末思想

以上わが国におけるマッハ評価の変遷を略述してきたが、事態は西欧においてもさして変わることはなかった。少なくとも二〇世紀に入ってからのマッハに対する評価は、総じて否定的なものであったと言ってよい。彼は原子論をあからさまに拒絶し、最晩年は相対性理論にすら疑義を表明したアナクロニズムの科学哲学者として半ば揶揄の対象だったのである（ただし、量子力学のコペンハーゲン解釈に与えた影響については、別途検討されるべき課題であろう）。また、哲学の上では、フッサールが『論理学研究』第一巻において展開した心理学主義のヴァリアントとしてのマッハ哲学批判が、ほぼ決定的なものと考えられていた。そしてレーニンのイデオロギー的批判については、今さら付け加えるまでもないであろう。『唯物論と経験批判論』を積極的に評価するアルチュセールによれば、「マッハの経験批判論とボグダーノフ的、ルナチャルスキー的、バザーロフ的、等々その他あらゆるマッハの副産物は、この種の哲学的危機[9]〔科学の危機に際して科学者が起こした哲学的発作（引用者）〕」にほかならなかったのである。

むろん、ウィーン学団のメンバーたちは、論理実証主義運動の先駆者としてマッハを位置づけ、その実証主義的・反形而上学的態度を称揚した。だが、もう一人の先駆者と目されたウィトゲンシュタインの『論理哲学論考』の評価がいやが上にも高まる中で、マッハの哲学はいわば神棚に祭り上げられ、ていよく敬して遠ざけられていったのである。

とりわけ、ウィーン学団内部の「プロトコル命題論争」を通じて物理主義が勝利を収め、現象主義が退けられて以後は、カルナップが自身の『世界の論理的構築』の失敗を認めたことも与って、「感覚与件」概念とともにマッハの要素一元論もまた真面目に論じるには値しないものと見なされていった。論理実証主義運動の内部においてすら、それが「言語論的転回」の洗礼を受けて以後は、マッハの著作はほとんど顧みられることなく、神棚の片隅で空しく埃をかぶっていったのである。

しかしながら、このようなマッハに対する一連の否定的評価は、すべてマッハを「実証主義者」として特徴づけ、単純に切り捨てるところに起因している。H・ファイヒンガーの『かのようにの哲学』を実証主義と断じてしまえば、そこから「フィクション」の生産的機能をはじめ多くのものがこぼれ落ちてしまうように、マッハ哲学を実証主義の枠組みの中に押し込めて能事終われりとすることは、間違いとは言わないまでも、甚だミスリーディングな断定だと言うべきであろう。そのことを確認するためには、われわれはまずマッハの哲学を一八九〇年代の思想状況の中に置き戻して考察せねばならない。それというのも、この世紀末の一〇年間こそは、マッハの学問的最盛期であり、彼がその影響力を十分に行使しえた時代だったからである。

マッハは一八三八年にオーストリア領モラヴィア（現在のチェコ共和国東部）に生まれ、ウィーン大学に学んだ後、グラーツ大学で数学を、プラハ大学で物理学を講じた。当時、一八八二年にプラハ大学を訪れたウィリアム・ジェームズは、故国の妻に宛てて「私はヘーリングが極めて粗雑な生理学の講義を、そしてマッハが見事な物理学の講義を行うのを聴講しました[10]」と書き送っている。一八九五年、ブレンターノがウィーン大学私講師の職を辞し、フィレンツェに隠棲したのと入れ違いに、マッハは彼のために新設された講座「帰納的科学の歴史と理論」担当の教授として招聘された。当初はマッハを物理学の教授として招く動きもあったが（マッハ自身そのことに希望をもっていた）、彼の最大の論敵であったボルツマンがすでにヨーゼフ・シュテファンの後を襲って教授職についていたため、ゴンペルツ父子の尽力によって哲学科に彼のためのポストが新設されたものらしい[11]。この一事をもってしても、マッハが当時すでに物理学者としてのみならず、哲学者としても相当の評価をかちえていたことが知られるであろう。

この時までに公刊されたマッハの主な著作は、『力学』（一八八三年）、『感覚の分析』（一八八六年）、『通俗科学講義』（一八九六年）、『認識と誤謬』（一九〇五年）などである。ウィーンに移り住んでからも、彼は『熱学の諸原理』（一八九四年）などの大著を次々と刊行する。このリストを見ても、世紀末の一〇年間をはさんだ時期が、マッハの科学史家・科学哲学者としての活動の絶頂期であったことがわかる。ウィーン大学におけるマッハの講義にはH・ホーフマンスタールも出席しており、また一九〇八年にはR・ムージルが『マッハ理論の価値評価への寄与』と題する博士論文をC・シュトゥンプのもとに提出していることからも、われわれはその当時のマッハの影響力の深さと広がりとを推測してみることができる。それら文学者たちがマッハ哲学に寄せた関心のありかたは、単なる「実証主義」への共感として片づけられるようなものではなかった。むしろ、実証主義が支配する時代の閉塞状況からの突破口を、人々はマッハの哲学の中に求めたのである。そうした時代の雰囲気は、一九世紀末における「モデルネ（現代）」の運動を象徴する哲学者として、ウィーンのカフェに集う若者たちのあいだではニーチェとともにエルンスト・マッハの名前が囁かれていたという事実からも、われわれはうかがい知ることができるであろう。[12]

ヨーロッパの世紀末は、一九世紀ヨーロッパを支配してきた強力な時代思潮に対する批判的総括の時期であったと言うことができる。その時代思潮とは、「科学・進歩・実証」という三幅対のスローガンに代表される科学万能主義のイデオロギーにほかならなかった。それをヨーロッパ産業社会の自己意識と言い換えてみることもできる。そして万国博覧会こそは、産業社会の到来をヨーロッパ人たちが自己確認する絶好の機会であった。一八五一年に大英帝国の威信をかけてロンドンで開催された第一回万博は、ハイドパークに建設された水晶宮（クリスタル・パレス）において行なわれたが、この鉄骨とガラスでできた巨大な建造物は、当時の人々に「科学の進歩」を何よりも雄弁に実感させたのである。さらに、一八八九年にフランス革命一〇〇年を記念して開かれたパリ万博においては、後に夏目漱石が妻に宛てて「今日ハ博覧会ヲ見物致候ガ、大仕掛ニテ何ガ何ヤラ一向方角サヘ分リ兼候。名高キ「エフェル」塔ノ上ニ登リテ四方ヲ見渡シ申候。是ハ三百メートルノ高サニテ、人間ヲ箱ニ入レテ綱条ニテツルシ上ゲ、ツルシ下ス仕掛ニ候[13]」と驚嘆して報告したエッフェル塔が建造されて人々の耳目を驚かせたことはよく知られている（この同じ年にニーチェがトリノで発狂し、ウィトゲンシュタインとヒトラーがウィーンに、ハイデガーがメスキルヒに生をうけたことは記憶に留められてよい）。

このような科学の驚異的進歩に対する讃仰と信頼は、さらに文学者たちをも巻き込まずにはおかなかった。フランスの自然主義作家エミール・ゾラは、クロード・ベルナールの『実験医学序説』に想を得て自らの文学方法論を「実験小説論」と名づけ、物理学や化学に始まり、生理学や医学を経て人類学や社会学にいたる科学の道程の延長線上に文学を置き、その可能性を「たとえ実験小説家が科学のうちで最も曖昧な複雑な科学のうちをまだ模索して進む事情にあるとしても、それはこの科学の存在を妨げるものではない(14)」と位置づけている。エルンスト・マッハが『力学』を世に問い、『感覚の分析』を執筆したのは、まさにこのような時代病としての科学主義と唯物論が猖獗を極めた時代であったことを、われわれは絶えず思い起こす必要がある。L・アルブムスターはその当時のヨーロッパの精神的状況を次のように描写している。

世紀末ウィーンの精神的状況には当時の西欧全体を特徴づける時代の潮流に通じるものが多々ある。ヨーロッパ一九世紀の後半は科学技術万能主義の時代であった。近代自然科学は自然の力を利用する術を人間に教え、人間らしい社会建設のために有効な手段を提供できる唯一の拠り所と思われた。他方で、一九世紀は「歴史学の世紀」でもあり、社会的現実の理解をその発生史的な把握の内に見いだしていた。ところで、この自然科学および精神科学の方法論がひとたび人々の心中で一つの「科学的世界観」に変身すると、この世界観は一種奇妙な唯物論への傾斜を示す(15)。

ここで「一種奇妙な唯物論」と呼ばれているものは、R・ビュヒナー、K・フォークト、J・モレスコットらに代表される「通俗的唯物論」あるいは「自然科学的唯物論」のことである。彼らの基本主張は、フォークトの「思想は脳髄の分泌物にほかならない」という有名な定式の中に端的に表明されている。だが、自然科学的唯物論は「歴史化」されることによって、すなわちH・スペンサーやE・ヘッケルの「社会ダーウィニズム」と結びつくことによって、次第に一種の科学的決定論ないしは宿命論へと転化していった。この事態を、思想史家のS・ヒューズは「実証主義の究極的アイロニー」[16]と呼んでいる。言い換えれば、「極端な主知主義的学説として出発したものが、実際には徹底的な反主知主義の哲学となってしまった」[17]のである。そしてわれわれは、マッハの哲学がいわゆる「実証主義」に属するものでは決してなく、むしろこのような逸脱し変質した実証主義の潮流に対して果敢な闘いを挑んだものであることを、次節において確認するであろう。

3　「実証主義」への反逆

実証主義は、近代科学の発達と産業革命の爆発的進行を背景として生まれた典型的な一九世紀の思想であった。その意味で、一九世紀はまぎれもなく「実証主義の世紀」であったと言ってよい。それはまず、経験的事実のみを知識の唯一の源泉として認め、事実の背後にある超経験的ないしは超感覚的実在（神や究極原因）の存在を否定し、経験的根拠をもたない概念の使用を否認する精神的態度を指している。それゆえ、実証主義は思弁的形而上学の立場とは根本的に対立し、逆に観察や実験を基盤とする自然科学的方法の優位性を主張する。その意味で、思想史的系譜からすれば、実証主義はイギリス経験論やフランス啓蒙主義の嫡出子であると言ってよい。

「実証主義」という言葉を初めて用いたのはC・サン＝シモンであったが、一般的に流布したのは、彼の弟子A・コントが『実証哲学講義』全六巻（一八三〇―四二年）を刊行して以後のことである。彼はその簡約版ともいうべき『実証精神論』の中で「実証的（positif）」という語の意味の広がりを、空想的に対する現実的、無用に対する有用、不確実に対する確実、曖昧に対する正確、消極的・否定的に対する積極的・肯定的、絶対的に対する相対的といった一連の対比によって特徴づけている。(18) これを見ればわかるように、もともと実証主義はヨーロッパ一九世紀、すなわち「鉄と蒸気機関の時代」が提示する未来像を積極的に肯定するオプティミスティックな思想であった。しかし、コントの哲学はその影響を受けたスペンサーの社会ダーウィニズムと結びつき、さらにドイツの自然科学的唯物論と合流することによって次第に当初の肯定的色彩を失い、やがて科学的宿命論とも呼ぶべき否定的な思想へと変質していった。一九世紀の末期には、それは一種の「時代病」ともいうべき様相を呈し始めたのである。G・リヒトハイムの筆を借りて、その状況を見ておこう。

実証主義は哲学であるよりも、むしろ心の状態であった。――それは一九世紀を通して次第に展開してきた、近代社会の永続性を自明のこととするものであった。知的には、自然科学にあのような成功をもって応用された方法の一般化を旗印としていた。その根本には宗教や観念的形而上学から受け継がれた目的論的な世界像に対抗する、客観的な発展法則の追求があった。自然淘汰を通しての進化というダーウィン理論がこの傾向を強化したのであり、また一八七五年頃から後、エンゲルスおよびその後継者たちによって提供された、マルクス主義の実証主義的解釈もそうであった。自然も歴史もともに、意のままには変えられない、そして個人の運命には関係のない「鉄則」によって支配されているように思われた。自然の永遠の秩序が人類の生命過程にも延長されていた。(19)

このようにして、実証主義は人間の行動や社会の構造を自然科学、とりわけ進化論からのメタファーとアナロジーによって説明しようとする傾向を強めるにつれ、個人の運命を押し流す「鉄の法則」の影に脅かされるようになり、当初の啓蒙主義的オプティミズムからやがて宿命論的ペシミズムへと変貌していった。ヒューズの指摘によれば、「ダーウィニズムとの同盟によって、実証主義的思惟方法はある奇妙な変化を受けた」のであり、つまるところ「実証主義的信条がその合理主義的諸特徴を失い始めた」のである。[20] このような時代の精神的傾向に反旗を翻し、自然科学的決定論に絡め取られることのない人間精神の自由を復権しようと志した者たちこそ、一八九〇年代、すなわち世紀末に登場した一群の思想家たちであった。ヒューズはこの一八九〇年代の思想の特徴を「実証主義への反逆」と規定し、それを担った人々の企図を次のように解きあかしている。

それゆえ、社会ダーウィニズムに支配された文化を背景として眺めてみると、一八九〇年代の若い思想家たちは、ふつう彼らが行ったとして指弾されてきたところとはまるで反対のことを、まさに目指していたのだということができる。「非合理主義者」どころか、彼らは理性的探求の権利を擁護しようと努力していたのだ。鉄のごとき決定論の脅威に驚ろかされて、彼らは自由に思索する精神を、それが一世紀前に享受していた高い地位にまで復位させようとしていたのである。[21]

この「一八九〇年代の若き反逆者たち」[22]として挙げられているのは、ニーチェを別格とすれば、フロイト、ウェーバー、デュルケーム、クローチェらであり、狭義の哲学者としてはベルクソンとW・ジェームズにほかならない。そしてわれわれは、この一連の系譜の中にエルンスト・マッハの名前を付け加えたいのである。確かにヒューズも指摘するように、一面で彼は「一九世紀実証主義の最後の、そして最も知的に洗練された所産[23]」であったし、後に論理実証主義の父と目されもしたけれども、それと同時に「マッハやファイヒンガーの理論は、実証主義と反実証主義との対立から抜け出るひとつの道を提供したもの[24]」としても理解しうることもわれわれは忘れるべきではない。事実、マッハは「一元論者」を名乗ったことはあるけれども、「実証主義者」を自称したことはまったくなかったと言ってよい。そうでなければ、ベルクソンとともに「実証主義への反逆」の旗手を務めたジェームズが、マッハの著作の中に自己の哲学を見出して最大限の尊敬を捧げ、ヨーロッパ旅行の途次には肝胆相照らす交わりを結んだ理由をわれわれは説明することができない[25]。われわれはマッハから「実証主義者」のレッテルを引き剥し、むしろジェームズやベルクソンとともに、「実証主義への反逆」の系譜の中に彼を正しく位置づけるべきなのである。

そのためには、マッハの哲学に対して向けられた「実証主義」という非難の内実を少しく検討しておく必要がある。一九世紀の末期には、それは直接的にコントに帰せられる哲学説を指すというよりは、より広い当時の一般的な時代思潮（リヒトハイムの言う「心の状態」）を意味する言葉であった。しかもそれは、時代の歪みによって著しく変質させられた実証主義にほかならなかったのである。再度、ヒューズの叙述を手がかりにして、その点を確認しておこう。

一九世紀末の批判者たちは、実証主義について厳密な用語で書いていたわけではなかった。明らかに彼らは、実証主義は改めて確認を要しないほどに読者には分かりきったものと考えていたのだ。つまり、彼らは実証主義を一定の原理体系というよりは、むしろ広く普及しているひとつの知的傾向と考えていた。だから彼らは、「実証主義」という語を、同じくうとましい気持で見ていた他のもろもろの哲学理論――「唯物論」とか「機械論」とか「自然主義」とか――と置き換えてもかまわないような仕方で用いたのである。(26)

ここに実証主義と置換可能な哲学理論として掲げられている「唯物論」「機械論」「自然主義」のうち、マッハに当てはまりそうに思えるのは第三の「自然主義」という規定だけである。前の二つは、むしろマッハ哲学の対極に立つ思想であると言ってよい。マッハは、いかなる意味でも唯物論者ではなかった。今さら言及するまでもなく、そのことは「いかなる逃げ口上もいかなる詭弁も（中略）、物は感覚の複合であるというマッハの学説が主観的観念論であり、バークリ主義の単なるむしかえしであるという、この明白で論争の余地のない事実を除き去るものではない(27)」というレーニンの痛罵が、はしなくも裏側から証言してみせてくれている。また、彼が機械論者でなかったことも、当時の機械論が全面的にニュートン力学に依拠し、その権威に寄りかかって議論を展開していたことを考えれば明らかであろう。マッハは何よりも、ニュートンの権威に挑戦して力学的（機械論的）自然観に反旗を翻し、その基本概念の不備をついて相対性理論を準備した科学哲学者だったからである。

最後の自然主義に関してだけは、マッハはその批判を甘受せねばならない。それというのも、自然法則の認識を人間の環境への「生物学的適応の一形式(28)」として捉える彼の認識論は、著しく生物学主義的色彩を帯びていると言わざるをえないからである。しかしながら、その頃の「自然主義」という呼称は、主として社会ダーウィニズムの影響を受け、人間社会の事象にまで生物学的説明を適用しようとする傾向をもつ思想家たちに対して向けられていたことにわれわれは留意せねばならない（ゾラが「自然主義作家」と呼ばれる場合にも、そのような含意が生きている)。つまり、自然主義者という呼び名は、「思想の脳髄に対する関係は、胆汁の肝臓に、尿の腎臓に対する関係と同じである[29]」と喝破し、同時にダーウィニズムのドイツへの最も早い紹介者であった[30]カール・フォークトのような自然科学的唯物論者にこそふさわしい言葉だったのである。

だとすれば、マッハはそのような意味での「自然主義者」であったことは一度もなかったと言ってよい。むしろ彼は、自然科学的唯物論者とは対立する位置にあったのである。そのことは、『一九世紀ドイツにおける科学的唯物論』を著したF・グレゴリーが「自然科学の内部からさえ、唯物論に対する反発が起こった。エルンスト・マッハ、J・B・スタロ、ハンス・ファイヒンガーやその他の人々は、機械的唯物論は科学的思考の独自の本性を適切に説明するには十分ではないと論じた[31]」と述べていることからも傍証を得ることができる。なるほどマッハはダーウィンの進化論を高く評価し、一種の進化論的認識論とも呼びうる見解を開陳してもいる。しかし彼は、進化論を機械的に適用しようとはしていなかったし、またそれで万事が解決するとも考えてはいなかった。それどころか、マッハが社会ダーウィニズムの立場に与したことは絶えてなかったのである。

以上のことからすれば、マッハを「実証主義者」の枠の中に押し込めてその哲学的射程を葬り去ることが、甚だしくミスリーディングな愚挙であることは一目瞭然であろう。今日われわれがマッハを再評価するとすれば、彼を「実証主義への反逆」の系列に加えることをしないまでも、少なくとも「実証主義と反実証主義との対立から抜け出るひとつの道を提供した」哲学者として位置づけることは、必要不可欠の前提作業なのである。

4 『感覚の分析』と現象学

一九世紀末から二〇世紀初頭にかけての思想状況の中で、支配的であった実証主義的傾向に対して根本的な異議申し立てを行ったもう一人の哲学者として、われわれは現象学の創始者E・フッサールの名を逸するわけにはいかない。彼こそは「学問がなぜこの指導性を失ったのか、なぜ事情が本質的に変わって、学問の理念が実証主義的に限局されるようになったのか[32]」と問い、学問の理念を単なる事実学に還元する「実証主義がいわば哲学の頭を切り取ってしまった[33]」ことにその主たる原因を帰した哲学者であったからである。彼がそれを学問あるいは理性の危機として受けとめ、その克服の方途を超越論的現象学の完成に求めたことについては、今さら付け加えるまでもあるまい。そしてマッハ科学論（学問論）の振幅を正しく測定するためにも、その批判者であると同時に継承者でもあったフッサールとの対質は避けて通ることのできない課題なのである。

フッサールがマッハに初めて言及するのは、一八九一年に刊行された処女作『算術の哲学』第一一章のある箇所に付けられた注においてである。そこで彼はエーレンフェルスの論文「ゲシュタルト質について」を基数概念の成立をめぐる彼自身の説との関連で引き合いに出し、この論文がマッハの『感覚の分析』の影響のもとに成立したことに触れつつ、「私は才気に富んだ物理学者のこの著作をその刊行と同時に読んだのであるから、私もまたこの書物の読解から連想を通じて自分の思考の筋道にともども影響を受けたということは大いにありうる[34]」と述べている。その後フッサールは超越論的現象学の確立にいたる独自の行程を歩み始めることになるが、その途次の一九〇三年の冬学期と一九一一年の夏学期とに演習のテクストとして繰り返し『感覚の分析』を取り上げていることは、この著作に対する彼の関心が並々ならぬものであったことを示している。とりわけフッサールが興味をそそられたのは、第二章「いくつかの先入見について」のなかの次のような箇所である。

有名な外部投射説の場合にも事情は同様である。網膜上の結像点に対して、結像点と光が眼に入射する点とを結ぶ延長射線上に光っている対象点を求めることは、物理学者にとっての課題である。感覚している主体にとっては、光の感覚は初めから一定の空間感覚と結びついているのであるから、そもそもこういう問題は存在しない。外界の心理学的起源を感覚の外部投射によって説こうとする理説は、徹頭徹尾、物理学的見方の誤った適用に基づいている。視感覚および触感覚はさまざまな空間感覚と結びついている。すなわち、これらは並存的かつ相互外在的に存在し、空間的場――われわれの身体はその一部分を充しているにすぎない――の中にある。したがって、机、樹、家、等々はいうまでもなく私の身体の外部にある。それゆえ、投射問題なるものはもともと存在しないのであり、意識的に解かれるわけでも、無意識的に解かれるわけでもない。[35]

ルーヴァンのフッサール文庫に収められているフッサール所蔵の『感覚の分析』を詳しく調査したH・リュッベは、フッサールが引用文中の「そもそもこういう問題」から「誤った適用に基づいている」までに下線を引いて強調し、さらにその箇所の欄外に「知覚や認識に現れ出るがままの現実の諸要素間の直接与えられる連関を分析することの内に現実の探究が成立する」という書き込みをしていることを報告している。[36] おそらく書き込みをしたのは、フッサールの証言を信じるとすれば「刊行と同時に」のことであったろうから、一八八六年すなわち彼が数学から哲学に転向し、教授資格論文「数の概念について」を準備していた頃のことである。それでは、マッハの著作は現象学の成立にいかなる影響を与えたのであろうか。

マッハがここで問題にし、批判しているのは、ヘルムホルツらによって流布された知覚の「外部投射説」あるいは現代風にいえば「知覚の因果説」にほかならない。知覚は外界の事物を原因とする物理的過程の結果として生じる主観的表象（像）である。しかるに、知覚像は意識の内部に属するのであるから、それが外界の事物の像であることをわれわれは直接的な形では知ることができない。そこでわれわれは、知覚成立の因果的過程を逆にたどる投射作用（それ自身は因果的過程ではない）によって、知覚像を外界の事物が存在する空間内に定位（localization）する。以上が外部投射説の概要である。明らかにこの説明においては、「内部－外部」「主観－客観」「原物－表象（像）」「原因－結果」といったさまざまな二項対立的仮定が自明のものとして前提されている。そして、あたかも「神の視点」から見おろすようにして、心理学者はわれわれの知覚過程を「客観的に」説明しようと試みているのである。

これに対してマッハは、「神の視点」からの説明を排し、あくまでも「感覚している主体にとって」という視点から事柄を純粋に記述しようとする。形而上学的先入見を排除して考察の出発点を確保しようとすれば、それ以外の視点をわれわれは持ちようがないからである。その観点からすれば、われわれはすでに色や音や香りに取り囲まれた時間空間的世界のただ中に身体をもって住み込んで、あるいは身を挺しているのであり、すべては単なる表象や知覚像ではなく、まさに外界の事物そのものなのである。それゆえ、外部投射説が解決しようとしていた問題は、誤って立てられた疑似問題にすぎない。

さらにマッハは、同じ論法を網膜像の倒立問題にも適用する。すなわち、網膜上の知覚像は逆立ちしているのに、対象が正立して見えるのはなぜか、という周知の問題である。この難題に対して彼は、倒立問題は物理学上は正当な問いであるが、心理学上は無意味な問いであるとして、「網膜の個々の部位における光の感覚は初めから空間感覚と結びついており、網膜における下方の部位に対応する位置をわれわれは「上」と呼んでいるのであって、感覚している主体にとっては先に立てたような問題は全然生じ得ないのである[37]」と答えている。ここでも「感覚している主体にとって」という視座が議論のポイントになっていることは明らかであろう。フッサールの言葉を使うならば、マッハは考察に当たってあくまでも直接に与えられる「知覚野」あるいは「現象野」のただ中に踏み留まろうとしているのである。そしてそれは、現象の「自然主義的説明」などとは、はなから無縁の態度であった。

興味深いことに、大森荘蔵は『新視覚新論』において、『感覚の分析』からほぼ一〇〇年を隔ててマッハが取り組んだのと同じ外部投射の問題に、同じような解決をより洗練された表現でもって与えている。彼は「生理学者は、私に何かが見えているのは、それからの電磁波が網模を刺激しついで大脳皮質細胞を興奮させる結果である、と言うだろう[38]」とした上で、そうした説明がミスリーディングであるゆえんを、次のような仕方で指摘する。

> 「見えている」という「状況」は私自身を取り込み、私を包み込んでの風景が「見えている」ということなのである。それは一つの全体的「状況」であり、全体的「場」なのである。この全体的「場」の中においてのみ、ここの私とあそこの絵、あるいは目をそちらに向けている私とあそこに「見えている」絵、という「関係」が成り立ちうるのであって、それを成り立たしめている

「場」である「見えている」という状態は何の「関係」でもないのである。(39)

要するに、すべてが外側に「見える」のであって、内側に「見える」ということはありえない。ということは、「見えている」という「場」にあっては、内側外側という区分、境界面という内外の境界、というものが意味をもたないのである。つまり、「見えている」という全状況にあっては「内部」というものがありえないのである。あるとしてもそれはすっからかんの内部である。(40)

大森とマッハとがともにバークリの影響を受けていることを考慮に入れたとしても、ここに見られる一致は驚嘆に値する。大森の叙述によってより鮮明になっているように、マッハが先の論述で展開しているのは、単なる心理学上の外部投射説に対する批判であるに留まらず、「内部－外部」あるいは「主観－客観」という近代哲学の基本的枠組みに対するトータルな反措定なのである。現象学への道を模索していたフッサールが『感覚の分析』の中に、こうしたマッハのラディカリズムを読み取ったとしても、それはいささかも不思議ではない。それゆえ、リュッベの「経験批判論と現象学とは、物理学と生理学を誤って引き合いに出す唯物論や自然主義に対して唯物論的－自然主義的カテゴリーでは把握できない（心的－意識的）現実の自立性を主張する、というその関心において共属関係にある(41)」という指摘は正鵠を射たものと言うべきであろう。

先に引いた「知覚や認識に現れ出るがままの現実（Wirklichkeit）の諸要素間の直接与えられる連関を分析することの内に現実の探究が成立する」という欄外書き込みは、フッサールが『感覚の分析』のいかなる点に強い印象を受けたかを端的に物語っている。それは、一切の自然科学的先入見を取り払って、直接に体験され、生きられた世界に立ち戻ること、あるいは現象のただ中に身をさらすことにほかならない。「感覚している主体にとって」という言葉を繰り返すことによってマッハが要求したのは、まさにそのようなことだったのである。

後にフッサールは現象学的知覚論を展開するに際して、自然主義的態度、すなわち物理学的・生理学的因果関係をはじめとする自然科学的先入見を括弧に入れ、それらを「還元」することによって、意識に直接に与えられるがままの現象の領域から考察を出発させることを試みた。そのことを逆に投影すれば、マッハにとって不可欠であった「感覚している主体にとって」という視点に定位した考察の手続きは、むろん明示化されてはいないけれども、物理学的・生理学的説明を排して直接的な感覚体験に立ち戻るという意味で、まさに彼なりの「還元」の手続きであったと言うことができる。そして、マッハがこの手続きによって「内部」と「外部」の境界を無化し、内部と外部の伝統的二項対立の図式を止揚したことを考え合わせるならば、フッサールの「還元」もまた、世界を消去して内面的意識に閉じ込もることではなく、むしろ内面の閉域を打ち破って世界のただ中に出で立つ行為にほかならなかったことが理解されるであろう。フッサールの志向性概念に触れて「意識には〈内部〉というものはない」[42]と述べたサルトルは、それをさらに「なぜなら、結局一切は、われわれ自身まで含めての一切は、外部にあるからである。外部に、世界のなかに、他のもののあいだに」[43]と敷衍している。まさにこの志向性解釈は、先にマッハが外部投射説を批判することによって主張しようとしていた当の事柄であった。そのような意味でなら、われわれは木田元が示唆するように、「〈志向的体験〉というフッサールの現象学のもっとも基本的な概念さえもマッハに端を発する」[44]と言うこともあながち不可能ではないのである。

「何ものかについての意識」というフッサールの志向性概念が、近代哲学の主観－客観図式を乗り越える萌芽を秘めていることについては、これまでさまざまな形で指摘がなされている。たとえば、現象学的認識論の基本構制を物象化的錯視として退ける廣松渉ですら、「意識の志向性という提題が「意識作用」と「意識対象」との直接的な関連 Beziehung を権利づけ得る構案になっていることは評価されてしかるべきであろう[45]」と述べている通りである。この直接的な関連から、知覚においては対象が意識に対してじかに直接的に現われる、という現象学的知覚論に特徴的な帰結が生じる。フッサールは意識と対象のあいだに「表象」や「像」のような媒介物をいっさい介在させないのである[46]。これは、伝統的な知覚論が「意識のヴェール」（J・ロック）や「意識の命題」（N・ハルトマン）というアポリアに逢着して袋小路に陥ったのとは好対照と言わねばならない。彼は知覚対象の直接的な現われを対象の「本源的自体所与性」と名づけているが、この、知覚が直接的に対象へ向かう無媒介な直観的体験であるという原事実こそ、彼がマッハの『感覚の分析』から学んだものであろう。

むろん、フッサールが意味的なまとまりをもった対象知覚を基盤に据えたのに対して、マッハが定位したのは色、音、熱、圧などに代表される「感性的諸要素」であった。しかし、このことは、マッハが認識論上の要素主義（アトミズム）や感覚与件の加工理論の立場に与していることを意味するものではない。感性的要素は相互に関数的に連関しあった複合体なのであり、彼はそれを一枚の「綾織物」にたとえている[47]。さらに、感性的諸要素はそもそも主観的・私秘的な「感覚」と同一視されてはならない。それは世界を形作る基本要素なのであり、ある特定の「関数的依属関係においてのみ、感覚なのだということを銘記さるべき[48]」性格のものなのである。言い換えれば、諸要素の複合体は関数的に連関しあいながら一定の「ゲシュタルト的布置」をもってわれわれに立ち現われるのであり、その中で相対的に恒常的な布置をわれわれは「物体」と呼ぶにすぎない。つまり、「物、物体、物質なるものは、諸要素、つまり色、音、等々の連関を離れてはない[49]」のである。マッハがエーレンフェルスの論文に影響を与え、ゲシュタルト心理学の始祖として名指されるのも、こうした認識論上の構えを指してのことにほかならない。したがって、いわゆる「要素一元論」はマッハの存在論上の主張ではあっても、彼は後の論理実証主義者が採用したような感覚与件による検証理論を展開したわけではまったくない。マッハにとって原基的な認識は、あくまでも諸要素の「関数的連関態」を捉えるゲシュタルト知覚なのである。フッサールからメルロ＝ポンティまで主要な現象学者が例外なくゲシュタルト心理学に関わりをもち、またその理論を援用したことを考えれば、メロディーの移調性までをも射程に収めたマッハの知覚理論は、現象学的考察の端緒と目されてもおかしくはない。それゆえ、われわれはリュッベとともに「現象学的思考の伝統にとっては、マッハの著作がフッサールの論理学研究よりはるか以前からそうした始点なのである[50]」と言うことができる。

5 「物理学的現象学」の構想

ところで、マッハと現象学との関わりは、以上の諸点に尽きるわけではない。そもそも「現象学」という言葉自体が、マッハに由来していることを示す有力な状況証拠が存在するからである。まずはフッサール自身の証言を聞いておかねばならない。彼はフライブルク大学退職直後の一九二八年に行なわれた「アムステルダム講演」において、その冒頭で現象学成立の経緯を振り返りながら次のように回顧している。

世紀の変わり目において、厳密に学問的な方法をめぐる哲学と心理学の格闘の中から、哲学的および心理学的探究の新たな方法と一緒に、一つの新しい学問が生まれ出た。この新たな学問は現象学と名づけられた。それというのも、この学問ないしはその新たな方法は、すでにそれ以前に少数の自然科学者や心理学者たちによって要請され使用されてきた現象学的方法をいわば徹底化することを通じて生まれたものだからである。この方法の意味は、マッハやヘーリングのような人たちにあっては、「精密」自然科学を脅かしていた理論化の根拠のなさに対する反発の中にあった。それは、理論の正当な意味やその成果への洞察的な解明が成就されることのない、直観を離れた概念形成や数学思弁による理論化に対する反発であった(51)。

ここでフッサールが、自分の超越論的現象学は、世紀末においてすでに芽生えていた現象学的方法を「徹底化(Radikalisierung)」することを通じて成立した、と述べていることに注目せねばならない。また彼が、マッハやヘーリングを、当時の主流をなしていた自然科学や心理学、すなわち実証主義的学問に対して反旗を翻した代表的学者として位置づけていることにも留意すべきであろう。それというのも、後に触れるように、フッサールの現象学はマッハの「現象学」を徹底化し、それに「超越論的転回」を施すことによって成立したと見ることも可能だからである。それでは、マッハの「現象学」とはいかなるものであったのか。

フッサールは一八九七年、すなわち『算術の哲学』から『論理学研究』にいたる過渡期の時期に、「論理学に関するドイツ語文献の報告一八九四年」と題する書評論文を発表している。その中で彼は、マッハの論文「物理学における比較の原理について」を取り上げ、詳しい紹介を行っている。この、後に

『通俗科学講義』に収められることになる論文は、マッハが彼の「物理学的現象学」の構想を開陳した数少ない論文の一つである。それゆえ、フッサールがまさにこの時期にマッハの「現象学」概念を検討する機会をもったことは、極めて重要な出来事と言わねばならない。

マッハはまず、力学の任務を「自然界に生起する運動を完全に、かつ最も単純な仕方で記述すること」[52]と規定したキルヒホフの記述主義のテーゼを取り上げ、これがもたらした波紋をたどりつつ、その真意を解きあかそうと試みる。このテーゼがマッハの「思惟経済の原理」に合致すること、あるいはその源泉であることは明らかであろう。彼自身その原理を、科学研究の目標は感性的諸要素間の関数的依属関係を「最小の思考の出費で事実をできるだけ完全に記述する」[53]ことだとして定式化しているからである。しかし、直接的な感性的経験を記述するだけでは科学（学問）は成立しない。科学に必要不可欠なのは当該領域の事実を普遍的な形で記述しうる抽象的概念だからである。この抽象的概念の形成を促し、言語的コミュニケーションを可能にするものこそ、「比較（Vergleichung）」という方法的操作にほかならない。マッハによれば、「比較とは、コミュニケーション一般を可能にすることによって、同時に科学の最も力強い内的な生命要素を体現するもの[54]」なのである。そして、この比較の手続きを原理として異質の諸領域を統合し包括するにいたった科学を彼はまさに「包括的物理学的現象学」と名づけている。このマッハの構想をフッサールは次のように論評する。

われわれにはあらゆる事実を直ちに記述する能力はないし、そのためには事実のもつ富は余りにも莫大すぎる。段階的にのみわれわれは前進するのであり、繰り返し新たなものをすでに知られたものと比較しながら、また前者を後者に、比較された事実領域がますます包括的になり、概念がますます抽象的になるという仕方で結びつけながら、進んでいくのである。このような道筋を通って、やがては「一般的な、すべての領域を包括する物理学的現象学」が展開される[55]。

引用文の中ではあるが、おそらくフッサールが「現象学」という言葉を論文の中で用いたのは、この箇所をもって嚆矢とする。数年を経ずして彼が「現象学」を自分の哲学的立場を表明する術語として使い始めることを考えれば、アムステルダム講演における証言と併せて、その用語法がマッハの「物理学的現象学」に想を得たものであることはほぼ確実であろう。

マッハはこの「物理学的現象学」を『熱学の諸原理』においては「現象学的物理学」とも呼んで、それを「力学的物理学」と対立させ、前者の目標を「自然科学上の叙述から一切の形而上学的要素を除去すること[56]」に置いている。また後者に対しては「力学的物理学の描像にはえてして魔力が加味されるが、その魔力はこうしてあっさりと代数式に移し変えられてしまい、機械論的な神話の代わりに代数的なものだけが据えられることになる[57]」と批判を加えている。この批判は、先のアムステルダム講演におけるフッサールの「直観を離れた概念形成や数学的思弁による理論化への反発」という評言と符合するものであろう。さらにマッハが「一般的な、すべての領域を包括する物理学的現象学、すなわち仮説から自由な物理学の叙述[58]」と言い換えているのを見れば、彼が物理学的現象学によっていかなる科学を考えていたかは明らかであろう。彼は物理学からあらゆる形而上学的要素（実体、因果律、絶対時間、絶対空間など）を排除し、原子論や力学的自然観や主客二元論などの仮定を括弧に入れることによって人為的な説明を排し、純粋な記述主義の立場から諸現象の比較を通じて物理法則を探究する試みを目指していたのである。

フッサールもまた、現象学の方法を確立する過程で「純粋記述」や「現象学的記述」といった概念を枢要な操作的概念として用いていたことを見れば、この点においても両者の影響関係を推測することは可能であろう。事実、当時の物理学文献を精査していた田辺元が、キルヒホフに始まる「いわゆる記述学派と呼ばれる傾向」について、「その立場は力の概念を斥けて、エネルギーの概念を空間時間質量の外に第四の基本概念に採用し、その現象形態を記述することをもって物理学の任務とするに至り、エネルギー論とも現象学派とも呼ばれる[59]」と述べていることは、「記述主義」と「現象学」が当時ほとんど置換可能な術語として用いられていたことを裏づけてくれる。もちろん、フッサールの記述があくまでも本質の記述であったことは言うまでもないが、彼が「現象学」を自らの立場の名称として選んだとき、「記述主義」との関係が念頭に置かれていたことは否定しうべくもないであろう。

しかしながら、先の書評の三年後に『論理学研究』第一巻を刊行したフッサールは、その第九章「思惟経済の原理と論理学」において、アヴェナリウス－マッハの思惟経済の原理を核とする学問論に対して厳しい批判を展開する。すなわち「心理学および特に純粋論理学と認識論の基礎づけに対しては、その原理がなんらの寄与もなしえないことを証明したい[60]」と言うのである。ただし、同時に彼は別の箇所では「とくにE・マッハの歴史的－方法的諸研究には、われわれは実に多くの論理学的教示を受けているものであり、彼の結論に必ずしも全面的に（またはまったく）賛同できない箇所でも、やはり彼に負うところ大であると、真実私はそう確信している[61]」と述べている。実際、フッサールは『論理学研究』刊行直後の一九〇一年にマッハをウィーンに訪ねており、丁重なもてなしを受けたことを書き留めている。さらにそれを機縁として『力学』の献呈を受けたことへの礼状の中では、彼は「思惟経済に関する私の章は主としてアヴェナリウス学派とりわけコルネリウスに対して向けられたものです」[62]とマッハに対して他意のないことを弁明すらしているのである。むろん、これは額面通りには受け取れないものの、このような両者の交渉を見れば、フッサールのマッハに対する態度が必ずしも全面否定ではなかったことをうかがい知ることができる。

それでもフッサールは、超越論的現象学の立場をほぼ完成しかけていた一九一一年に、そのマニフェストともいうべき『厳密な学としての哲学』の中で、再びマッハを俎上にのせて自然主義に対する批判を展開している。物的自然以外のものを認めない立場を自然主義と規定した上で、彼は次のようにその矛先を実証主義の諸形態に対して向けるのである。

実証主義の意味で（それが自然主義的に解釈されたカントに依拠した実証主義であろうと、ヒュームを更新して、これを整合的に発展させた実証主義であろうと）物的な自然が感覚論的に感覚の複合、つまり色、音、圧などに分解される場合でも、同様にまた、いわゆる心的なものもこれらの感覚もしくは他の「諸感覚」の補足的な複合に分解される場合でも、上述の解釈の本質には何のかかわりもない。[63]

明示的に名指されてこそいないものの、「ヒュームを更新して」以下の文章がマッハを標的にしたものであることは誰の目にも明らかであろう。それでは、マッハを母胎として現象学への道を歩み始めたフッサールが、なぜかくまで厳しいマッハ批判を公表する必要があったのであろうか。おそらくここでも、彼が『論理学研究』初版序文の末尾に掲げた「人はやっと脱却した誤謬に対しては最も厳格である」というゲーテの格言が当てはまるに違いない。この当時のフッサールは、二年後に『イデーンI』の刊行を控えて、自らの超越論的現象学の立場を確立し、宣揚することに心を奪われていたことであろう。そうした目から見れば、マッハの「物理学的現象学」は、ほとんどヒュームの現象主義と見まがうような「ムンダーン（内世界的）」な立場からの現象学と映ったとしてもおかしくはない。超越論的現象学の足場を確固としたものとし、その確立への不退転の決意を内外に示すためにも、彼は似ていて非なるマッハの「現象学」を厳しく否定しておかねばならなかったのである。

言うまでもなく、マッハの物理学的現象学は、徹頭徹尾「現象野」の内部に留まろうとしている点において「ムンダーン」な現象学であり、超越論的契機をまったくといってよいほど欠如させている。その欠落こそ、フッサールにとっては見逃すことのできない決定的誤謬であった。そして、いわば一種の近親憎悪の発露ともいうべきマッハ批判を敢行することによって、フッサールは超越論的主観性をアルキメデスの支点とする「超越論的転回」を成し遂げることができたのである。このフッサールの軌跡は、マッハの感覚主義の立場から出発しながらも、やがて「言語論的転回」を通過することによって彼を死せる犬のごとく遇するにいたった論理実証主義者のそれと見事な相似形をなしている。その意味で、マッハを論理実証主義の父と呼ぶのならば、同時に彼を現象学の母と呼ぶこともまた可能でなければならない。二〇世紀の哲学が超越論的現象学と経験主義的分析哲学との対立と相克のうちに展開してきたとすれば、マッハをその両流の源頭に据え、「超越論的転回」と「言語論的転回」とをそれぞれの流れの分水嶺に見立てることによって、現代哲学の歴史的展開はこれまでの通説とは著しく異なった相貌を現わすはずである。本章の目的は、その序曲の役割を果たすことであった。

註

(1)『西田幾多郎全集』第一巻、岩波書店、一九七八年、四頁。
(2)『西田幾多郎全集』第一四巻、岩波書店、一九七九年、七二頁。
(3)『戸坂潤全集』第一巻、勁草書房、一九六六年、一二五頁。
(4)同書、一九七頁。
(5)大森荘蔵「論理実証主義」『哲学雑誌』第六八巻七一八号、一九五三年(『科学時代の哲学1』所収、培風館、一九七二年、八一頁)。
(6)『武谷三男著作集』第一巻、勁草書房、一九六八年、二七頁。
(7)同書、一九四―一九五頁。
(8)廣松渉『事的世界観への前哨』勁草書房、一九七五年、五一頁。
(9)L・アルチュセール『レーニンと哲学』西川長夫訳、人文書院、一九七〇年、一一頁。
(10)Henry James (ed.), *The Letters of William James*, Boston, 1926, p.212.
(11)K・ポパー『果てしなき探求――知的自伝』森博訳、岩波書店、一九七八年、二二四頁以下参照。
(12)W・フォルケ『ホーフマンスタール』横山滋訳、理想社、一九七一年、二七頁。
(13)『漱石全集』第二七巻、岩波書店、一九八〇年、一二六頁。ただし、漱石がこの手紙を書いたのは、一九〇〇年のパリ万博の折のことである。
(14)E・ゾラ「実験小説論」河内清訳、世界文学体系『ゾラ』筑摩書房、一九五九年、四四一頁。
(15)L・アルブムスター「世紀末ウィーンの宗教的・思想的状況」、木村直司編『ウィーン世紀末の文化』東洋出版、一九九三年、六〇頁。
(16)S・ヒューズ『意識と社会』生松敬三・荒川幾男訳、みすず書房、一九七〇年、二七頁。
(17)同前。
(18)A・コント「実証精神論」霧生和夫訳、世界の名著第三六巻『コント、スペンサー』中央公論社、一九七〇年、一七八頁以下。
(19)G・リヒトハイム『ヨーロッパ文明I』塚本明子訳、みすず書房、一九七九年、六九頁。
(20)S・ヒューズ、前掲書、二七頁。
(21)同書、二八頁。
(22)同書、二六頁。
(23)同書、三七頁。

(24) 同書、七三頁。
(25) Cf. Henry James (ed.), *op. cit.*, p.212f.
(26) S・ヒューズ、前掲書、二七頁。
(27) V・I・レーニン『唯物論と経験批判論1』寺沢恒信訳、国民文庫、大月書店、一九七二年、三九頁。
(28) Ernst Mach, *Erkenntnis und Irrtum*, 5. Aufl., Darmstadt, 1976, S. 450.
(29) Frederick Gregory, *Scientific Materialism in Nineteenth Century Germany*, Dordrecht, 1977, p. 64.
(30) *ibid.*, p. 76.
(31) *ibid.*, p. 159.
(32) E・フッサール『ヨーロッパ諸学の危機と超越論的現象学』細谷恒夫・木田元訳、中央公論社、一九七四年、一九頁。
(33) 同書、二二頁。
(34) Edmund Husserl, *Husserliana Bd XII*, The Hague, 1970, S. 210 Anm.
(35) E・マッハ『感覚の分析』須藤吾之助・廣松渉訳、法政大学出版局、一九七一年、三五頁、傍点原文。
(36) H・リュッベ『歴史における意識』川島秀一ほか訳、晃洋書房、一九八八年、四七頁。
(37) E・マッハ、前掲書、二四頁。
(38) 大森荘蔵『新視覚新論』東京大学出版会、一九八二年、二八頁。
(39) 同書、三一頁、傍点原文。
(40) 同書、三八―三九頁、傍点原文。
(41) H・リュッベ、前掲書、四二頁。
(42) J-P・サルトル「フッサールの現象学の根本的理念――志向性」白井健三郎訳、『哲学・言語論集』人文書院、二〇〇一年、一七頁。
(43) 同書、一九頁。
(44) 木田元「身体・感覚・精神」、新岩波講座〈哲学〉第九巻、岩波書店、一九八六年、二一頁。
(45) 廣松渉、前掲書、八一頁。
(46) 現象学的知覚論の要点については、村田純一「知覚」(『現象学事典』弘文堂、一九九四年)から示唆を受けた。
(47) E・マッハ、前掲書、四頁。
(48) 同書、一四頁。
(49) 同書、七頁。
(50) H・リュッベ、前掲書、三四―三五頁。

(51) E. Husserl, *Husserliana* Bd. IX, The Hague, 1962, S. 302.
(52) E. Mach, *Popular-Wissenschaftliche Vorulesungen*, Wien, 1987, S. 266.
(53) E・マッハ『力学』伏見譲訳、講談社、一九六九年、四四五頁。
(54) E. Mach, *Popular-Wissenschaftliche Vorulesungen*, Wien, 1987, S. 269.
(55) E. Husserl, *Husserliana* Bd. XXII, The Hague, 1979, S. 150.
(56) E・マッハ『熱学の諸原理』高田誠二訳、東海大学出版会、一九七八年、三六六頁。
(57) 同前。
(58) 同書、四一〇頁。
(59)『田辺元全集』第一二巻、筑摩書房、一九七三年、六五頁。
(60) E・フッサール『論理学研究1』立松弘孝訳、みすず書房、一九七〇年、二五頁。
(61) 同書、二二四頁。
(62) K. D. Heller, *Ernst Mach*, Wien, 1964, S. 62.
(63) E・フッサール「厳密な学としての哲学」小池稔訳、世界の名著第五一巻『ブレンターノ、フッサール』中央公論社、一九七〇年、一一一頁。

5　科学と形而上学のはざまで――ホワイトヘッド『科学と近代世界』再読

科学は常に成功する処方の総体である。
こうせよ、しからばああなるであろう。
ポール・ヴァレリー「科学私見」

1　精密さはつくりもの

ホワイトヘッドは端倪《たんげい》すべからざる哲学者である。あるいは彼の多岐にわたる哲学的活動を乱反射する多面体にたとえることもできる。そのいずれの面をとっても、彼の仕事は第一級の哲学的業績の名に恥じないのみならず、それぞれの面が有機的につながり合って壮大な体系を形作っているのである。実際、田中裕はホワイトヘッドを「七つの顔を持つ思想家」と呼び、その多面体から際立った特徴をもつ側面を切り出している(1)。すなわち、①数学的論理学者、②理論物理学者、③プラトニスト、④形而上学者、⑤プロセス神学の創始者、⑥深い意味でのエコロジスト、⑦教育者にして文明批評家、の七つである。

今日、ホワイトヘッドの名は一般にラッセルとの記念碑的共著『数学原理』と結びつけられている。

実際、彼はその学問的経歴を応用数学者として出発させており、六〇〇頁に近い処女作『普遍代数論』（一八九八）は代数学（数学）を論理演算という観点から統一的に体系化し、それを幾何学の領域へも拡張しようとする試みであった。その「前書き」には「数学は最広義の意味において、あらゆるタイプの形式的で必然的で演繹的な推理を展開することである。推理が形式的であるとは、命題の意味は研究においていかなる役割も果たさないということにほかならない。数学の唯一の関心事は命題から命題への推論である。（中略）数学の仕事はただ規則に従うことにある[2]」という文言が見える。さらにホワイトヘッドは次のように続けている。

このような代数［普遍代数］は数や量には本質的に関わらない数学的科学であり、純粋な量という伝統的領域を大胆に踏み越えたこの拡張された領域こそ、その特有の関心を形作っているものである。数学の理想は、思考や外的経験のあらゆる領域と結びついた推理を容易にする計算体系を確立することであり、そこでは思考や出来事の系列をはっきりと確かめ、精密に述べることができる。したがって、哲学でも帰納的推理でも想像的文学でもないすべての真剣な思考は、計算体系の手段を用いて展開された数学となろう[3]。

見られるように、ホワイトヘッドは「普遍代数」の名のもとに、かつてライプニッツが「普遍数学（mathesis universalis）」において構想したのと同様、あらゆる思考と推論を包括する計算（論理演算）の体系を構築しようとしていたのである。この「普遍代数」の構想が、直接的に『数学原理』の体系化へとつながったことは言うまでもない。その出発点においてホワイトヘッドが目指したのは「思考の精密化」であった。
ところが、一九二四年にハーバード大学に招かれてアメリカに渡って以後のホワイトヘッドは、主著『過程と実在』（一九二九年）に結実する独自の形而上学への道を歩み始める。その意味で、彼の本格的な哲学活動は齢六〇歳を超えてから始まったと言ってよい。ホワイトヘッドは一九三七年にハーバード大学を退職するが、その最終講演の模様を鶴見俊輔は次のように伝えている。

さて、もう一人の共著者ホワイトヘッドの、彼が何十年もやってきた講義の最終講演に、私は立ち会った。ハーヴァード大学の付属協会で、彼はよたよた出て来て、壇上に上がって話して、ぼそぼそっと最後の言葉を話して壇を降りてしまった。あれは何を言ったのかなと思って、気になったんだ。（中略）すると、ホワイトヘッドの最後の一言はね、"Exactness is a fake"——精密さなんてものはつくりものだ、と言ってたんです。それが、彼の終わりの講演の、そのまた最後の一行なんですよ。(4)

先の「すべての真剣な思考は、計算体系の手段を用いて展開された数学となろう」という言葉から、この「精密さなんてものはつくりものだ」という言葉までの距離が、いわばホワイトヘッド哲学の巨大な振れ幅であり、冒頭で彼に「端倪すべからざる」という形容を冠したのもそのためである。だが、その振幅を理解するためには、どうしても媒介項が必要となる。それら両端をつなぐ中間地点にあり、両者を媒介している著作こそ、彼の名を高からしめた『科学と近代世界』（一九二五年）にほかならない。本章では、この『科学と近代世界』を読み直すことによって、ホワイトヘッドの科学観を明らかにするとともに、彼の形而上学への移行を動機づけた契機を確認し、改めてその現代的意義を探りたい。

2　ホワイトヘッドの科学革命論

近代科学の成立時期は、今日では一六世紀半ばから十七世紀末にかけて、すなわちコペルニクスが『天球回転論』（一五四三年）を公表して太陽中心説（地動説）を唱えてから、ニュートンが『プリンキピア』（一六八七年）を刊行して天と地の運動を万有引力の法則によって統一するまでの約一五〇年間と考えられている。もちろん、その間にガリレオ、デカルト、ケプラー、F・ベーコンらが輩出して近代科学の方法を確立したことは言うまでもない。この期間は「科学革命（Scientific Revolution）」と呼ばれる。すなわち、アリストテレス的世界像が崩壊して古典物理学的世界像が主導権を握る、ヨーロッパにおける一大知的変革の時期である。

科学史のなかで「科学革命」という呼称が初めて登場するのは、A・コイレの論文「ガリレオとプラトン」（一九四三年）においてである。彼はこの革命の内実について、論文「近代科学の起源（Les origins de la science moderne）」（一九五六年）でさらに立ち入った考察を重ねている。その集大成ともいえるのが彼の代表作『閉じた世界から無限宇宙へ』（一九五七年）である。また、科学史における「科学革命論」の領域を切り拓いた著作と目されているのは、H・バターフィールドの『近代科学の起源（The Origins of Modern Science）』にほかならない。邦訳者によって「人類史上、近代科学の誕生こそはすべての社会的・政治的変革にもまして「革命」的な重大事件であり、この「科学革命」こそは科学史的考察の原点であるという認識は主としてバターフィールドのこの著書に由来するのである。(5)」と指摘されている通りである。
ところで、ホワイトヘッドの『科学と近代世界』の第一章は「近代科学の起源（The Origins of Modern Science）」と題されている。明らかにコイレの論文、バターフィールドの著作と同じタイトルである。ただし、両者の間には二〇年以上の開きがある。むろん、同じタイトルの論文や著作が書かれることは稀ではなく、異とするに足りない。しかし、タイトルのみならず内容的にも符合する点があるとすれば、これは議論のオリジナリティ、すなわち「先取権（priority）」に関わることであろう。少なくとも『科学と近代世界』を虚心に読む限り、コイレとバターフィールドによって提起された科学革命論の内実は、ホワイトヘッドの議論によって先取りされているのである。まずはコイレの問題提起を見ておこう。論文「ガリレオとプラトン」は次のように書き起こされている。

ガリレオ・ガリレイの名前は一六世紀の科学革命、すなわちギリシア思想によるコスモスの発明以来、唯一のとは言わないまでも、人間思想の最も奥深い革命の一つと分ちがたく結び付けられている。それは根本的な知的「突然変異」を意味する革命であり、近代の物理科学が同時にその発現でもあり結実でもあるような革命にほかならない。(6)

コイレによれば、この科学革命によってもたらされたのは、第一にギリシア的な「コスモスの崩壊」であり、第二にガリレオに淵源《えんげん》する「空間の幾何学化」であった。さらに彼はガリレオを「プラトン主義者」と呼び、『新科学対話』のなかでガリレオがピタゴラスとプラトンを先達と仰いでいる箇所を引用している。加えて、この論文の末尾は仮説演繹法の手続きに言及したうえで、「新科学は、ガリレオにとってプラトン主義の一つの実験的証明であった(7)」と締めくくられているのである。
現在、科学革命ないしは近代科学の成立過程をピタゴラス主義およびプラトン主義の復権に求める見方は、コイレの功に帰されている。しかし、すでに先駆的指摘は『科学と近代世界』のなかでなされている。すなわち、ホワイトヘッドは「プラトンのイデアの世界は、数が現実界の基底に存する、というピタゴラスの学説の洗練され修正されたものである（中略）ある意味で、プラトンとピタゴラスはアリストテレスよりも近代物理学の立場に接近している(8)」と述べているのである。科学革命がアリストテレス的世界像を崩壊させたとすれば、それに代わる世界像は無から生まれ出たわけではなく、アリストテレス以前のピタゴラス－プラトンの伝統を参照したということであろう。実際、ホワイトヘッドは「一七世紀の科学の歴史を読むと、あたかもそれがプラトンやピタゴラスの夢をまざまざと写したもののように感じられる(9)」とさえ付け加えている。それからすれば、「科学革命」という言葉こそ用いていないものの、近代科学の成立基盤をガリレオによるプラトン主義の復興に見るコイレの科学革命論は、ホワイトヘッドをその先蹤《せんしょう》とすると考えてもあながち贔屓の引き倒しとは言えないであろう。

次に、もう一つの科学革命論、すなわちバターフィールドのそれを見ておこう。彼は専門の科学史家ではなかったがゆえに、むしろ科学革命をより広い世界史的展望のなかに位置づける視点をもっていた。その展望とは次のようなものである。

> これは、普通には一六、七世紀と結びつけられているが、実はもっと以前の時代にまで遡るべきものである。この革命は、科学における中世の権威のみならず古代のそれをも覆したのである。

つまり、スコラ哲学を葬り去ったばかりか、アリストテレスの自然学をも潰滅させたのである。したがって、それはキリスト教の出現以来他に例を見ない目覚しい出来事なのであって、これに比べれば、あのルネサンスや宗教改革も、中世キリスト教世界における挿話的な事件、内輪の交替劇にすぎなくなってしまうのである。(10)

ここでは、科学革命がキリスト教の出現と比肩できる大きな出来事であること、それからすれば宗教改革はヨーロッパ史の内輪の出来事にすぎないことが述べられている。この主張を『科学と近代世界』の以下の見解と比べていただきたい。

彼(ジョルダーノ・ブルーノ)が死んだ一六〇〇年という年から、厳密な意味での科学の第一世紀が始まった。彼の処刑は誰ひとり気づくことのない象徴であった。なぜなら、その後の科学思想の帯びた色調には、彼流儀の広く思弁に頼る生き方に対する不信が含まれているからである。宗教改革は、なるほど重大なものではあるが、ヨーロッパ民族の内輪の問題と見てよいであろう。(中略)人びとはガリレオへの迫害を心に留めていたが、その受け取り方は、人類史上前例のない、ものの見方の極めて奥深い変化が静かに開始されたことへの尊敬を表すものである。一人のみどり児が飼槽で生れて以来、あのように大きなことがあれほどいとも静かに起こった、というためしはまずないであろう。(11)

ガリレオへの迫害が主題化されているが、ホワイトヘッドの言う「ものの見方の極めて奥深い変化」

が科学革命を指すことは明らかであり、それがイエス・キリストの生誕と比べられている。バターフィールドはそれを「キリスト教の出現以来他に例を見ない目覚しい出来事」と表現したにすぎない。また、宗教改革について、一方はそれを「ヨーロッパ民族の内輪の問題（a domestic affair）」と言い、他方はそれを「中世キリスト教世界における挿話的な事件、内輪の交替劇（mere internal displacements）」と表現している。少なくとも両者の見方が同じ線上にあることは明らかであろう。

むろん、時を隔て二人の論者の見解が一致することは珍しいことではない。それゆえ、これをもってホワイトヘッドの「先取権」をうんぬんすることは公平ではないであろう。しかし、バターフィールドの科学革命論の核心に当たる部分についても、ホワイトヘッドの先行性が認められるとすれば、どうであろうか。それは、科学革命の本質を「帽子のかぶり替え」に見るバターフィールドの主張である。

あらゆる精神活動の中でもっともやりにくいこと、まだ柔軟性を失っていないと考えられる若い頭脳にとってすらきわめて困難なこと、それは、従来と同じ一連のデータを用いながら、しかもそれらに別の枠組を当てはめて相互の関係を新しい体系に組みかえることであると言えよう。それはつまり、いわば新しい思考の帽子をかぶって今までとはまるっきり違った見方をしてみることである。(12)

この一節は、トマス・クーンがパラダイム論を構想するきっかけともなった箇所でもある。アリストテレスの著作を読み進むうちに、そこに「質的変化一般の記述」という近代科学成立以後とはまったく異なる自然の見方があることに気づいた折のことを回想しながら、クーンは「この種の変化は、その後すぐにハーバート・バターフィールドによって「思考の帽子のかぶり替え」として記述されることになり、この点に関する疑問から私は即座にゲシュタルト心理学や関連する分野の書物へと向かうことになった」[13]と述べている。つまり、科学理論のパラダイム転換を知覚における「ゲシュタルト・チェンジ」になぞらえるクーンの議論は、バターフィールドの示唆によるというのである。そのような観点から『科学と近代世界』を読み直すとき、われわれは以下のようなホワイトヘッドの記述に注目せざるをえない。

わたくしが本書において例証しようとする問題は、こうした科学の静かな発達がわれわれの精神をほとんど新しい色に塗りかえてしまい、以前は例外的であった考え方が今では教養ある人びとの間に広く行きわたっている、ということである。考え方のこのような新しい塗り替えは、ヨーロッパ諸国民の中で幾時代にもまたがって徐々に行われてきていた。そして、それがついに科学の急激な発達となって現れた。(中略) わたくしの言いたいことは、色調がほんの少し変わっても全体ががらりと一変する、というそのことにほかならない[14]。

ここで言われている「考え方のこのような新しい塗り替え」とは、バターフィールドの「思考の帽子のかぶり替え」と異なるものではない。また、「色調がほんの少し変わっても全体ががらりと一変する」とはゲシュタルト・チェンジそのもののことであろう。だとすれば、ホワイトヘッドは科学革命論の骨格に関する限り、コイレやバターフィールドに対してプライオリティを主張してもよいはずである。しかも、彼らの科学革命論に二〇年近くも先立っていたことは特筆されてよい。

おそらくコイレもバターフィールドも『科学と近代世界』を読んでいたことは間違いない。実際、コイレは先の論文の注のなかでこの書を挙げている。しかし、それは「参照（cf.）」の形にすぎず、その内容には一言の言及も見られない。また、バターフィールドが『近代科学の起源』においてホワイトヘッドの名を挙げているのは、F・ベーコンを論じた章において「この意味で彼［ベーコン］には、まさしく現代において、科学の諸部門の知識を同時にもつことはおのおのの部門を豊かにする効果をもつであろうというホワイトヘッド教授の論旨を予想させるものがある[15]」という箇所のみである。もちろん、ここでコイレやバターフィールドの独創性を貶めようというわけではない。彼らの問題提起は科学史記述の上で決定的な重要性をもっている。しかし、同じ論旨を四半世紀も前に提起したホワイトヘッドの業績が忘れ去られているのは、時代に先立ちすぎた者の常とはいえ、甚だ不公平というものであろう。それゆえ、科学革命論の先駆者としてのホワイトヘッドのために、ここで一言弁じておきたかったまでである。

3　科学と形而上学

科学史における科学革命論がホワイトヘッドを忘れ去ったように、科学哲学における論理実証主義もまたホワイトヘッドの業績を一顧だにしなかった。論理実証主義者のスローガンは「形而上学の除去」と「統一科学」であり、彼らが論理分析の方法を奉じてひたすら科学的唯物論への道を歩み始めたのに対し、ホワイトヘッドは逆に「普遍代数」から「形而上学」の方向へと一歩を踏み出したからである。ウィーン学団が「科学的世界把握の指導的代表者」として名を挙げたのは、ホワイトヘッドではなくラッセルとウィトゲンシュタインであった。ウィーン学団の領袖《りょうしゅう》カルナップは、形而上学について「すべての経験にわたるか、あるいは、すべての経験を超えたもの、たとえば、事物の実在的本質とか、事物そのものとか、そうしたものと同様のものとかに関する知識を表わすと主張するあらゆる命題を、形而上学的と呼ぶことにする(16)」と述べている。そして彼によれば「形而上学者たちは自分の命題を検証不能［non-verifiable］にすることを回避できない(17)」のである。それゆえ、形而上学は科学ではなく詩や芸術の代用物であり「形而上学者は音楽の才能のない音楽家(18)」にほかならない。

それに対して、ホワイトヘッドは「科学と近代世界」において、「近代科学に特有な問題を忘れて、諸事物の細部に対する専門的研究に先行すべきひとつの見地、すなわち事物の本質を冷静に考察する見地に立とうと思う。そのような見地は「形而上学的」と呼ばれる(19)」と述べている。彼にとって形而上学とは、科学的探究に先行し、科学的知識が拠って立つべき究極の基盤を表示する言葉であった。すなわち「科学が、便宜主義的な仮説の雑多な寄せ集めに堕すべきでないとすれば、それは哲学的にならなければならず、自らの土台の徹底的な批判を開始しなければならない(20)」のである。それゆえホワイトヘッドは、近代科学が描き出した科学的宇宙論とその背景にある科学的唯物論に対して厳しい批判を繰り広げる。

この宇宙論は、配列が絶えず変動しながら空間全体に拡がっている、原理にまで還元し難い非情の物または物質を、究極の事実として前提している。そのような物質はそれ自身としては無感覚、無価値、無目的である。それは、その存在の本質から発生しない外的関係によって課せられた一定の軌道を辿って動いているにすぎない。わたくしは、まさにこのような考えを「科学的唯物論」(scientific materialism)と呼ぶのである。そしてまた、わたくしは、まさにこの考えが、現在われわれの到達した科学の状態にまったくふさわしくないものとして、排撃するであろう。[21]

このような唯物論的世界像が、ガリレオやデカルトに由来する、自然科学から感覚的・主観的な第二性質を排除し、第一性質すなわち客観的に測定可能な物理量のみを実在的な性質と認める方法的操作によって形作られたものであることは明らかであろう。その結果、「自然は無味乾燥なもので、音もなく、香りもなく、色もない。物質の慌しい、目的も意味もない、ひしめきにすぎない」[22]ものとなったのである。ホワイトヘッドによれば、これは「われわれの抽象的観念を具体的実在と思い誤る」[23]こと、すなわち具体者置き違いの誤謬(The Fallacy of Misplaced Concreteness)にほかならない。その端的な表れは、近代科学が個々の物質を時空体系のなかで「単に位置を占める(simple location)」[24]いう抽象観念によって過不足なく捉えうると考えた点にある。つまり、一つの物体を時空位置のみによって規定し、それを取り巻く時空関係や他の物体との相互関係をいっさい捨象してしまうような考え方である。こうした孤立した物体の運動は、古典力学によれば位置と運動量のみによって記述でき、また決定される。それはやがて宇宙の過去・現在・未来を隈なく法則的に認識しうる「ラプラスのデーモン」の理想に行き着くであろう。ホワイトヘッドは、「単に位置を占める」という「この概念こそまさに一七世紀の自然図式の基礎である」[25]と述べている。

このような自然図式にホワイトヘッドが対置するのは「暫定的実在論」ないしは「有機体の哲学」である。後に彼の思想を集約することになる「有機体の哲学」という構想は、『科学と近代世界』において初めて現れる。彼はその出発点を「わたくしの主張は、旧来の科学的図式は鋳なおされ、有機体（organism）という根本概念の上に築き上げられるような、いわば暫定的な実在論の段階がここしばらく必要である、というにある」[26]と要約する。有機体とは、事物は孤立して存在するものではなく、時間・空間によって分離されていると同時に共存してもいる、という原初的事実を表現するための概念である。この二つの契機をホワイトヘッドは「時空の分離的（separative）および抱握的（prehensive）特性」[27]と名づけている。加えて第三に、事物は一定期間内にのみ持続して存在する。これが「時間の様態的（modal）特性」[28]である。先に批判された「単に位置を占める」という概念は、この様態的特性のみを切り離すことによって得られたものにほかならない。しかし、これら二つの契機は互いに有機的に関係しあっているのである。それゆえ「自然の基礎を物質という概念にではなく、有機体という概念に置く一つの思想体系」[29]が要請されねばならない。

ホワイトヘッドが有機体の哲学を展開するときに手がかりとしたのは、奇妙なことにバークリのいわゆる観念論である。バークリによれば、われわれが外界の樹木や建物を認識するとき、それは精神によって把握されたそれらの観念を見ているのであり、それゆえ認識する人間と無関係に、精神の外に絶対的に存在する事物なるものは自己矛盾にほかならない。ただし、バークリは精神を唯一の実在と考え、しかも客観性を確保するために「神の精神」に頼ったがために、近代科学の主流からはまったく無視されるにいたった。そこでホワイトヘッドは「わたくしはバークリの精神の代わりに抱握的統一化の過程を考える」[30]と述べている。抱握とは先に事物の時空的共存を表わす概念とされたものだが、彼はそれを「非認識的把握（uncognitive apprehension）」[31]にまで拡張する。そのうえで次のように主張するのである。

知覚とはまったく抱握的統一の認識にほかならず、もっと手短に言えば、知覚とは抱握の認識である。現実界はもろもろの抱握より成る一複合体である。（中略）われわれは、自然をもろもろの抱握的統一より成る一複合体と考える暫定的実在論に満足してよい。空間および時間はこれらもろもろの抱握態の互いにつながり合った諸関係の一般図式を表わす。われわれはどの一つの抱握態をもその全体的連関から引き離すことはできない。[32]

明らかにここでは、バークリの「存在するとは知覚されることである」という有名な言葉が「抱握」という概念によって換骨奪胎されており、新たな意味を獲得している。すなわち「存在するとは抱握されること」なのである。しかも、抱握態は全体的統一をなしており、部分を全体から切り離すことはできない。さらに、抱握態は時間的に推移し、全体的統一を目指して発展を続ける。この統一化の進展は「過程（process）」と呼ばれる。ホワイトヘッドはそれを次のように総括する。

こうして自然はもろもろの進化する過程の組織である。実在とは過程なのである。赤という色が実在するかどうかを問うことは無意味である。赤という色は実現の過程に含まれた成分である。自然のもろもろの実在は自然におけるもろもろの抱握態、すなわち自然におけるもろもろの出来事である。[33]

ここには後に『過程と実在』で全面的に展開されるホワイトヘッド形而上学の骨子が、萌芽的とはいえ素描されていると言ってよい。文末に現われる「出来事（event）」という概念はすでに『自然という概念』で使用されているキーワードであるが、ここでは抱握された時空的統一体を意味している。それが『科学と近代世界』の後半では「活動的生起（actual occasion）」という概念に置き換えられることになるのである。

ここで注目すべきは、この出来事について「自然の全体相は進化的膨張の相である。わたくしが出来事と呼ぶ統一体は、あるものが現実態へと創発（emergence）することである[34]」と述べられていることである。もちろん、「創発」の概念は進化論と密接に関係しており、生物体のレベルでは物理法則に還元できない新たな性質が出現することを意味している。だが、ホワイトヘッドの「創発」概念に特徴的なことは、それが「価値」と関係づけられていることである。彼は「「価値」という言葉をわたくしは出来事それ自身に固有な実在を表わすものとして用いる。（中略）したがって実現とは本来価値の達成なのである[35]」と述べた上で、有機体の創発と価値の関係を以下のように特徴づけている。ここで「永遠的客体」とは、とりあえずはプラトンのイデアと類比される、可能態としての普遍的存在者と考えておいてよい。

この有機体は創発する価値の単位であり、もろもろの永遠的客体（eternal object）の特性を実在的に融合したものであり、独立存在として創発したものである。このようにしてわれわれは、自然それ自体の特性を分析していくうちに、有機体の創発が目的にも似た選択作用に依存することを、知るのである[36]。

ホワイトヘッドはこのような立場を「有機体的機械論（organic mechanism）」と呼んでいる。もちろん機械論とはいっても科学的唯物論に与するものではない。彼によれば「徹底的な進化論哲学は、実は唯物論とは相容れない」のであり、物質の外的関係の変化を記述するだけの唯物論においては価値の創発は見られず「ただ目的なく進歩のない変化がありうるのみ」だからである。[37] それに対して、価値や目的を内在化させた有機体的機械論においては「分子は一般法則にしたがって盲のごとく進むであろうが、各分子は自らの置かれた場所のなす有機体全体のプランに応じてその内在的性格を異にする」[38]と言われている。具体的に言えば「生体内の電子は、身体のもつプランのゆえに、生体外の電子とは異なる」[39]のである。これは現代の言葉で言い直せば、自然の「自己組織化」のことであろう。それゆえ、ホワイトヘッドの念頭にあった自然は、科学的唯物論が描く「死せる自然」ではなく、自己組織的に発展する「生ける自然」にほかならない。それはとりもなおさず、自然を「存在」の相ではなく、「生成」の相のもとに捉え直すことであった。「いかなる活動的生起（actual occasion）もみな過程として現われる。すなわち生成（becomingness）である[40]」と述べられているゆえんである。

4　物語り論と因果性

世界を「存在」の相のもとに見る立場を「リアリズム（realism）」と呼ぶとすれば、それを「生成」の相のもとに見る立場を「アクチュアリズム（acualism）」と呼ぶことができる。すなわち、世界を静的秩序のもとにではなく、動的発展の相もとに記述しようとする立場である。これら両者の違いを明らかにするためには、木村敏の以下のような指摘が示唆を与えてくれるであろう。

「リアリティ」と「アクチュアリティ」という二つの用語は（中略）辞書の上では両方とも「現実性」や「実在性」の訳語が当てられていて、実際にもかなり漫然と類語として理解されているようである。しかしそのラテン語の語源をたどると、リアリティのほうは「もの、事物」を意味するresから来ているし、アクチュアリティのほうは「行為、行動」を意味するactioに由来している。つまり同じように「現実」とはいっても、リアリティが現実を構成する事物の存在に関して、これを認識し確認する立場から言われるのに対して、アクチュアリティは現実に向かってはたらきかける行為のはたらきそのものに関して言われることになる。[41]

ホワイトヘッドが不活性の物質に対して価値を創発する有機体を対置したとき、その対比はリアリティとアクチュアリティのそれであったと考えることができる。そのことは「活動的生起（actual occasion）」や「活動的存在（actual entity）」という彼に特有の概念にも表れている。リアリティを支配するのが法則的変化であるとすれば、アクチュアリティを特徴づけているのは創発的な発展である。だとすれば、アクチュアリティは単なる物理的因果性によって規定されるものではない。ホワイトヘッドは物理的因果性を「メカニズム」と呼び、「メカニズムに基づいた科学的実在論というものは、自己決定を行う有機体から成り立っている人間および高等動物の世界に対する揺るぎない信念と結合している[42]」と述べた上で、この結合は近代思想の根本的矛盾であることを指摘する。

ヨーロッパ諸国民の個人主義的エネルギーの生み出す事業は、それぞれの目的因に向かう物理作用を前提とする。しかしその事業の発展に用いられる科学は、物理的因果関係を至上のものと主張し、物理的原因を究極目的から引き離す哲学を基盤としている。ここに含まれた絶対的な矛盾をあれこれ言うことはやらない。だがいかに美辞麗句をもって繕っても、この矛盾は事実なのである。（中略）メカニズムを緩和する道は、それがメカニズムでないことを発見する以外にない。(43)

ホワイトヘッドがメカニズム（機械論的説明）を緩和するために選び取った道は「われわれは、自然現象の究極的単位としての出来事（event）から出発しなければならない(44)」というものであった。この出来事は他のいっさいの出来事と関係をもっており、しかもその関係は空間的関係のみならず時間的関係をも包含している。すなわち、出来事は同時存在者（現在）をもつだけでなく、過去と未来をももっている。その意味は、「出来事はそれ自身のうちに、自らの内容に融けこむ記憶として、その先行存在者の各様態を映す」ということであり、また「出来事はそれ自身のうちに、未来が現在に投げ返すような、言い換えれば、現在が未来に関して決定したような諸相を映す」ということである。(45) それゆえ、出来事はいわば「歴史内存在」にほかならない。出来事は他のあらゆる出来事と関係しあいながら、その歴史を自己のうちに「記憶」として保持しているのであり、したがって「生活史（life-history）」をもつのである。そのことは「この出来事の中には、自己の以前の環境における価値の一要素を構成したものとして、現在優勢なパターンに先行する生活史の記憶が含まれている(46)」あるいは「こうして、先行する生活の諸相全体は、その生活のさまざまな時期全体を通じて存続する部分的パターンとして受け継がれる(47)」という文言からも確認することができる。

だとすれば、出来事が身を置いているのは、物理的時間の中ではなく、歴史的時間の中だと言うべきであろう。それらの時間様態を「クロノス」と「カイロス」と言い換えることもできる。クロノスとは、連続的・定量的に流れる水平的時間のことである。それに対してカイロスとは「決定的時点」や「エポック」を意味し、クロノスと交差する垂直的時間にほかならない。その意味で、田中裕がホワイトヘッドは量子論にヒントを得て「連続的な時間的生成ではなく、エポックをなす時空的な「生起（occasion）」を現実存在のもっとも基本的な範疇と考えるようになる」[48]と述べているのは正鵠を射た指摘と言うべきであろう。

ホワイトヘッドは物質に有機体を対置し、それを「出来事」という根本概念によって規定することを試みた。彼によれば、「物理科学で考察される原子状の物質的存在は、単に個体的に存続する存在にすぎず、互いの生活史の歴史的方向を決定する際に、それらの相互作用に関わるもの以外のいっさいを捨象して考えられたもの」[49]にほかならない。物質を支配するのは、自然法則に基づく物理的因果性であり、その背景にあるのは一様に流れる物理的時間、すなわちクロノスである。物理的因果性は、物質の相互作用に関わる要因以外のいっさいを捨象して原因と結果を最短線（直線）で結びつける。そこでは歴史的来歴は視野の外に置かれるのである。

それに対して、歴史的時間においては、時間は流れるのではなく積み重なる。[50]つまり、出来事は過去の来歴を背負いつつ、そこに偶然性が介入することによって新たな「エポック」が切り拓かれるのである。このカイロス的契機こそが、「創発」を可能にするものにほかならない。そこを支配しているのは、物理的因果性ではなく、むしろ「物語り的因果性」とでも呼ぶべきものである。その違いは、E・M・フォースターの言葉を借りれば、ストーリーとプロットの対比になぞらえることができる。

われわれはストーリーを「時間の進行に従って事件や出来事を語ったもの」と定義しました。プロットもストーリーと同じく、時間の進行に従って事件や出来事を語ったものですが、ただしプロットは、それらの事件や出来事の因果関係に重点が置かれます。つまり「王様が死に、それから王妃が死んだ」といえばストーリーですが、「王様が死に、そして悲しみのために王妃が死んだ」といえばプロットです。時間の進行は保たれていますが、二つの出来事の間に因果関係が影を落とします。（中略）ストーリーなら「それから？」と聞きます。プロットなら「なぜ？」と聞きます。これがストーリーとプロットの根本的な違いです。(51)

ここで言われている「因果関係」とは、もちろん「物理的因果性」ではなく「物語り的因果性」のことである。ストーリーにおいては、時間的進行にしたがって出来事が並列される。自然科学においては法則がそれを秩序づけるであろう。他方のプロットは法則によってではなく、「悲しみのために」という理由によって出来事を結びつける。法則は一義的であるが、理由は多面的である。それゆえ、物語り的因果性は、原因と結果を直線ではなく多様な曲線によって結びつける。どのような曲線を最適なものとして選ぶべきかには当の状況の歴史的来歴あるいは生活史が反映するであろう。このように考えるならば、ホワイトヘッドの有機体の哲学は、思いがけず現代の「物語り論（narratology）」と接点をもつのである。

約言すれば、ホワイトヘッド哲学の現代的意義は、科学的唯物論を根底から批判し、自然現象の究極単位を「出来事」に求めることによって、事実と価値とを融合させる道を拓き、それによってカイロス的時間を背景とした「アクチュアリズム」の可能性を提議した点に存する。その第一歩を踏み出した著作こそ『科学と近代世界』であり、科学的唯物論が形を変えて「自然主義」として跋扈《ばっこ》するにいたった今日の哲学状況のなかでこそ、この書は今一度真摯に読み返される価値をもつのである。

註

（1）田中裕『ホワイトヘッド』講談社、一九九八年、一六―三〇頁。
（2）A. N. Whitehead, *A Treatise of Universal Algebra with Applications*, Hafner Publishing Company, 1960, p.vi.
（3）*ibid*, p.viii.
（4）鶴見俊輔『言い残しておくこと』作品社、二〇〇九年、一二五頁。
（5）渡辺正雄「訳者まえがき」、H・バターフィールド『近代科学の誕生（上）』渡辺正雄訳、講談社学術文庫、一九七八年、九頁。
（6）Alexandre Koyre, "Galileo and Plato", *Journal of the History of Ideas*, vol.4. No.4., 1943, p.400.
（7）*ibid.*, p.428.
（8）Alfred North Whitehead, *Science and the Modern World*, The Free Press, 1967［1st ed. 1925］, p.28.（上田泰治・村上至孝訳『科学と近代世界』松籟社、一九八一年、三九頁）。なお、『科学と近代世界』からの引用は基本的に上記の邦訳に従ったが、部分的に改訳した場合のあることをお断りしておく。
（9）*ibid.*, p.32.（邦訳、四三頁）
（10）Herbert Butterfield, *The Origins of Modern Science 1300-1800*, G.Bell and Sons LTD, 1957［1st ed. 1949］, p.vii（渡辺正雄訳『近代科学の誕生（上）』講談社学術文庫、一九七八年、一四頁）
（11）A. N. Whitehead, *op. cit.*, pp.1-2.（邦訳、二頁）
（12）H. Butterfield, *op. cit.*, p.1.（邦訳、二〇頁）
（13）Thomas Kuhn, *The Essential Tension*, The University of Chicago Press, 1977, p.xiii.（安孫子誠也・佐野正博訳『本質的緊張1』みすず書房、一九七八年、xii頁）
（14）A. N. Whitehead, *op. cit.*, p.2.（邦訳、三頁）
（15）H. Butterfield, *op. cit.*, p.101.（邦訳、一六二頁）
（16）Rudolf Carnap., *Philosophy and Logical Syntax*, Toemmes, 1996, p.5., 傍点原文（吉田謙二訳『論理的構文論』晃洋書房、二〇〇七

年、八—七頁）
（17）*Ibid*, p.7.（邦訳一〇頁）
（18）Rudolf Carnap “The Elimination of Metaphysics through Logical Analysis of Language” in A. J. Ayer (ed.) *Logical Positivism*, The Free Press, 1959, p.80.（永井成男・内田種臣編訳『カルナップ哲学論集』紀伊國屋書店、一九七七年、三一頁）
（19）A. N. Whitedead, *op. cit.*, p.157.（邦訳、二一一—二一二頁）
（20）*ibid.*, p.17.（邦訳、二三頁）
（21）*ibid.*,（邦訳、二三—二四頁）
（22）*ibid.*, p.54.（邦訳、七二頁）
（23）*ibid.*, p.55.（邦訳、七三頁）
（24）*ibid.*, p.58.（邦訳、七六頁）
（25）*ibid.*（同前）
（26）*ibid.*, p.64.,（邦訳、八四—八五頁）
（27）*ibid.*,（邦訳、八五頁）
（28）*ibid.*（同前）
（29）*ibid.*, p.75.（邦訳、一〇一頁）
（30）*ibid.*, p.69.（邦訳、九三頁）
（31）*ibid.*,（邦訳、九二頁）
（32）*ibid.*, pp.71-72.（邦訳、九六—九七頁）
（33）*ibid.*, p.72.（邦訳、九七頁）
（34）*ibid.*, p.93.（邦訳、一二九頁）
（35）*ibid.*（同前）
（36）*ibid.*, p.107.（邦訳、一四九頁）
（37）*ibid.*（邦訳、一四八頁）
（38）*ibid.*, p.80.（邦訳、一〇七頁）
（39）*ibid.*, p.79.（同前）
（40）*ibid.*, p.175.（邦訳、二七三頁）
（41）木村敏『偶然性の精神病理』岩波現代文庫、二〇〇〇年、一三頁。
（42）A. N. Whitehead, *op. cit.*, p.76.（邦訳、一〇二頁）

（43）*ibid.*（邦訳、一〇二―一〇三頁）
（44）*ibid.*, p.103.（邦訳、一四三頁）
（45）*ibid.*, pp.72-73.（邦訳、九八頁）
（46）*ibid.*, p.105.（邦訳、一四五頁）
（47）*ibid.*, p.109.（邦訳、一五一頁）
（48）田中裕、前掲書、九八頁。
（49）*ibid.*, p.106.（邦訳、一四七頁）
（50）この点については拙著『物語の哲学』（岩波現代文庫、二〇〇五年）第六章を参照。
（51）E. M. Forster, *Aspects of the Novels*, Penguin Books, 1972（1st ed. 1927）, pp.93-94.（中野康司訳『小説の諸相』みすず書房、一九九四年、一二九―一三〇頁）

III

言語と哲学のはざま

現象学と分析哲学

6　フッサール現象学と理性の臨界——近代と脱近代のはざまで

人の意識そのものが、フッサールも言えるごとく、すべてノエシス・ノエマ的相関体である以上、すべての行為には、所与性とともに能作性がある。

高橋和巳『悲の器』

1　最後のデカルト主義者

理性と狂気

デカルトは『方法序説』の冒頭において、「良識（bon sens）はこの世で最も公平に配分されているものである」(1)と述べている。この何の変哲もない一句こそデカルト哲学の、ひいては近代哲学そのものの重い扉を押し開くものであった。それというのも、この「良識」こそは、そのつつましい外観に似合わず、やがてアルキメデスの支点として世界全体を支える役目を担うことになるからである。

それから一五〇年後に、カントはそれを「理性の公共的使用」と名づけ、そして三〇〇年の後に、フッサールはそれを「超越論的主観性」と呼ぶことになるであろう。ヨーロッパ近代哲学の正系は、これらデカルト、カント、フッサールの哲学を貫く一本の赤い糸の中に見出すことができる。あるいはそれを端的に「超越論哲学」の系譜と言い換えてもよい。

それでは、デカルトにとって「良識」とはいかなるものであったのか。彼はそれを敷衍して「よく判断し、真なるものを偽なるものから分かつところの能力、これが本来良識または理性（raison）と名づけられるものだが、これは万人（tous les hommes）において生まれつき相等しいこと」[2]と続けている。すなわち、「良識」とは「人間理性」の別名にほかならない。古代においては宇宙をあまねく支配する「理法」であったロゴスが、個々人の内面を律する「理性」として万人に公平に配分されたとき、近代哲学はそのスタートラインに立ったのである。それでは、「万人」とはいったい誰のことなのか。確かに、これは奇妙な問いであろう。「万人」とは、地球上の全人類以外のものを意味するはずはないと思われるからである。

しかし、デカルトは明らかにこの「万人」の中から「狂人」を排除していた。狂人は理性をもたないからである。いや、理性が万人に公平に配分されているものとして観念されたからこそ、狂人は公共的議論の領域から追放されたのだ、と言ったほうが正確であろう。M・フーコーは『狂気の歴史』の中で、その事情を次のように簡潔にまとめている。

> 一六世紀の〈非《ノン》＝理性《レゾン》〉は、一種の開かれた危険を形作っていて、その威嚇はつねに、少なくとも権利においては主体性と真理との関係を危うくする可能性をもっていた。だが、デカルト的懐疑の道程が証拠立てていると思われるのは、一七世紀になると、そうした危険は取り除かれて、狂気は主体が真理を求める権利を保有しているとされるその帰属領域、つまり古典主義的思考に

とって理性そのものである領域の外に置かれるのである。以後、狂気は追放されるのである。(中略)モンテーニュとデカルトの間に、一つの事件が経過したわけである。つまり、理性《ラチオ》の出現に関する何事かが起こったのだ。(3)

ここで注目すべきは、フーコーの叙述に従えば、今日的意味での「理性の出現」はヨーロッパにおいてすらデカルト以後、すなわち「近代」に特有の出来事とされている点である。だとすれば、理性と狂気とのあいだにまぎれもない一本の分割線が引かれた瞬間、それこそが「哲学的近代」の成立した時点だと言ってよい。それ以降、理性は市民社会を生きる人間が備えるべき不可欠の能力となり、逆に狂気は「万人」が構成する市民社会からは隔離され、病院施設のなかへと囲い込まれることになったのである。

だが、そこで引かれた分割線はただの一本だけにすぎなかったのか、と問うこともできる。すなわち、「万人」の中には女性は、子どもは、老人は含まれているのであろうか。あるいは、非ヨーロッパ人、つまりインド人や中国人や日本人は「理性」をもつ存在と見なされていたのであろうか。この問いは、決して自明のものではないし、また解決済みの問題でもない。それゆえ、われわれはこの問いをデカルトのみならず、二〇世紀のデカルト主義者を自任したフッサールに対してもやがて向けることになるであろう。

理性の王国

今さら言うまでもなく、デカルトはフランス生まれのヨーロッパ人であった。再び『方法序説』の叙述に戻れば、彼は「ヨーロッパの最も有名な学校の一つ」すなわちラフレーシの学院に学んだがその成果に満足できず、書物の学問を捨てる決心をして「世間という大きな書物」を読むために旅へと出立する。彼の言葉に従えば、「(旅に出て) 種々ちがった国民の習俗のいくらかを知ることは、われわれ自身の習俗についていっそう健全な判断をくだすためにも、また物を見たことのない人がよく考えるように、われわれのやり方に反することはすべて滑稽であり理性に反しているなどと思わぬようになるためにも有益ではある(4)」と考えたからである。

ここにはすでに、理性を文化的相対性の文脈の中で考察しようとする問題意識が芽生えている。だが、デカルトが諸国民の習俗を知るために足を運んだ地域はオランダ、デンマーク、ドイツなど中央ヨーロッパの数ヵ国にとどまっている。彼は友人のベークマンに宛てて「デンマークへ、ポーランドへ、そしてハンガリーへ、さらに進んでドイツまで」とその旅程を書き送っているが、その予定が実現されたかどうかは定かではない。いずれにせよ、デカルトが読んだ「世間という大きな書物」は、ヨーロッパという地理的境界を越えることはなかったのである。このことは、彼の「万人」に公平に配分された「理性」という概念の外延を計測するためにも記憶に留められてよいことであろう。

デカルト的「理性」概念の最も正統的な継承者であるフッサールもまた、その生涯において、ヨーロッパという地理的境界を越える経験をもたなかった。一八五九年、当時のオーストリア・ハンガリー帝国の町プロスニッツにユダヤ人を両親とする旧家の次男として生まれたフッサールは、ライプツィヒ、ベルリン、ウィーンの各大学に学び、ハレ、ゲッティンゲン、フライブルクの各大学で教鞭を執ったほかは、ほとんどその居所を動くことのない文字通りの学究としての一生を送った。

ドイツ語圏の外へ足を運んだのは、わずかにフィレンツェ、ロンドン、アムステルダム、パリ、プラハなどへの数度の講演旅行を数えるのみである。ナチスの迫害を受けた晩年ですら、彼は長男ゲルハルトのいるアメリカへの亡命を高齢や仕事を理由に謝絶している。むしろ身に迫る危険をも顧みず、ヨーロッパの地で最後まで哲学的思索を続けることを望んだのである。その意味で、デカルトにとってと同様に、フッサールにとってもヨーロッパこそは彼にとっての「故郷世界（Heimwelt）」にほかならなかった。そして、後に見るように、ヨーロッパによって植民地化されたインドや中国は、彼にとってはあくまでも「異郷世界（Fremdwelt）」に留まったのである。

むろん、哲学者としてのデカルトとフッサールにとって、地球上に引かれた現実の地理的境界などは何物をも意味するものではなかった。彼らが建設を目指したのは、いかなる国境によっても画定されることのない、ただ理性的思考のみが支配権をもつ「理性の王国」にほかならなかった。

一六二九年、オランダのフラネーケルに隠棲したデカルトはその王国の建設に着手し、「形而上学的小篇」と呼ばれる論稿の執筆に取り掛っている。後に『省察』として結実するにいたるこの思索が開始されることによって、まさに「近代哲学」はその呱々《ここ》の声を上げたのである。デカルトはその目論見を、『省察』の冒頭において「私がもし学問においていつか確固として持続するものを打ち立てようと思うなら、一生に一度はすべてを根底からくつがえし、最初の基礎から新たに始めなければならない[5]」と謳い上げている。この断固たる宣言は、もちろん現象学の創始者を任じたフッサールその人の決意でもあった。

反時代的ラディカリズム

それからちょうど三〇〇年の後、一九二九年の二月二〇日、フッサールはフライブルクを後にして厳寒のパリ駅頭に降り立った。二三日と二五日の両日、ソルボンヌ大学のデカルト記念講堂において「超越論的現象学入門」と題する講演を行なうためである。それが後に形を整えて『デカルト的省察』として公刊される講演であったことは言うまでもない。

講演を聴講した若き日のJ・カヴァイエスは、その時のフッサールの風貌を「フロックコートに身を包んで眼鏡をかけ、いかにも小さな町の大学教師然としてはいるが、彼の講演には真の哲学者がもつ熱烈さと簡潔さとがあった」(6)と伝えている。同じ会場には、ほかにE・レヴィナス、G・マルセル、E・ミンコフスキー、J・バトチカなど戦後の現象学運動を担うことになる錚々《そうそう》たる哲学者たちの姿も見えている。

講演の劈頭《へきとう》において、フッサールは現象学が超越論哲学の形態をとるにいたったのはひとえにデカルトの『省察』に負うものであることを述べ、自らの超越論的現象学を「一種の新デカルト主義」とすら形容している。その指導理念とは「哲学を、絶対的に基礎づけられた学問にするために、それを全面的に改革すること」(7)にほかならない。デカルトにとっては、それは同時に学問全体の改革、すなわちあらゆる学問(科学)を唯一の普遍的学問である哲学のもとに統一することを意味していた。『哲学原理』において学問を一本の樹木にたとえ、その根を形而上学、幹を自然学、枝を医学、機械学、道徳になぞらえた見取図は、彼の企図を何よりも雄弁に物語っている。(8)

フッサールもまた、このデカルトの問題意識をよりいっそう先鋭化させた形で継承する。彼が生きた一九世紀後半は「科学万能主義」の時代であり、実証科学が「宇宙の謎」を解明し尽くすのも、もはや時間の問題にすぎないと考えられていた。それに対してフッサールは、実証科学には「絶対的洞察――それ以上遡りえない洞察――による、全面的にしてかつ究極的な基礎づけが欠けている」ことを厳しく指弾し、この究極的基礎づけをデカルトにならって「主観のほうへ方向転換した哲学」に基づいて遂行しようとするのである。(9) その意味でフッサールの現象学は、当初から一貫して学問論（科学論）あるいは科学批判という性格をもっていたと言うことができる。

しかし、当時のヨーロッパの哲学状況は、デカルトの精神からはおよそかけ離れたものとフッサールの眼には映っていた。それというのも、自然科学の隆盛とそれを支える実証主義の台頭によって、「哲学において、自ら責任を負うというラディカリズムの精神が消滅した」(10) からである。それゆえ、デカルトのラディカリズムを称揚し、その再興を訴えるフッサールの声は、一種反時代的な響きを帯びざるをえない。彼は聴衆に向かって、こう語りかけている。

たしかにわれわれは、いまなお哲学会というものを開催する。そしてそこに、哲学者は集まってくる。しかし残念ながら、哲学は集まらないのである。彼らには、互いに協力しあい、互いに影響を及ぼし合うことを可能にする精神的場の統一が欠けている。（中略）われわれのこの不幸な現状は、デカルトが彼の青年時代に出会った状況に似ているのではあるまいか。もしそうだとすれば、哲学を新たに始めようとしたデカルトのあのラディカリズムを、今こそ甦えらせるべき時機ではないであろうか。(11)

方法的懐疑と現象学的還元

こうしてフッサールは、自らを現代のデカルトになぞらえて「根本的に新たに出発しようとする哲学者」を自任する。新たに出発するに際しては、既存の学問や知識を当てにすることはできない。それらの学問や知識を確固とした基盤の上に据え付けることこそが哲学の課題だからである。それゆえ、すでに建っている建物の中に安住するのではなく、それらを取り壊し、「さら地」に戻して新たな建設作業を始めねばならない。同時に、さら地の上に新しい建物を建てるためには、何らかの足場が必要とされる。しかも、その足場は他の何物にも支えられてはならない。

これら一連の作業を、デカルトは「方法的懐疑」の遂行による「コギト」の発見という手続きによって実行した。すなわち「主観の方への方向転換」である。同じ作業をフッサールは「現象学的還元」の遂行による「超越論的主観性」の発見という手続きによって実行する。その意味で、まさにフッサールは二〇世紀における「最後のデカルト主義者」であったと言ってよい。

この作業を始めるに当たって、フッサールが誰よりもデカルトを先蹤《せんしょう》と仰いでいたことは、現象学的還元の構想を初めて公表した一九〇七年の講義『現象学の理念』の中で「デカルトの懐疑考察にならって絶対に確実な地盤を獲得すること」(12) と述べていることからも明らかである。しかもフッサールは、デカルト自身の不徹底（コギトを思惟実体、すなわち人間の精神として捉えたこと）を乗り越え、さらにその先まで徹底して歩み抜こうと決意する。先行者として畏怖の対象であると同時に、最も身近な超克《ちょうこく》の対象でもあるというアンビヴァレントな位置に立つことによって、まぎれもなくデカルトはフッサールの哲学上の「父」であった。そしてフッサールは、オイディプスの神話をなぞるかのように、やがて我知らず「父親殺し」を実行することになるのである。

2　理性の不安

現象学的判断停止（エポケー）

デカルトの方法的懐疑に類比される「現象学的還元」の手続きは、フッサール現象学のアルファにしてオメガであり、その核心部分を形作る根本的な方法的手続きである。それだけに誤解や批判も数多く、容易なことではその全貌を掴み切ることはできない。フッサールの高弟オイゲン・フィンクはプラトンの「洞窟の比喩」を下敷にしながら、還元のプロセスを「全人間を包括する精神的な自己運動であり、われわれの最も奥底に根ざしている〈身動きのできない状態〉に一撃を加えて根元に至らしめる変革の苦痛[13]」にたとえている。

また、メルロ＝ポンティが「還元の最も偉大な教訓とは、完全な還元は不可能だということである[14]」（『知覚の現象学』序文）と喝破したことは周知の通りである。さらにはハイデガーが、存在の意味への問いをめぐって「この問いは、超越論的還元でも形相的還元でも、還元においては立てられないだけでなく、還元を通してまさしく失われてしまうのである[15]」と述べて、師のフッサールと対峙していることにも注目すべきであろう。それゆえ、現象学的還元の解釈の歴史そのものが、現象学運動の歴史にほかならないと言うこともできる。しかし、ここではその変遷の詳細に立ち入る暇はない。ともかくも、フッサール自身による還元（あるいは判断停止）の定式化を見ておくことにしよう。

それゆえ、眼前に与えられている客観的世界に対する態度決定を、したがってまず第一に、世界の存在に対する態度決定をいっさい有効なものと認めないということ、あるいはよくいわれるように、客観的世界に関して現象学的判断停止《エポケー》を行うこと、または客観的世界を括弧に入れること、このようなことは、われわれを無の前に立たせるのではない。むしろそのことによって、われわれは、もっと明確にいえば、省察するものとしての私は、純粋なすべての思念体験と、その思念のめざす純粋なすべての思念対象とを含んだ私の純粋な生を、すなわち、現象学的な意味での現象の全体を所有することになるのである。（改行）判断停止とは、いわば、私が私を、固有で純粋な意識生命をもった自我として、純粋に把握するラディカルで普遍的な方法である。[16]

現象学的判断停止（エポケー）とは、われわれが日常的意識（自然的態度）において自明のものと確信して疑わない眼前に広がる客観的世界の実在性をひとまず括弧に入れてその確信をとりあえず停止し、働かない状態にすることである。それによって、意識から独立した客観的対象（超越的存在）がそのまま存在するという素朴な断定が留保される。現実世界が、主観的活動を離れてそれ自体として客観的に存在するという素朴な信念、日常生活と実証科学とが共有するこの世界に対する「素朴さ」を克服することこそ、還元の最も重要な目標である。

むろん、そこで眼の前の世界が消滅してしまうわけではない。世界の内実にはいささかも変更が加えられることなく、意識に現われるがままの「現象」として保持されている。徹底的に変更されるのは、むしろ世界へと向かうわれわれの「態度」の方にほかならない。すなわちそこでは、根拠のない確信や断定から一歩身を退けて、世界を意識に与えられるがままに見直すこと、すなわちメルロ＝ポンティの言葉を借りれば「世界や歴史の意味をその生まれ出ずる状態において」[17]捉えることが要求されているのである。そうした「不断の辛苦」の結果、世界が現われる「場」としての純粋意識の領野が主題化されてくる。

これは反転図形などに見られる「図」と「地」の関係を考えるとわかりやすい。われわれが窓の外の風景を「図」として見ているとき、その風景を見ている私の意識は「地」として背景に退いている。しかし、風景が二重に見えたり、歪んで見えたりすれば、われわれは風景が変化したわけではなく身体や意識が変調をきたしたのだと考え、眼をしばたいたり頬をつねったりして注意を私の意識の方へ向け変える。すると、風景を見ている私の意識が「図」として主題化され、今まで主題であった風景の方は「地」として背景に退くであろう。むろん、反転したからといって「地」としての風景が消え去るわけではなく、そのまま保持されていることは言うまでもない。このような世界と意識との間に起こる「図」と「地」の反転を自覚的な哲学的方法として遂行しようとするのが現象学的還元ないしは判断停止の手続きなのである。

超越論的主観性

ところで、「図」と「地」は切り離すことができない。両者はそもそも片方だけでは成り立たず、一方がなければ他方もないという不可分の「相関関係」によって結ばれている。世界と意識との関係も同様である。それゆえ、意識が「図」として主題化されるといっても、世界から切り離された孤立した意識が取り出されるわけではない。意識は絶えず世界あるいは対象へと向かっているのであり、この〈何ものかに向かう〉という意識の根本的なあり方は「志向性」の名で呼ばれている。その意味で現象学的還元は、世界が現われる「場」としての純粋意識を主題化するとともに、志向性によって結びつけられている世界と意識との根源的な「相関関係」をも浮き彫りにするのである。

この相関関係のうち、意識の作用的側面は「ノエシス」、その対象的側面は「ノエマ」と呼ばれる。ただし、ノエマは現実世界の中に客観的に実在する対象ではなく、体験に内在する志向的対象、簡単にいえば対象の「意味」にほかならない。現象学はこの意味形成体としてのノエマを手がかりに、ノエシスがそれをいかに「構成」するのかという意味付与のプロセスを分析するのである。

それゆえ、ノエシス－ノエマの相関関係は、世界の側も意識から離れて独立に存在しているものではない、ということを意味している。むしろ、意識を「超越」した客観的存在という確信そのものが、意識の志向的働きによって支えられているのである。このように対象を意識から「超越」したものとして意味づけ、そのような存在性格を付与する意識の働きは、「超越論的」と呼ばれる。つまり「超越論的」とは、超越的対象の意味と存在を構成するような、意識の志向的働きを表わすための言葉なのである。

このような働きをする意識は、もはや世界の一部に属する心理学的意識や経験的自我ではない。むしろここでは、そうした世界内部的な意識や自我をも一つの対象として構成する高次の主観性が問題となっているのである。その意味で、この主観性の領野はいっさいの対象が「図」として自らを現わしてくる「地」であり、対象が現出する根源的な「場」だと言うことができる。

こうした理由から、判断停止によって主題化された意識は経験的意識から区別されて「純粋意識」と呼ばれ、やがては「超越論的主観性」と名づけられることになる。この判断停止に始まって超越論的主観性の発見にいたる一連の手続きが「現象学的還元」にほかならない。それは存在が自明視されている客観的世界の中に「我を忘れて」没入している状態から身を引き離して「我に還る」ことであり、日常的意識が陥っている独断のまどろみに一種の哲学的覚醒をもたらす操作なのである。

フッサールはこの現象学的還元を通じて一切の素朴な確信や科学的先入見を排除し、考察場面を「さら地」に戻した上で、そこに超越論的主観性という確固とした足場を発見する。この足場は、それ以上遡って問うことが無意味であるような認識の絶対的な源泉点であり、フッサールはそこからあらゆる学問や知識の「究極的基礎づけ」というデカルト主義的プログラムの遂行へと出発するのである。

そしてデカルトにとって「良識」が「理性」の別名であったように、フッサールにとっても「超越論的主観性」とは「理性」のもう一つの名前にほかならない。すなわち「理性というのは、決して偶然的な事実的能力ではない。それは、可能な偶然的事実を表す名称ではなくて、むしろ超越論的主観性一般の普遍的で本質的な構造形式を表す名称[18]」なのである。

理性とはむろん第一義的には合理的思考能力のことであるが、フッサールの場合、それは明証性あるいは明証的認識の概念と分かち難く結びついている。明証性とは、彼自身の言葉を借りれば、「まとまりなく空虚に、予測的にあるものを思念するのではなく、あるもの自身のもとにあり、そのもの自身を観察し、直観し、認識すること[19]」を意味している。言うまでもなく、これはデカルトの「明晰判明」の概念を継承したものである。

それでは、対象を明証的に直観する能力としての理性は、「万人」に公平に配分されているのであろうか。確かに、これも奇妙な問いであろう。理性が「超越論的主観性」の別名である以上、それを世界内部の一対象である「人間」と同一視することはできないはずだからである。しかし、フッサールは晩年の労作『ヨーロッパ諸学の危機と超越論的現象学』(以下『危機』と略す)の中で、まずさし当たり「人間というかたちに客観化されている超越論的主観性」をめぐって次のような問いを立てている。

しかし、この人間ということに関して新たな問いが迫ってくる。すなわち、狂人も、世界構成の能作にとって問題とされる主観の客観化なのであろうか、という問いである。さらに子どもたち、たとえすでに幾らかの世界意識をもっているような子どもたちを考えてみたとしても、これはどうであろうか。（中略）さらに動物はどうであろうか。こうして次のような志向的変様の問題が生じる。すなわち、その変様においては、われわれの今までの（そして常に基本的な）意味での世界――すなわち「理性」に基づく真理性を有している世界――のために共に働いているわけではないような全ての意識主観にも、われわれと「類比的なもの」としてそれなりの超越論的性格を帰属させることができ、また帰属させねばならなくなるのである。[20]

ヨーロッパ的人間性

たしかにフッサールは、一方では狂人や子どもや動物の意識主観にも「超越論的性格」を帰属させることができると語っている。しかし他方で彼は、動物はもちろん狂人や子どもも「理性」に基づく真理性を有している「われわれ」の世界の構成には参与していない、あるいは「共に働いているわけではない（nicht mitfungierende sind）」とも考えている。それらの存在のもつ超越論的性格は、あくまでもわれわれと「類比的に」あるいはその「志向的変様態」として認められるにすぎないのである。

それでは当の「われわれ」とは誰であろうか。『危機』に付録として収められた遺稿『幾何学の起源』の中でフッサールは、「人類の地平」ないしは「〈われわれ〉という地平」においては、「言語共同体としては、意識の上で成熟した正常な人間たち（そこからは異常者や幼児は除かれる）が優先される（bevorzugen）[21]」と述べている。むろんフッサールはここで、異常者や幼児を人類共同体から単純に排除しているわけではなく、言語共同体の形作る人類の地平を問題とする限り、彼らは周縁的存在であることを指摘しているにすぎない。

しかし、それだからこそ、理性は万人に公平に配分されたものではなく、正常な言語能力として特権化（bevorzugen）されていることが、ここでは際立たせられているのである。フッサールはそれを通じて、いかにかすかではあれ、人類の地平の内部に「理性」と「非理性」とを画する一本の分割線を引いている。そしてこの分割線は、フーコーによれば、デカルトによって初めて引かれたものであり、モンテーニュには未だ知られていなかったものなのである。分割線のこちら側は、やがて「ヨーロッパ的人間性」の名で呼ばれることになるであろう。

理性と非理性とのあいだに楔を打ち込もうとする試みは、理性的認識に基づく知識の究極的基礎づけという、デカルトに淵源《えんげん》する「基礎づけ主義（foundationalism）」のプログラムと密接に結びついている。すなわち、学問を堅固な基盤に据え付けるためには、先入見、伝統、既成の権威といったものを残りなく排除し、ただひたすら理性の力にのみ依拠すべきだとする考えである。そのためには、いっさいの不純物や汚れを除き去って、純化された理性を認識のアルキメデスの支点として確保しなければならない。

その道筋を忠実にかつ徹底的に歩み通したことにおいて、フッサールはまぎれもなく最後のデカルト主義者であったと言ってよい。たしかに彼は、「現象学的還元」という独創的な方法を導入することによって、「超越論的主観性」という純粋状態の理性を洗い出すことに成功した。しかし、きれいになった手をなおも果てしなく洗い続ける神経症の患者のように、過度の純粋主義の背後には、必ずや何らかの「不安」がまとわりついている。フッサールの場合もまた例外ではないであろう。その不安をR・バーンスタインは「デカルト的不安」と名づけている。

すなわちデカルトは、われわれをたえず脅かす有為転変に対して、われわれの生活を確実にすることができるような、そうした確固たる点ないし不動の岩盤といったものを探し求めていたわけである。（中略）デカルトは冷徹な明晰さでもって、しかも判然とした不可避的な必然性でもって、われわれを重大で魅惑的な「あれかこれか」へ導いていく。すなわち、われわれの存在の支柱とか、われわれの知識の確固たる基礎とかいったものが存在するのであるか、それとも、狂気や知的ないし道徳的混沌によってわれわれを包み込んでしまう暗闇の力から逃げることができないのかという、こういう「あれかこれか」である。[22]

理性批判の構想

フッサールを生涯捉えて離さなかったのもまた、この「デカルト的不安」であった。彼はこの「あれかこれか」を絶えずわれわれに向かって、というよりもむしろ自分自身に向かって突きつけていた。一九〇六年九月二五日の覚書に、フッサールは哲学者としての自分がぜひとも解決しなければならない課題を「理性の批判」であるとした上で、「理性批判の普遍的構想を考え抜き、起案し、確証し、そして基礎づけることなしには、私は真に、誠実に生きることはできない[23]」とすら書き記している。

この理性批判の構想は、二〇年後の『デカルト的省察』においては「自己自身から引き出した究極的明証に基づいて真に自律的にみずからを形成し、そうすることによって、みずから絶対的に責任を負う哲学であろうとする要求[24]」として掲げられている。その意味で、デカルトは「近代哲学の父」であったと同時に、まぎれもなく「現象学の父」でもあったのである。

比喩的に言えば、デカルト的理性（コギト）という父親の強大な権威につき従い、それを反復し模倣し続けることによって、フッサール現象学は他方で絶えず「母の不在」に思い悩み、不在ゆえに巨大な「母なるもの」の影に脅かされることになる。「デカルト的不安」とは、そのアンビヴァレンスの別名にほかならない。

ここで「母なるもの」と呼んだのは、誤解を恐れずに単純化すれば、ニーチェがツァラトゥストラに語らせた「身体と大地」のことだと言うことができる。身体とは理性がその母胎から生まれ落ちるときに受肉した場所のことであり、大地とは学問という樹木がそこに根付き、そこから養分を吸い上げる場所のことである。それゆえフッサール現象学の真の意義は、理性の権能によって学問を究極的に基礎づけたことにあるのではなく、むしろ超越論的主観性の透明な眼差しを絶えず背後から脅かすこの身体と大地の潜在的機能を発見したことにあると言うべきであろう。この発見を通じて、後期のフッサールは、やがて自らの意図に反して「父親殺し」の道を歩み始めるのである。

脱近代の哲学者

周知のように、デカルトのコギトは身体をもたない純粋な精神であった。同時に、身体と大地の存在もまた方法的懐疑によって宙づりにされている。しかし、デカルトは神の存在証明を遂行し、「神の誠実」に訴えることによって、身体と大地とを一挙に回復することができた。それに対して、フッサールはニーチェの同時代人であり、もはや「機械仕掛けの神」を呼び出せる時代に生きてはいなかった。それゆえ彼は、「超越論的主観性」の権能をもって、つまり純粋な理性の力のみによって身体と大地をも構成しようと試みたのである。その限りでフッサールは、「知の究極的基礎づけ」というデカルト主義のプログラムをデカルト以上に徹底した形で歩み抜いたと言うことができる。

それはいわば、父の権威にみずからを同化させることによって、母の不在を取り戻そうとするオイディプス的な意志の現われであった。その意味で、「ロゴス（理性）中心主義」が「ファロサントリスム（男根中心主義）」と不可分であることを見抜いたデリダは慧眼であったと言わねばならない。しかし、フッサールはやがて「発生的現象学」を構想することを通じて、理性による「完全な構成」が不可能であることを悟り、受動性の分析を介して母胎回帰への一歩を踏み出すことになるのである。

たしかにフッサールの現象学的還元は、既存の学問からその妥当性を奪い去り、地面を「さら地」に戻すことによって、世界を超越論的主観性の絶対的眼差しのもとに置くことができた。しかし、その眼差しは、あらゆる認識の究極の権利源泉であるとしても、母なる「大地」そのものを作り出すことはできない。一九二〇年代に入るとフッサールは次第にそのことに気づき始め、当の大地を匿名的に機能する「世界地平」と呼び、認識の地盤としてはそれを「生活世界」と名づけるのである。

同時に彼は、超越論的主観性の眼差しそのものが、受肉した「身体」の機能によって根源的に条件づけられていることをも自覚するにいたる。そのことによって、フッサールはデカルトの正嫡《せいちゃく》を任じる最後の近代（モダン）哲学者であるとともに、二〇世紀における最初の脱近代（ポストモダン）哲学者としての役割をも担うことになるのである。

3 「乏しき時代」の哲学者

第一次世界大戦

近代と脱近代のはざまというクリティカルな地点に身を置くことによって、フッサールはまさに「危機」の哲学者であったと言ってよい。彼が生き、そして対決したのは、学問の危機と時代の危機とが一本の糸のように縒《よ》り合わされた困難な状況であった。学問の危機とは、フッサールにとって、哲学における「実証主義」と「非合理主義」との瀰漫《びまん》を意味していた。そして時代の危機は、一九一四年七月に始まった第一次世界大戦によって現実のものとなる。われわれはここでいったん時代を遡り、フッサールの初発の問題意識を確認しておくこととしよう。

二〇世紀前半の思想状況を活写して余すところのない『意識と社会』の著者S・ヒューズは、当時の知識人たちに深刻な衝撃を与えた第一次世界大戦について「戦争がやってきたときも、その戦争は彼らの戦争ではなかったのだ。それは彼らの息子たちの戦争であった」(25)と述べている。ここで「彼ら」と名指されているのは、「一八九〇年代に知的青年期に達した世代」すなわちフロイト、ベルクソン、クローチェ、ウェーバー、そしてもちろんフッサールが属する世代である。

彼らの思想的立場は、「実証主義への反逆」という点で軌を一にしている。その当時すでに五〇の坂を越えていた彼らは、少なくとも実際の戦闘に従事する義務からは免れていた。それに対して「彼らの息子たち」とは、一八八〇年代に生まれた「一九〇五年の世代」を意味している。ここには一八八九年生まれのハイデガーやウィトゲンシュタイン、そしてヒトラーが属していることは言うまでもない。彼らは多かれ少なかれ軍務に就くことを余儀なくされた「戦中派」だったのである。事実、フッサールはこの大戦で、次男のヴォルフガングと愛弟子のライナハをともに亡くしている。

ヒューズはそれに続けて、二つの世代の思想的スタンスの決定的な違いを「一八九〇年代の著作家たちがあえて自制心をもって理性の可能性に疑問を提出するに留まっていたのに対し、一九〇五年の青年たちは公然たる非合理主義者、さらには反合理主義者となってしまった[26]」と特徴づけている。つまり「実証主義への反逆」の世代に属するフッサールは、通俗的唯物論や経験批判論に代表される父親の世代の実証主義に反旗を翻すと同時に、今度は息子たちの世代の非合理主義や反合理主義とも対決せねばならなかったのである。

それは彼を「理性の可能性」を徹底した形で純化する作業へと駆り立てずにはおかなかった。その作業は、先行する世代に対しては「真の実証主義」(『イデーンⅠ』第三八節)を掲げてその不徹底を暴き出し、後続する世代に対してはヨーロッパの歴史に内在する「真の合理主義」(『危機』第五六節)を対置するという不退転の二正面作戦となって現われている。

大戦の勃発を目前に控えた一九一一年、フッサールは『厳密な学としての哲学』を発表して、まず先行する世代に対する戦闘開始を宣言する。その中で彼は、実証諸科学の隆盛と裏腹に強まっている「哲学上の窮乏」を指摘しながら、その時代認識を次のように開陳している。

われわれの時代の精神的窮乏は、実際、耐え難いものとなっている。ところでわれわれの平安を妨げるものは、単に自然科学や精神科学において探究された「現実性」の意味が理論的に明確でない、ということだけにすぎないのであろうか。(中略)否、われわれを苦しめているものは、最も根本的な生の窮乏、われわれの生のいずれの地点にも休止することを許さない生の窮乏なのである。[27]

自然主義への批判

フッサールにとって、「生きる」とは絶対的な妥当性を要求する理性的規範に従って、あらゆる事柄に対して明確な態度決定を下すことにほかならなかった。しかし、現状は一切の理想と規範が懐疑や嘲笑にさらされ、哲学は世界観上の「神々の争い」に帰しているといった有様であった。確固たる規範を失い、理念を事実に還元しようとするこのような精神態度を、彼は端的に「生の窮乏」と呼ぶのである。

哲学の領域においてこの窮乏に拍車をかけているのは、当時の思想状況を支配していた自然主義と歴史主義であった。すなわち「自然科学者はすべてのものを自然と見なそうとし、精神科学者はすべてのものを精神あるいは歴史的形象と見なそうとする[28]」のである。一方は理性を「自然化」し、他方は理性を「歴史化」する。時代を領導するこれら二つの思想潮流は、真の理性批判を敢行しようとするフッサールにとっては耐え難いものであり、また断じて許すことのできないものであった。それゆえ彼は、『厳密な学としての哲学』において、こうした傾向に対して徹底した論駁を試みる。

まず自然主義であるが、これは物質的自然のみを真の存在と認め、それを支配し規定している法則は自然科学的方法によってのみ厳密に認識しうると考える立場である。その見地からすれば、心的事象は物的事象の「随伴現象」あるいは二次的派生物にすぎない。理性や意識も自然界の一部としてのみ意味を持つのであり、またその限りで自然科学的に解明可能なのである。

しかし、他方で自然主義者は自然に関する「真なる理論」、すなわち理性的な人なら誰でもが承認せざるをえないような真理を獲得しようと努力している。その限りで、彼は一種の理想主義者なのであり、否応なく一定の理性的規範をあらかじめ前提せざるをえない。ところが自然主義者はその理性的規範をも自然化、すなわち自然科学的に説明しようとして、自ら前提しているものを否定するような理論を打ち立てる。フッサールはこれを「背理的循環」と呼んで批判する。

その最も端的な例は科学的心理学である。一九世紀半ばに自然科学的方法を取り入れることによって哲学から自立した心理学は、意識現象を経験科学的考察の対象とするために「意識の自然化」を企て、そこに成立する因果法則を探究しようと試みた。しかし、物理学や化学にならって精密な実験的方法を採用したとしても、「実験的方法の諸前提は実験心理学それ自身によっては基礎づけることができない」(29)ということに心理学者は気づいてさえいない。その基礎づけをあえて行おうとすれば、心理学は背理的循環に陥らざるをえないのである。

この背理は、意識を自然的事物と同様の経験的対象と見なす「素朴さ」に由来している。つまり、心理学は「純粋意識」に独自の権利を認めず、それを「自然化」することによって、自らの足元を掘り崩しているのである。

心理学が意識現象の学であろうとする限り、自然科学的方法を範とすることはできない。自然科学的方法は不可避的に意識を事物化するからである。そこからフッサールは、心理学に対する現象学の優位性を主張し、自然主義的な見方を遮断して純粋意識の領野へと立ち戻ることを要求する。純粋な意識分析の学である現象学によってはじめて、心理学はその学問的基盤を獲得することができるのである。

歴史主義の誤謬

自然主義と並ぶフッサールのもう一つの標的は歴史主義である。歴史主義とは、あらゆる学問的認識から客観的妥当性を奪い取り、それを時代的制約のもとにある歴史的形象として相対化する立場にほかならない。もしそれが正しいとすれば、「今日は証明された理論として認められているものも、明日は無価値なものと認識される[30]」ということが起こるであろう。それゆえ、学問的見解は絶えず動揺し、不確かなものとならざるをえない。それに対してフッサールは、「歴史主義は、もしそれが徹底して遂行されれば極端な懐疑的主観主義に移行する[31]」として厳しく論難する。

そもそも、歴史主義の立場からは、真理や理論といった「理念」にはいかなる価値も認められないであろう。それは理念を歴史的事実へと還元してしまうのである。歴史主義の誤謬は、文化現象としての学問と妥当な理論体系としての学問とを混同しているところにある。数学や論理学の価値評価の基準は数学や論理学そのもののなかにあるのであり、それを歴史的観点から判定することはできない。フッサールによれば、「事実から理念を論証しようとしたり、事実から理念を論駁しようとしたりするのは、いずれも背理[32]」なのであり、そのような背理を克服するものこそ、理念の学であり「本質学」であることを目指す現象学にほかならないのである。

このように、フッサールは自然主義と歴史主義の中に胚胎《はいたい》している学問的ニヒリズムを鋭敏に嗅ぎつけ、その背理性を徹底した形で暴き出す。それは彼にとって「科学万能主義」に惑わされ、「懐疑主義の病」にかかっている「退廃の時代」と対決することでもあった。それゆえ『厳密な学としての哲学』は現象学の出立を告げる宣言書であるとともに、フッサールによる一種の「反時代的考察」でもあったと言わねばならない。しかも、このような時代病の克服は、他の何ものの助けを借りることもできず、ひたすら学的哲学によってなされるほかはないのである。それゆえ彼は、次のような処方箋を時代に向かって突きつける。

われわれの窮乏を癒そうとして、時代のために永遠を犠牲にしてはならない。窮乏の上に窮乏を積み重ねて、結局は根絶しがたい害悪としてこれを子孫に伝えてはならない。窮乏はこの場合、学に由来するのである。そして学に由来する窮乏はただ学によってのみ決定的に克服されうるのである。(33)

むろんフッサールにとって、時代の窮乏を克服する学とは、「下から築き上げられ、確実な基礎に基づき、厳密な方法に従って進展する根本的な学(34)」、すなわち理性批判としての超越論的現象学を意味していた。彼はこの始源の学あるいは根源の学を特徴づけるのに、「永遠という刻印」、「永遠の妥当性」あるいは「超時間的」という言葉を選んでいる。これらの語句は、明らかに時間と歴史の無常に断固として抵抗する意志を示すものであろう。

さらにフッサールは『厳密な学としての哲学』を閉じるに当たって、「人は徹底した無前提性をいかなる場合にも放棄してはならない(35)」と重ねて釘を刺している。この「無前提性」と「超時間性」こそは、現象学を一貫して先導している統制的理念にほかならない。無前提性によって歴史的伝統を拒絶し、超時間性によって変転ただならない時間の流れをせき止める。「デカルト的不安」を鎮めるための方策として、それ以外の選択はありえなかったであろう。その意味でフッサールは、「歴史拒絶」と「時間嫌悪」というエートスをまっすぐにデカルトから継承しているのである。

そのエートスをL・ラントグレーベにならって「無歴史的アプリオリズム」と名づけることもできる。それはフッサールにとって、人類に対する哲学の自己責任という生涯を貫くモティーフと一体のものであり、それゆえにこそ譲ることのできない一線であった。しかし、いかに超越論的主観性の権能をもってしても、時間と歴史に軛《くびき》をつけ、それを手なずけ飼い慣らすことはできなかった。フッサールはやがて「生き生きした現在の謎」に逢着し、「歴史の目的論」に足を絡め取られることになるのである。それは同時に、透明な理性の眼差しを脅かし、それに不可避的にまとわりつく不純物、すなわち「受動性」「地平」「身体」「言語」「他者」といった問題群との果てしない格闘を強いられることでもあった。

ラントグレーベならば、それを「無歴史的なアプリオリズムとしての、また近代合理主義の完成としての超越論的主観主義の挫折[36]」と呼ぶことであろう。だが、挫折をそのまま深化に結びつけたところにこそ、フッサール現象学の真骨頂は存すると言わねばならない。

フッサールはデカルトが敷いた近代の理性主義の道筋をその極点まで歩み抜くことによって、その不可能性を自覚し、同時に新たな眺望を獲得することができたのである。そのことこそ、現象学が今なおわれわれにとって刺激的な「問題圏」であり続け、アクチュアルな意味をもつゆえんにほかならない。

4　身体・地平・大地

志向性の拡大と深化

第一次大戦さなかの一九一六年、フッサールはフライブルク大学の正教授に招聘された。彼のアカデミックな経歴からすれば、いわば頂点に登り詰めたといってよい。しかし、それから一九二八年に退官するまでの一二年間、フッサールは数編の論文を除けば著作を一冊も公刊していない。ヴァレリーの「大沈黙」にも比すべき長い沈黙の期間である。むろん、そのあいだ彼が哲学的思索を中断していたわけではない。それどころか、戦後になって続々と刊行されはじめた遺稿群に徴してみれば、この一二年間こそはフッサール現象学にとって最も実り多い多産な時期であったと言うことができる。

フッサールが成果の公表をためらっていたのは、格闘していた問題に、納得のいく決着がつかなかったからにほかならない。しかも、彼が取り組んでいたのは一朝一夕に結論が得られるような問題ではなかった。そこでは、いわばデカルトに淵源するヨーロッパ近代哲学総体の乗り越えがもくろまれていたのである。それをフッサールは自ら「静態的現象学」から「発生的現象学」への根本的転回として特徴づけている。

その転回は「志向性」概念の拡大と深化という形をとって実行される。言うまでもなく、「志向性」という用語は、フッサールにとって理性の働きそのものを表わすための鍵概念であった。それゆえこの転回は、「理性批判」のさらなる拡大深化と言い換えてもよい。それを通じて現象学は、戦後における新たな展開、すなわち「フッサール・ルネサンス」の運動を準備することになるのである。

志向性は「何ものかについての意識」と定式化されているように、意識と対象との根源的関係を指し示すための概念である。しかし、意識と対象とがまず分離されて独立に存在し、事後的に両者が関係を取り結ぶというふうに考えられてはならない。意識と対象は常にすでに「相関関係」の中で契合《けいごう》しあっているのであり、志向性とは両者が出会い、関係し合う「場」そのものの名称にほかならない。むしろ「自我極」と「対象極」の両者が、分析を通じて事後的に分離されるのである。

ここにはすでに、主観／客観あるいは内／外といった近代認識論の基本前提を覆すような構図がほの見えている。サルトルの言葉を借りるならば、「意識には〈内部〉というものはない」のであり、「結局一切は、われわれ自身まで含めての一切は、外部にある」のである。[37] それゆえわれわれは、意識のスクリーンや観念のベールを通して対象と向き合っているのではなく、対象の傍らにじかに居合わせているのである。このように対象がじかに自らを与えているような状況をフッサールは存在者の「自体能与」と呼び、それを明証的認識、すなわち真理の原型と見なしている。

しかし、対象が自らを与えるのは、常にその一面にすぎない。たとえば、いま私が視線を向けている本も、見えているのは表紙だけであり、それが置かれている机も、見えているのは引出しの付いたこちら側だけである。このように、事物が一定のパースペクティヴのもとに、特定のアスペクトからしか与えられないような事態を「射映」といい、そのアスペクトの現われを「現出」と呼ぶ。

この射映と現出というあり方を、フッサールはわれわれの知覚的認識を制約する根本条件であると考える。すなわち、「空間事物的なものといった如きものは、ただ単にわれわれ人間にとってばかりでなく——絶対的認識の理念的代表者としての——神にとってさえもやはり、現出を介してのみ直観されうるのであって、この現出の中でその空間事物的なものは〈遠近法的に〉多様ながら一定の仕方で変動しつつ、しかもその際、変動する〈方向定位〉において与えられかつ与えられざるをえない」[38]

のである。ここで「神」に言及してまで事物の現出のパースペクティヴ性を強調したとき、おそらくフッサールは、それが後に現象学の根幹を揺るがすことになるとは考えていなかったに違いない。

事物の一面的現出しかわれわれには与えられていないとしても、われわれが知覚しているのは当の事物の「像」ではなく事物そのもの、すなわち現出者の方である。私は本の表面を見ているのではなく、本そのものを見ているのであるが、逆に本そのものは本の表面の現出を通してしか与えられない。このような現出と現出者とのあいだにある「差異」あるいは「ずれ」こそが、われわれの認識の運動を導く駆動力にほかならない。それによって、事物についての新たな経験の地平が開かれるからである。

しかし、そのことは同時に、事物が完全な形で与えられることは原理的に不可能であることをも意味する。「神」であろうとも、現出と現出者とを完全に一致させることはできないのである。言い換えれば、この根源的差異は、世界の中には理性の透明な眼差しが届かない不透明な厚みをもった領域が存在することを示唆している。さらに、その不透明性は理性それ自身のあり方にも及ばざるをえない。すなわち、顕在的理性に対する潜在的理性の次元とでも言うべきものが、次第に志向的分析の視界の中に姿を現わすのである。そのことの自覚は、フッサールを身体、地平、受動性、間主観性、他者、大地といった問題圏に踏み込ませることになるであろう。彼が沈黙の一二年間に格闘したのは、まさしくこうした「理性の臨界」に関わる問題群であった。

「私は考える」から「私はできる」へ

まずは身体の問題である。事物のパースペクティヴ的現出は、われわれの知覚が否応なく視点をもつこと、つまり認識主体としてのわれわれ自身が身体的存在であることを告げ知らせている。身体はなるほど机や椅子と並んで世界の中にある事物の一つであるが、同時に視覚や聴覚や触覚を通じて事物を対象として知覚する器官でもある。いかなる事物も（身体自身すらも）身体を介して知覚されるほかはない。その意味で、客体と主体とのはざまに位置するこうした身体のあり方を、事物が現出する「場」と呼ぶことができる。

言うまでもなく、事物が現出する空間、すなわち前後・左右・上下といった方位性は身体を基準点にして張りめぐらされている。身体は志向性の蜘蛛の巣を張りめぐらすようにして、絶えず事物を捉えようと待ちかまえているのである。したがって、身体は常に事物のそばに「居合わせて」いるのであり、事物が「図」として浮かび上がるための「地」の役割を果たしている。要するに、身体は世界現出の媒体にほかならず、フッサールの言葉を使えば「現出のゼロ点」なのである。

むろん、それは「不動のゼロ点」ではなく「運動するゼロ点」である。私は眼の前の本に手を伸ばし、それを裏返すことによって、先ほどまでは隠れていた裏表紙を見ることができる。あるいは椅子を立って歩き回ることによって、それまでは見えなかった机の向こう側を目にすることができる。このように、身体はそれがもつ運動機能によって、パースペクティヴの転換装置たりうるのである。身体運動によって自在にパースペクティヴを転換することによって、事物は二次元の書き割りではない三次元性を身に帯び、世界は厚みと広がりを獲得する。

世界は絶えず、見ることができる、触ることができる、歩くことができる、という可能性の相のもとに姿を現わすであろう。このような身体を原点とした「私はできる」という運動能力の体系をフッサールは「キネステーゼ」と呼んでいる。つまり、キネステーゼとは身体的志向性の根本的なあり方を言い表わす言葉なのである。

このキネステーゼ体系のもつ「私はできる」は、明らかにデカルトの「私は考える（我思う）」に対置されるべきものとして選ばれている。デカルトの理性が身体をいささかも必要としなかったのに対し、今やフッサールの理性は身体の中へと錨《いかり》を下ろし、事物としての身体がもつ諸条件に制約されざるをえない。理性の眼差しは自由に天空を飛翔できるわけではなく、身体という肉の重石によって世界内にくくりつけられているのである。

しかし、そのことによって初めて、理性は「視点」を、すなわち「パースペクティヴ性」を獲得しえたことを忘れるべきではない。パースペクティヴのみが、そこから世界が開ける「場」であるとすれば、それを支える身体こそが世界経験を可能にする「超越論的機能」を果たしていると言うべきであろう。「私は考える」は「私はできる」の中に投錨《とうびょう》することによって、真の意味での超越論的主観性たりうるのである。

私が身体をもって今ここにこうして居ること、すなわち「私は居る」という確信は、一切の認識がその上に描かれるべき「地」、すなわち認識の超越論的基盤をなすものである。したがって、その確信はそれ以上もはや遡ることのできない原事実にほかならない。あるいは、その確信は「顕在的知識」ではなく「潜在的信念」だと言ってもよい。フッサールはそれを「受動的原信念」と呼んでいる。

しかし「私が居る」ことは、それだけで自己完結しているような信念ではない。志向性は常に対象へ、世界へと差し向けられていることを思い起こそう。それゆえ「私が居る」ことは、「世界が在る」という受動的原信念と一体なのであり、もとより切り離すことはできない。そのことに気づくとき、われわれは「地平」という発生的現象学のもう一つの鍵概念へと導かれるのである。

大地という世界地平

フッサールは『イデーンI』において、「すべての原的に与える働きをする直観こそは、認識の正当性の源泉である」というテーゼを「一切の諸原理の原理」と名づけている[39]。つまり、知覚において対象が直観的に現前することこそ、明証的認識の究極の基盤だというのである。しかし、この「直観の優位」あるいはデリダの言葉を借りれば「現前の形而上学」は、前述の現出者と現出との差異に脅かされ、やがては修正を余儀なくされるにいたる。

対象が常にその一面の現出においてしか与えられないとすれば、現出者はつねに「それ以上のもの」として把握され、より詳しい解明を要求することになるであろう。しかし、その解明は無限の行程であり、決して「汲み尽くされる」ことはない。だとすれば、対象が完全な形で直観にもたらされることはありえず、現前はその背後に不透明な非現前の層を抱え込まざるをえないのである。そのことを明らかにするのが「地平」の概念にほかならない。

われわれの知覚は、まず特定の対象を主題化し、それを端的に「――として」規定することから始まる。たとえば、われわれが眼前の対象を「本として」規定したとして、それだけで認識が完結するわけではない。われわれはさらに、本の色や形や重さ、さらには表紙についたコーヒーの染みや本文に引かれた傍線など、いくらでも規定を詳しく続けていくことができる。このように、端的に把握された対象をさらにその部分契機に即して解明して行くことによって得られるのが「内部地平」である。

他方で、当の対象をその周囲の対象との関係や背景に即して解明を続けることもできる。目の前の本はスタンドの手前に、電話の右側に置かれており、それらは机の上に置かれている。さらに机は床に、床は建物に据え付けられており、建物は地面に支えられている。このように、対象が周囲の事物との関係において規定されるのが「外部地平」である。

われわれがある対象を主題化するとき、それ以外の局面は背景に退いて潜在的な「地平」を形作る。それは能動的に形作られるものではなく、あらかじめ受動的に与えられている層であり、いつでも顕在化しうるという態勢で対象を取り囲んでいるのである。その意味で対象と地平、能動性と受動性は、回転ドアの表と裏のように相互に絡み合っている。われわれが内部地平と外部地平に即して対象をより詳しく規定していくことができるのも、地平志向性によってあらかじめ対象を取り囲む意味空間が先取りされているからにほかならない。そうした予料がなければ、われわれの経験は統一性と調和を欠いた断片的なものとなるほかはないであろう。

この先取りや予料のネットワークは、われわれが意図的に形作ったものではない。それは習慣、伝統、言語、他者といった沈澱した歴史によって受動的に自己組織化されたものなのである。あるいは人類が積み重ねてきた歴史的時間によってゆるやかに醸成され結晶化された意味の枠組みと言ってもよい。その意味で、「五感の形成はいままでの全世界史の一つの労作である」（『経済学・哲学草稿』）というマルクスの言葉は、そのまま地平の形成についても当てはまるのである。

このように地平志向性は、一方で歴史的時間を無限に遡りうるとともに、他方で空間的広がりを無限に拡大することができる。つまり、内部地平にせよ外部地平にせよ、地平の解明に一歩踏み出せば、それはさらなる地平を指し示し、次々に「地平の地平」を喚起することにより、最終的には「諸地平の地平」としての世界地平へといたり着くのである。

この世界地平は顕在的に主題化されることは決してなく、常に潜在性の次元にとどまっている。しかし、いっさいの経験がそれなしには成立しえない背景的基盤であることによって、世界地平は認識の「普遍的地盤」としての役割を果たすのである。この「地盤」としての世界地平は、パースペクティヴの起点としてのわれわれの身体が、絶えずそこに住み着き、その上で運動しながら、自明の前提として決して主題的に意識することのない「大地（＝地球）」になぞらえることができるであろう。事実、フッサールは一九三四年に書かれた遺稿、いわゆる「コペルニクス説の転覆」の中で、身体と大地との類縁関係を次のように説明している。

> 大地（地球）が「根源的な住処」ないし世界の箱舟《アルケー》としての意味を失うことができないのは、それはちょうど私の身体が〈根源的身体〉（Urleib）としてのまったく比類のない唯一的な存在意味を失うことができず、あらゆる身体はこの根源的身体から存在意味の一部を導き出してくるのと同様であり、さらにまた、われわれ人間がその存在意味に関しては動的に先行しているのと同様である等々、と。（中略）われわれはガリレイとともに、それでも地球（大地）は動いている、と言うことが許されるのであろうか。それとは反対に、地球（大地）は動いていないのではないか。もちろんこれは、地球（大地）は動くことができるかもしれないが〔実際は〕空間内に静止している、ということではなく、われわれが上で示そうと試みたように、地球（大地）はすべての運動の意味、および運動の様態であるすべての静止の意味をはじめて可能にする箱舟《アルケー》なのだ、ということである[40]。

大地のアルケオロジー

ここで明確に指摘されているように、世界地平としての大地（地球）は、身体がそうであるのと同じく、あらゆる存在者がその存在意味をそこから汲み出してくるような地盤にほかならない。しかも、身体の運動と静止すらもが、それに依拠せざるをえないという意味で、大地（地球）はいっさいの意味発生の根源的地盤なのである。メルロ＝ポンティの言葉を借りるならば、「この大地こそわれわれの思考と生の〈土壌〉ないし〈根〉なのであり、（中略）われわれはこの大地を除き去ることなどできはしないのである」[41]と言うことができる。

さらに、大地は運動と静止を基礎づける空間的地盤であるのみならず、時間的地盤でもあることに注目せねばならない。大地は「地層」が幾重にも積み重なって生成したものである限り、その深層に歴史的時間を沈澱させているのである。そこに沈澱しているのは、積み重なる「地質学的時間」であって、流れ去る「物理学的時間」ではない。それゆえにこそ、大地は地表における現前を支える非現前の地平なのであり、われわれは沈澱した時間的地平をも地質学者の入念さでもって解明することが可能となるのである。「大地」という言葉は、地理的広がりをもった生きられた世界の具体性を表示するとともに、歴史的沈澱の地質学的重層性を示唆することによって、フッサール現象学の臨界と同時に新たな展開をも予感させる概念であったと言ってよい。

「臨界」といったのはほかでもない、大地は対象として主題化できないもの、すなわち「非現前」の象徴だからである。大地は決して顕在的に意識にもたらすことはできない。意識にもたらしたとたんに、それは「地球」として表象されるほかはないであろう。しかし、地球もまた、それが運動する物体として意味づけられる限りにおいて、不動の大地をその基準として要請せざるをえない。それゆえ大地の非現前性は、あらゆる事物が現前するための根本前提なのである。

このことは、理性の透明な眼差しの前にすべてを明証的に現前化し、基礎づけることの不可能性を意味している。すなわち、非現前は現前が可能であるための条件なのであり、理性はいわば「現前と非現前の弁証法」の渦のただ中に巻き込まれているのである。デリダならばその逆説的な事態を、「現前はつねに非現前（不在）に脅かされている」とでも描写することであろう。

この脅威は、フッサールがそれを遂行しなければ「私は真に、誠実に生きることはできない」とまで言い切った「理性の批判」という課題を根本から揺るがし、「第一哲学」への通路を遮断するに違いない。少なくとも、知覚的現前の明証性に究極の根拠を求める現象学的認識批判のプログラムは、あえなく挫折するほかはないであろう。フッサールが沈黙の一二年間に格闘し続けたのは、まさにこうした現前と非現前の、あるいは「見えるもの」と「見えないもの」との逆説的な絡み合いという事態であった。それは彼に「非現前の現象学」ともいうべき課題、つまり木に縁《よ》って魚を求めるがごとき困難な思索を強いたのである。

もとより、フッサールの辞書に「挫折」の二文字は存在しない。彼はこの困難を、「静態的現象学」から「発生的現象学」への方向転換を敢行することによって克服し、再び陣容を整えながら地平意識の解明、すなわち歴史的沈澱と志向的含蓄の露呈という作業へと向かうのである。ラントグレーベはこの転換を「近代意識論の全伝統を超え出る本質的な歩みが成就されている」ものと特徴づけ、そこには「伝統的な、特に近代的－デカルト的形態をとる形而上学的思考を収めていた活動空間の破砕に導くモチーフが存在している」と指摘している(42)。

それは「起源」の遡及的探索という意味でも、また「大地（箱舟）」の現象学的発掘という意味でも、アルケオロジー（考古学、箱舟論）という名称がふさわしい作業であった。しかも、この新たな一歩は、フッサールを彼がこれまで敬して遠ざけてきた「歴史」という問題と直面させずにはおかなかった。「コペルニクス説の転覆」のなかで、彼はこのアルケオロジーの構図を次のような形で描き出している。

どんな住処もそこを故郷として住んでいるそのつどの自我からみれば、「歴史性」をもっているということをよく考えてみなければならない。（中略）住処が交替しても、各々の自我が〈原初的故郷〉をもっているということは、大体のところ変わりはない――そしてこの〈原初的故郷〉は〈根源的居有地〉をもった原民族に属している。ところがどんな民族にしても、またその歴史性にしても、そしてどんな超民族（超国家）にしても、それぞれ究極的にはもとより「大地（地球）」を故郷としており、あらゆる発展、あらゆる相対的歴史はその限りで、それらをエピソードとして含む唯一の原歴史をもっている。(43)

一見して、ここには原初的故郷（Urheimat）、根源的居有地（Urterritorium）、原民族（Urvolk）、原歴史（Urhistorie）といった異貌の概念が並べられている。これらはすべて、「大地のアルケオロジー」の問題圏に属し、地質学的時間に根ざした概念である。しかしながらフッサールには、この大地のアルケオロジーを全面的に展開する時間的余裕は残されてはいなかった。時代の窮乏は、彼にこれらの「原（Ur-）」を解明する暇を与えなかった。フッサールは時代の急迫に促されるようにして、足早に「ヨーロッパ」という大地へと回帰するのである。

5 「故郷世界」としてのヨーロッパ

ハイデガーへの絶交状

一九三三年一月二三日、フライブルク大学においてフッサールの博士号取得五〇周年を記念する祝賀会が盛大に催された。そこにはハイデガー夫妻の姿も見えている。しかし、同じ月にドイツではヒトラーが首相の地位に就いており、三月には「全権委任法」を成立させて独裁権を掌握し、矢継ぎ早にユダヤ人に対する抑圧政策を施行して行った。とりわけ四月に発布された「公務員制度再建法」によって、「非アーリア人」であるフッサールは四月一四日にフライブルク大学から休職処分を申し渡された。さらに一九三六年の夏学期からはフッサールの名前は大学教授名簿から除籍されるとともに、大学における教育権限を剥奪され、著書の刊行や論文の公表もドイツ国内では事実上不可能な状態に立ちいたった。

フライブルク大学においても、同じ年に社会民主主義者の総長フォン・メレンドルフは罷免され、代わってかつてのフッサールの弟子ハイデガーが総長に選出された。ハイデガーはナチスに入党するとともに、五月末には「ドイツ的大学の自己主張」と題する就任講演を行ない、その末尾を「すべて偉大なるものは嵐のさなかに立つ」というプラトンの一句をもって締めくくっている。

フッサールはただちにハイデガーに対して絶交状を送って交友関係を断ったが、その半年後に彼はポーランド人の弟子インガルデンに宛てて手紙を送り、「ハイデガーはフライブルクの（指導者原理に従った）国家社会主義的総長であり、同時に今後の新帝国における大学改革の指揮者です。かつてのドイツの大学はもはや存在しません。今後のドイツの大学の本義は〈政治的〉大学にあるのです。特異な時代です」[44]と率直にその心中を吐露している。南カリフォルニア大学から客員教授としての招聘があり、心を動かされたのも同じ年のことに属する。まさにこの時期、フッサールこそは「嵐のさなかに」立っていたのである。

一九三五年五月、フッサールは七六歳の老軀を押して「ウィーン文化連盟」の招きに応じ、かつて学んだウィーンの地で「ヨーロッパ的人間性の危機と哲学」と題する講演を行った。ナチス・ドイツによるオーストリア併合を三年後に控えたこの時期に、オーストリア民族主義的な傾向をもつウィーン文化連盟の招待を受け、ユダヤ人哲学者が「ドイツ」ではなく「ヨーロッパ」を標題に掲げて講演を行なうことの危険については、フッサールといえどもよく承知していたに違いない（この講演会の開催に尽力したのはフッサールの旧友にして後のチェコ大統領トーマス・マサリクであったと伝えられている）。

それゆえこの講演は、その主題からしても、また行間に漂う緊迫感からしても、まさしくフッサールの「白鳥の歌」と呼ぶにふさわしいものであった。そのためもあってか、この「ウィーン講演」は満場の聴衆に多大の感銘を与えた。ウィーンからマルヴィーネ夫人はインガルデンに宛てて、「講演は七日に行われてまさしく圧倒的な成功を収めました。一〇日にもう一度その講演をしなければならなかったのです！」と書き送り、またフッサールは「一週間の間、ウィーンでは大センセーションが続きました」と興奮も覚めやらぬ面もちで伝えている。[45]それでは、何がそれほどまでに人々を鼓舞したのか。講演を締めくくるに当たって、フッサールはその趣旨を次のように要約している。

> 現在の「危機」という怪物を捉えることができるためには、ヨーロッパという概念は、無限な理性目的の示す歴史的目的論として浮き彫りにされなければなりませんでした。つまり、ヨーロッ

パ「世界」がいかに理性理念から、すなわち哲学の精神から生じてきたかが示されねばならなかった、ということです。そのように理解された時、「危機」とは、はっきり合理主義の外見上の挫折以外の何ものでもなかったことになるはずです。合理的な文化の敗北の根拠はしかし――今まで述べてきたように――合理主義そのものの本質にあるのではなく、ただその外面化のうちに、つまり、「自然主義」と「客観主義」のなかに埋没してしまったことのうちにあるのです。(46)

抵抗概念としてのヨーロッパ

理性の危機の根源を「自然主義」および「客観主義」への埋没のなかに見るフッサールの姿勢は、『厳密な学としての哲学』このかた一貫して変わっていない。しかし、それから四半世紀後、フッサールは危機の克服を「ヨーロッパ」という大地に根ざした「歴史的目的論」の運動の中に求めている。ヨーロッパこそは「哲学の精神」を生み出し、理性（ratio）と合理主義（rationalism）の歴史的発展を支えてきた地域だからである。

だが、ヨーロッパは地理的境界によって画されるような概念ではない。それはあくまでも「精神的形態としてのヨーロッパ」として捉えられねばならない。このヨーロッパの精神史に内在する理性の自己実現を目指す目的論を探り出すことによって、フッサールは迫りくる時代の危機に最期の力を振り絞って対処しようとしたのである。

むろんフッサールだとて、歴史的に「ヨーロッパ人」が「ユダヤ人」を抑圧し、差別してきたことを知らないわけではない。いや、骨身にしみて知っていたはずである。彼は現在のチェコ領に属するモラヴィアのプロスニッツに生まれたが、この地域では当時まだ「シュテットル」と呼ばれるユダヤ人共同体が残存しており、言語的にはドイツ語圏のはずれに当たっていた。しかも、フッサールは二七歳のときにキリスト教に改宗している。すなわち、フッサールはオーストリア＝ハンガリー帝国の支配下にあるチェコ領に生まれた、ドイツ語を母語とするキリスト教徒の同化ユダヤ人という、二重三重に疎外された状況のなかを生きてきたのである。

その意味で、彼は典型的な「マージナル・マン」であったと言ってよい。マージナル・マンの特徴は、文化的・民族的な帰属意識が薄く、反面において抽象的な普遍性を志向することである。それはフッサールにも正しく当てはまる。したがって周縁人としてのフッサールにとっては、ヨーロッパすらも彼の「故郷世界」ではなかった。むしろそれだからこそ、彼は「ヨーロッパ」という精神的価値を積極的に選び取り、それがもつ倫理的抵抗力に賭けることを決意したのだと言うことができる。

それゆえ、ウィーン講演を貫く主調低音とも言うべき「ヨーロッパ」という理念は、雪崩れ落ちるように非合理主義へと傾斜し始めた時代状況に対する対抗概念あるいは抵抗概念として、改めてフッサールによって選び直されたものにほかならない。かつて『厳密な学としての哲学』において、先行する世代の実証主義に「学」の理念をもって対抗したように、今やウィーン講演においてフッサールは、後続する「一九〇五年の世代」（そこにはヒトラーやハイデガーが属する）の非合理主義、すなわちゲルマンの「血と大地」に「ヨーロッパ」の普遍性を対置して抵抗しようとしているのである。

フッサールの「オリエンタリズム」

しかしながら、理性が自己実現を成就する場としてヨーロッパを選び取り、歴史を「理性の目的論」として一元的に解釈しようとするとき、抵抗概念としてのヨーロッパが容易に差別概念へと転化することに対して、フッサールは余りにも無自覚であったと言わざるをえない。たとえば彼は、ヨーロッパが地理的概念ではないことを強調しながら、「精神的な意味で言いますなら、イギリスの自治領やアメリカ合衆国などは明らかにヨーロッパに属していますが、定期市の見世物としてやって来るエスキモー人やインディアン、あるいはヨーロッパを絶えず流浪しているジプシーなどはそうではありません(47)」と述べている。ここに見られる排除の論理は、あえて言えば「非アーリア人」の排除と同質のものであろう。

あるいはさらに、「古き良き時代の定義によれば、人間は理性的動物であり、この広い意味では、パプア人もまた人間であり動物ではないことになります。（中略）しかし、人間そしてパプア人でさえもが動物に対しては新しい段階の動物性《アニマリテート》を意味したように、哲学的理性は、人間性や理性に対して新しい段階を意味したのです(48)」という箇所を挙げてもよい。明らかに、ヨーロッパと非ヨーロッパとの境界線は、哲学的理性とそうでないものとのあいだに引かれている。そして、歴史が野獣から人間を経て哲学的理性へといたる目的論として展開されるものである限り、非ヨーロッパは否応なくヨーロッパの下に置かれ、「ヨーロッパ化」への道筋をたどらねばならないのである。

ヨーロッパには、他のあらゆる地域の人間集団でさえもが、わがヨーロッパについて感じる何か独特のものがあるのです。ヨーロッパについての何か独特のものとは、別にそうすることが有益かどうかなどは度外視して、非ヨーロッパ人が精神的自立を絶えずはかろうと意志しながらも、彼らにとって常にヨーロッパ化せざるをえないような動機となるものです。他方われわれの方はどうかと言いますと、われわれの自己理解が正しければ、われわれは、たとえば自己をインド化しようなどとは決して思わないでしょう。私は思うのですが、わがヨーロッパの人間性には完成態《エンテレヒー》――これはヨーロッパの諸形態の変化を一貫して支配し、この諸形態の変化に、永遠の極としての理念的な生活形態や存在形態へと向かう展開の意味を与えるものです――というものが固有に備わっている、ということをわれわれは感じとっているのだ（中略）と思います。(49)

ここでは人類の「ヨーロッパ化」と「インド化」とが対比され、前者が歴史の目的論に叶うものとして肯定され、後者はそれから外れるものとしてあからさまに否定されている。むろんわれわれは、ウィーン講演が行なわれた時代的背景や当時のヨーロッパ人が囚われていた時代的偏見を考慮に入れてこの一文を読まねばならない。「ヨーロッパ」という理念は、追い詰められたフッサールが立て籠もることのできた最後の抵抗拠点だったからである。

しかし、先のエスキモーやジプシーやパプア人に対する彼の発言に照らしてみるならば、たとえ時代状況の急迫を差し引いたとしても、ここにはなお残る問題があると言わねばならない。それは、E・サイードに倣って「ヨーロッパ文化が、一種の代理物であり隠された自己でさえあるオリエントから自らを疎外することによって、みずからの力とアイデンティティーとを獲得した(50)」ことをオリエンタリズムと呼ぶとすれば、フッサールにおけるオリエンタリズムという問題である。あるいはそれを彼の「ヨーロッパ中心主義」ないしは「自文化中心主義（エスノセントリズム）」と呼んでもよい。要するに、フッサールの提起した「ヨーロッパ」概念は、オリエント地域を差異化（差別化）することによってのみ、そのアイデンティティーを確立しえているというまぎれもない事実である。

フッサールはその哲学的出発点から一貫して理性による普遍的認識あるいは「永遠の学」の達成を

目指してきた哲学者であった。しかし、デカルトを範とする「第一哲学」の企てが不可能であることを自覚したとき、彼はその空白を「歴史の目的論」によって充塡し、現象学の学問的正統性をヨーロッパの精神史に訴えることによって正当化しようと試みた。その意味でフッサールは、余りにも性急にヨーロッパという大地へと回帰したと言わざるをえない。つまり、彼は「永遠性」を放棄して「歴史性」の領域へと踏み込んだ代償に、普遍的理性を具体的現実的な「ヨーロッパ的人間性」と同一視することを要求したのである。

このような理性の実体化は、自己確立と自己維持のために「理性の他者」を差異化せずにはおかない。ヨーロッパの他者はオリエントである。フッサールにとってオリエントは、非理性とは言わないまでも、少なくとも未成熟で不完全な理性を意味していた。おそらく「インド的理性」や「パプア的理性」といった表現は、彼の目には形容矛盾と映ったことであろう。なるほど、われわれは「ヨーロッパ」が「ゲルマン」に対するぎりぎりの抵抗概念であったことを忘れるべきではない。しかし、オリエントにとっては、十字軍以来「ヨーロッパ」もまた「もう一つのゲルマン」であったことをも忘れてはならないのである。

もとよりわれわれはここで、フッサールの「オリエンタリズム」あるいは「ヨーロッパ中心主義」を一方的に論難するつもりは毛頭ない。ヨーロッパ人による「非ヨーロッパ的理性」の発見が、レヴィ＝ストロースの『野生の思考』の登場を待たなければならなかったとすれば、それをフッサールに要求するのはなから無理というものであろう。ただ、われわれがフッサールを批判しうるとすれば、それは彼が自文化中心主義の弊に陥ったからではなく、むしろ自文化中心主義の不徹底という側面においてなのである。

自文化中心主義から多様な文化の共存へ

　現象学の根本テーゼと言うべきものに、認識のパースペクティヴ性、つまり知覚の視点拘束性があることについてはすでに述べた。言い換えれば、現象学的考察は「いま、ここ、私」という身体のゼロ点から出発せざるをえないし、またしなければならないのである。このテーゼは文化的パースペクティヴへも拡張することができる。フッサールによれば、「文化世界もまた、一つのゼロ地点、つまり一つの人格性との関係において方向づけられて与えられる[51]」のである。それゆえわれわれの認識は、歴史的に沈澱した伝統としての自文化を否応なく背負っている。われわれは自分が身を置いている特定の文化的パースペクティヴからしか、異文化ないしは「異他的なるもの」へは接近できないのである。それゆえ、文化的差異を超越して、一挙に普遍的視点へと飛び移ることは誰にもできない。この意味での自文化中心主義は、いわばわれわれに「負わされた条件づけ」として誰もが承認せざるをえない自明の前提であり、何ら非難されるいわれはない。

　フッサール自身もまた、先の引用に続けて「ここでは、私と私の属する文化とがあらゆる異他的な文化に対して原初的なものである[52]」と述べている。プラグマティストを自任するローティならば、それを「私の言う自文化中心主義は、自分たち自身の光に照らして事をなす、という立場でしかない。事をなすのに使える光が他にないから、自文化中心主義なのである[53]」と言うことであろう。これこそまさに、異文化理解に当たって現象学が取りうる唯一の立場にほかならない。

　現象学は常にすでに自分が身を挺しているこの「原初的領域」を出発点として、そこから「異他的領域」へと手探りで接近を試みる。むろん、目指されるのは、文化的パースペクティヴの差異を克服することである。しかし、パースペクティヴの差異は「唯一の視点」への統合によって克服されるものではない。差異の克服は、異なるパースペクティヴをその異なりのままに「理解可能」なものへともたらすことによって実現されるのである。異他的なるものの「構成」とは、まさにそれを理解可能なものとして意味づけることにほかならない。文化的世界の文脈で言えば、現象学的分析は、異文化を「一つの文化」のもとに統合するのではなく、意味理解と意味構成を通じて多様な文化の共存を可能にするのである。

付け加えておかねばならないのは、パースペクティヴは固有のものであると同時に固定したものではなく、可変的だということである。このことは身体のもつキネステーゼ機能からも明らかであろう。すでに見たように、身体運動による視点の変更可能性こそが、知覚対象を物体として構成する際に不可欠のものであった。同様に、文化的パースペクティヴもまた変更可能であり可変的なものだと言わねばならない。

異文化とはまずもって理解を拒む「不気味なもの（Unheimlichkeit）」であり、それとの接触を通じてわれわれの経験の自明性は根底から揺さぶられる。すなわち「唯一の準拠枠」としての自文化のアイデンティティーが危機にさらされるのである。その不気味なものを理解可能なものとして構成するとき、その過程はどんなにわずかではあれ自己のパースペクティヴの変容をもたらさずにはおかない。むしろ、この変容の過程をこそ「理解」と呼ぶべきかもしれない。

その過程をローティならば「信念のネットワークを絶えず編み直すこと」にたとえるであろうし、ガダマーならば「地平の融合」と呼ぶことであろう。それゆえ、フッサールが求めたオリエントの「ヨーロッパ化」は、同時にヨーロッパの「オリエント化」をも意味せざるをえない。異他的なるものとの出会いは、否応なく双方の側でのパースペクティヴの変容をもたらすのである。これこそが、自文化中心主義が到達すべき正当な帰結にほかならない。

われわれが先に、フッサールにおける自文化中心主義の不徹底と述べたことの内実はすでに明らかであろう。ウィーン講演においてフッサールが目指したのは、ヨーロッパという「唯一の文化」への異文化の統合であった。それを「歴史の目的論」によって正当化しようとするとき、そこに仮設されているのはパースペクティヴの差異を一挙に超越したある種の形而上学的視点であり、「いま、ここ、私」から出発する現象学的視点ではない。さきに性急なヨーロッパという大地への回帰、あるいは理性の実体化、と述べたゆえんである。

「故郷世界」と「異郷世界」

むろん、フッサールといえども、そのことの問題性に気づかなかったわけではない。彼は一九三〇年代に入ってから、間主観性の分析を深化させるために、「故郷世界(Heimwelt)」と「異郷世界(Fremdwelt)」とをめぐる一連の草稿を書き継いでいる。これはまさに、フッサールが『デカルト的省察』の中で論じ残した自文化と異文化との関係をめぐる困難な問題に、間主観的構成という観点から取り組んでいたことを示すものである。

ウィーン講演に先立って、一九三一／二年に書かれた草稿「故郷－異郷」において、彼は次のように述べている。


むしろ他なるものは、まずは理解できない異質なものである。もちろん、それがどれほど異質なものであり、理解できないものであっても、なじんだ既知のものであるという核は、もっているのであり、それなしには、そもそも、この他なるものは、他なるものとしてさえ、経験されることができないのである。[55]

さらに同じ草稿の中に「この原初的な周囲世界から、他なる周囲世界の〈発見〉への道が通じている」[56]と書かれているのを見れば、これは故郷世界（自文化）が異郷世界（異文化）の存在をすでに前提し、それとの対比の中でのみ成立する概念であることを示唆している。

言い換えれば、自文化が「自」文化であることを自覚しうるのは、異文化との遭遇を通じてだけなのである。それは同時に、自文化は異文化にとっての「異」文化であることをも意味する。このような文化的パースペクティヴの交互性は、当然「ヨーロッパ」という故郷世界をも「一つの文化」として、さらには「哲学」や「理性」という概念すらも一つの文化的所産として捉える視点を要求するであろう。

しかし、フッサールは故郷世界と異郷世界の相対性という次元にとどまることはできなかった。それは歴史的相対主義と好一対の地理的相対主義にすぎないからである。それゆえ彼は、故郷世界と異郷世界の根底にある共通の基盤、両者を包括する同一の世界を構成することを試みる。この共通の基盤、同一の世界が、ウィーン講演において「ヨーロッパ」として実体化されたことについては、もはや説明を要しないであろう。フッサールは時代の急迫に促されるようにして、故郷世界と異郷世界を包括する根底的世界を彼の「原故郷（Urheimat）」であるヨーロッパと同一視したのである。

もとより、そのことのみでフッサールを責めることはできない。ただ、指摘しておかねばならないのは、この根底的世界はいかなる歴史的現実的な原故郷とも同一視されてはならないということである。異文化理解は、自他のあいだにあらかじめ共通の基盤が存在することによって可能となるわけではいささかもない。もしそうであれば、異他的なるものとの遭遇と接触によって生起する「驚き」は単なる表面的なものに終わり、われわれのアイデンティティーを揺さぶり、パースペクティヴの変容をもたらすものとはなりえないであろう。

異文化理解とは、アプリオリな共通の基盤を捜し求める努力ではなく、共通の基盤を新たに形作ろうとする絶えざる投企であり試行錯誤にほかならない。それは成功をあらかじめ保証されることのない、「暗闇の中での跳躍」（クリプキ）にも似た企てなのである。それゆえ、故郷世界と異郷世界とを包括する同一の世界とは、どこかにあらかじめ「存在」するものではなく、自他のパースペクティヴの変容を通じて「生成」し、増殖するものだと言わねばならない。まさにその意味で、それは「どこにもありどこにもない」世界なのである。

おそらくフッサールにとって、このような「生成」する世界は認め難いものに違いない。ヨーロッパの精神史に根ざす哲学とは、彼によれば、あくまでも「究極的な基礎づけに基づく学」であり、「究極的な自己責任に基づく学」でなければならないからである。

しかし彼は、一九三〇年に書かれた『『イデーン』へのあとがき」において、このような哲学の理念を「あくまで一つの理念」であるとしながら、「こうした理念はただ相対的な、つまり一時的な妥当性という様式においてのみ、そして無限の歴史的過程においてのみ実現されうるような理念なのであって――しかしそのような形においてならば、やはりまた実際に実現されうるような理念なのである」[57]と述べている。

ヨーロッパにおける哲学的理性という理念が「一時的な妥当性という様式」以上のものではなく、

その実現は「無限の歴史的過程」に委ねられているのだとすれば、その実現過程はわれわれが述べた「生成」する多文化的世界と別のものではない。その過程の中では、「オリエント」との文化的接触とパースペクティヴの変容の可能性もまた排除されてはいないはずである。

しかし、メルロ＝ポンティの言葉を借りるならば、これはすでに「フッサールの〈考えないでしまったこと〉」に属し、「これは完全にフッサールのものではあるのだが、やはり他にも開かれたもの」なのである。(58) そして、このほかにもフッサールが「考えないでしまった」多くのことは、今日われわれが「考えるべきこと」として残されている。その残された課題の大きさこそが、まさにフッサール現象学が二一世紀に託した知的遺産なのである。

6　遺産相続人たち

現象学ルネサンス

フッサールは一九三八年四月二七日の朝、フライブルクでその七九年にわたる思索の生涯を閉じた。息をひきとる前の最期の言葉は「私は実に素晴らしいものを見た」であったと伝えられている。そのときにフッサールが見たものが何であったのかは、もはや永久にわからない。しかし、事象そのものを「見る」ことに一生を捧げた彼は、すでに十分すぎるほどのものを書き残していた。その四万ページにのぼる速記草稿は、フッサールの死後、ベルギー人の神父ヴァン・ブレーダの手によって危険を冒して国外に運び出され、ナチスの検問をかいくぐってルーヴァン大学に移送された。これを基にして設立されたのが「フッサール・アルヒーフ」である。それらの遺稿はタイプ原稿に直された上で整理・編集され、戦後になって『フッセリアーナ（フッサール全集）』として刊行が開始された。一九五〇年に始まったこの事業は、二〇一二年に第四一巻を送り出して今なお継続中であり、その全貌が姿を現わすのはおそらく二一世紀半ば以降ことになると思われる。

『フッセリアーナ』に収められて刊行されつつあるフッサールの膨大な草稿は、文字通り彼が二〇世紀の哲学に残した「遺産」だと言ってよい。それによってわれわれは、今や彼が沈黙の一二年間に展開した思索の軌跡をもたどることができるのである。戦後の「現象学ルネサンス」もまた、こうした遺産の公開によって促されたものであり、そこに伏在する未発掘の鉱脈を探り当てようとする試みであった。事実、「受動的総合」や「間主観性」をめぐる遺稿群の公刊は、現象学研究に新たな問題次元を付け加えることになったのである。

しかし、フッサールの遺産の継承が、ただ単に遺産を食いつぶすことであってはならないことはもちろんである。われわれに要求されているのは、その遺産を元手に「フッサールの〈考えないでしまったこと〉」を考え抜く、という困難ではあるが魅力的な作業にほかならない。そのような観点から眺め直すとき、フッサールの遺産を継承し、その遺言を執行しようとした戦後の哲学者たちは、肯定的にせよ否定的にせよ、フッサールとともにフッサールを乗り越える道を進んだと言うことができる。晩年の苦境の中でフッサールが蒔いた種子は、戦後になって芽をふき、やがてフッサール自身が想像もしていなかったような大輪の花をそれぞれに開花させたのである。

ハイデガーによる「解釈学的転回」

すでにフッサールの生存中に、そうした種子の一つは芽をふき、大きく生長しつつあった。むろん、ハイデガーの「現象学的存在論」あるいは「現象学的解釈学」のことである。ハイデガーは当初、フッサールの忠実な弟子として振舞っていたが、次第に独自の思索の道を歩み始め、一九二七年に『存在と時間』を公刊し、同時にフッサールとともにブリタニカ論文を執筆するという共同作業が不首尾に終わる頃には、両者の学問的亀裂は修復できないほどに深まっていた。

後にフッサールは、フライブルク大学における自分の後継者にハイデガーを指名したことを「学問的な評価と個人的な関係がこうも変化したことは、私の人生にとって最も厳しい運命のひとつです」（プフェンダー宛て書簡）として深く後悔するにいたるのである。ナチス政権下における両者の対立と葛藤がそれを増幅したであろうことは付け加えるまでもない。

しかし、両者の間の師弟関係が悲劇的な結末に終わらざるをえなかったとしても、『存在と時間』に代表されるハイデガーの前期哲学は、フッサール現象学からの影響を抜きにしては語ることができない。フッサールの現象学があくまでも「認識の現象学」であったとすれば、ハイデガーはそれを「存在の現象学」とも言うべき方向へと転換することを企てる。

ハイデガーは存在者と存在とのあいだの根本的区別である「存在論的差異」を手がかりにして「存在の意味」を問い直そうとするのである。彼は現象を「ありのままにおのれを示すもの」として捉え、「事象そのものへ」という現象学の格率を「おのれを示すものを、それがそれ自身の方から現れてくるとおりに、それ自身の方から見えるようにすること」として理解する。その際に出発点となるのは、存在の意味を漠然とではあれ先行的に理解しつつ生きている「現存在」（さし当たっては人間）のあり方である。それゆえハイデガーにとって現象学とは、現存在の分析を通じて存在の意味へとアプローチするための方法的通路であり、その意味でまさに「存在論」にほかならない。しかもハイデガーは、現象学的記述の方法的意義を「意味解釈」という次元に見定めることによって、現存在の現象学を「解釈学」として規定し直すことを試みるのである。

このようなハイデガーによる現象学の「解釈学的転回」の企ては、フッサールにとっては一種の人間学主義的偏向にすぎないものと見えた。彼は一九三〇年に書かれた「『イデーン』へのあとがき」のなかで、明らかにハイデガーの議論を念頭に置きながら、「ドイツ諸国の哲学において（中略）生の哲学や、新しい人間学や〈実存〉の哲学などが、入り乱れて現れてきているが、そうしたものに考慮を払うわけにはいかない[59]」とし、そうした傾向を「世界内的主観性（人間）から〈超越論的主観性〉への上昇を理解しないところから出てくる」誤解であると断じ、さらにそれは「私の現象学が全身全霊をあげて克服しようとしているまさにその水準へと、私の現象学を引き戻して解釈するところから出てくる異論」だと一蹴している[60]。

他方でハイデガーの側からすれば、フッサールの現象学は認識論的基礎づけという問題にのみ関心を向けて存在の意味への問いに盲目的であり、しょせんはデカルト主義の枠組み（主体性の形而上学）を超え出ないものと見えたことであろう。

もとより、両者のあいだに妥協の余地はなかった。しかし、戦後の現象学運動の展開という観点から振り返るならば、両者のあいだの根本的対立は、むしろ多彩な運動の駆動力でありエネルギー源としての役割を果たしたということができる。その意味で、ハイデガーによるフッサール批判と存在論的問題の提起は、疑いもなく現象学運動において一つの新たな期を画したのである。

ガダマー　アドルノ　ハーバーマス

ハイデガーの「現象学的解釈学」の問題意識を引き継ぎ、それを独自の「哲学的解釈学」として展開したのは『真理と方法』（一九六〇年）におけるガダマーである。それは現象学的反省理論のもつ方法的限界を歴史意識を媒介にして突破しようとする試みでもあった。すなわち、現象学的還元によって見出された超越論的主観性そのものの歴史性や有限性をどのようにして乗り越えるのか、という問題である。

そのためにガダマーは、反省の場面を透明な「意識」から伝統によって受け継がれてきた「言語（＝テクスト）」へと転換し、歴史的事象の理解に関わる解釈学的反省の方法を導入する。また、先入見を排して「無前提性」に立脚することを目指したフッサールに対し、ガダマーは先行的理解に代表される「先入見」の積極的働きを重視し、それを解釈にとっての不可欠の基盤として要請する。それは同時に、後期フッサールの「地平」概念を歴史的パースペクティヴにまで拡張することにほかならなかった。その意味で、ガダマーの「影響作用史的意識」や「地平の融合」といった概念は、現象学と解釈学との生産的対話によって切り開かれた新たな視圏を示唆していると言うことができる。

ガダマーによって先導され、リクールやアーペルによって引き継がれた現象学の「解釈学的転回」の動きは、科学論やテクスト理論をも巻き込みつつ、二〇世紀哲学の最も魅力的な問題場面を形作っているのである。

他方でナチス体験を経た戦後のドイツにおいては、フッサール現象学は、そのあまりにもアカデミックな観照的性格、すなわち実践的・社会的契機の欠如のゆえに、フランクフルト学派の哲学者たちによって厳しい批判にさらされることになった。その急先鋒は「アウシュヴィッツ以後、詩を書くことは野蛮である」と喝破したアドルノである。彼はすでに博士論文「フッサール現象学における物的なものとノエマ的なものの超越」(一九二四年)においてフッサールとの対決を試みているが、亡命中の研究成果である『認識論のメタクリティーク』(一九五六年)においては、より徹底した形で現象学批判を展開する。

アドルノはフッサール現象学を「後期ブルジョア哲学」と規定し、原的所与に立ち戻ることによって認識を絶対的に基礎づけようとするフッサールの「第一哲学」再興の企てを非弁証法的なアナクロニズムとして退ける。主観の自己同一性の中に客観を同一化し、自らの所有物とすることを目指すことにおいて、現象学における超越論的主観性の機能は、啓蒙的理性の究極の姿にほかならない。それに対してアドルノは、いかなる同一化をも拒む「非同一的なもの」を対置し、媒介性を欠如させたまま直接性に訴えようとする現象学を「否定弁証法」によって乗り越えることを試みる。その意味で、アドルノ哲学にとってフッサール現象学批判は、いわば不可欠の「通過儀礼」であったと言うことができる。

フランクフルト学派の第二世代に属するハーバーマスは、フランクフルト大学就任講演「認識と利害関心」(一九六五年)において、やはりフッサール批判を敢行することによって、自らの哲学の方向定位を行なうことを試みている。彼はフッサールの『危機』を手がかりに、一方では現象学が生活世界論を通じて科学の客観主義的幻想を批判したことを高く評価する。しかし他方では、フッサールが超越論的反省を利害関心を超越した「純粋理論」と見なしたことを、ホルクハイマーの言う「伝統的理論」概念への回帰であり、もう一つの客観主義に陥ったものと論断する。すなわち「認識を指導する利害関心を覆い隠す純粋理論の存在論的幻想は、あたかも、ソクラテス的対話が普遍的で、いつの時代にも可能であるかのような虚構を作り上げた[61]」というのである。

ハーバーマスによれば、客観主義の幻想はフッサールの言う「純粋理論」によって打ち破られるものではなく、むしろ認識と利害関心の連関を立証することによってのみ克服される。それを可能にするものこそ、解放的な利害関心に導かれた「批判理論」なのである。だが、後にハーバーマスは、フッサールの「生活世界」概念を「文化的に伝承され言語的に組織化された解釈範型のストック」として捉え直すことにより、それに彼の『コミュニケイション行為の理論』(一九八一年)を支える鍵概念の位置を与えている。その限りで、フッサール批判から出発したハーバーマスもまた、まぎれもなくフッサールの遺産相続人の一人なのである。

メルロ゠ポンティ　レヴィナス　デリダ

しかしながら、フッサール現象学の批判的継承は、何もハイデガーやガダマー、あるいはフランクフルト学派に代表されるドイツ語圏の哲学者たちによってのみなされたわけではない。むしろ、最も実り多い展開は、第二次大戦後のフランスの地においてなされている。すなわち、サルトルとメルロ゠ポンティによる「実存論的現象学」の出現である。とりわけ、戦後の現象学運動の隆盛に果たしたメルロ゠ポンティの役割は決定的なものであった。彼は一九三九年春にルーヴァン大学の「フッサール・アルヒーフ」を訪ねてそこに収められた遺稿を閲覧し、受動性、身体性、地平、生活世界などをめぐる後期フッサールの思索に接することにより、後に『知覚の現象学』に結実する独自の問題意識を展開するきっかけを与えられた。

メルロ゠ポンティが目指したのはわれわれの身体を通じて「生きられた世界(＝生活世界)」の現象

学的記述である。その際に彼が特に注目したのは、主体であると同時に客体でもある「身体の両義性」であり、身体を世界の中に住み着かせている「機能する志向性」の働きであった。この「受肉した主観」としての身体的実存の現象学こそは、フッサールの意識の現象学の立場を、いわばフッサールの思索を徹底化することによって乗り越えるものであった。

「還元の最も偉大な教訓とは、完全な還元は不可能だということである」や「超越論的主観性も、フッサールの言うように、一つの間主観性となり得るであろう」といったメルロ＝ポンティの大胆なテーゼは、今なおわれわれの思考を刺激し続けてやまない。メルロ＝ポンティの出現以後、現象学運動は確実に一つの階段を昇ったのであり、もはやわれわれはメルロ＝ポンティというフィルターなしにフッサールのテクストに接することはできないのである。

メルロ＝ポンティがフッサール現象学の正統的な後継者であったとすれば、フランス現象学の流れのなかには、フッサール哲学の研究から出発しながらも、後に現象学そのものを根本的に否定し、独創的な思想を展開するにいたった一群の哲学者たちがいる。そうした動きを代表するのはレヴィナスとデリダである。

レヴィナスは一九二八年にフライブルク大学に留学し、フッサールとハイデガーに直接ついて学んだ経歴をもつフランス最初期の現象学者である。彼は一九三〇年に『フッサール現象学における直観の理論』を公刊して現象学者としての地位を不動のものとした。サルトルが現象学研究へと導かれたのも、この書を通じてのことである。しかし、ユダヤ人であったレヴィナスは、戦時中の五年間にわたる捕虜収容所体験を経て、戦後はフッサールとハイデガーの哲学との全面的な対決を試みることになる。奇しくもメルロ＝ポンティが急逝した年に刊行された主著『全体性と無限』は、現象学的方法に依拠しながらも、現象学の射程をはるかに超える視座を内包させている。

「外部性についての試論」という副題をもつこの書は、西欧哲学の歴史を貫く理性の形而上学を、一切の「他なるもの」を認識を通じて主観の内部に回収し同一化する「全体性の哲学」として徹底的批判する。全体性の概念こそは排除や差別を正当化するものであり、普遍性の名において個人を消滅させるものだからである。

それに対して、「外部性」とは主観が自己の内部に取り込めないもの、「超越」あるいは「絶対の他者」を意味する。それはまた、自己意識に立脚する有限の思惟には包摂できないものとして「無限」とも呼ばれる。この「無限」は外部から「他者の〈顔〉」として不意に到来するのであり、この「汝殺すなかれ」と語る他者の〈顔〉との対面の関係こそが倫理にほかならない。そこからレヴィナスは、倫理学に第一哲学としての位置を要求するのである。ユダヤ教神学を背景としたこのようなレヴィナスの異貌の哲学は、現象学から出発しながらも、まさに現象学の彼方へと踏み出したものと言うことができる。

レヴィナスと同様に現象学の彼方へと突き進んだもう一人の哲学者として、最後にデリダの名前を挙げないわけにはいかない。彼においてもまた、その哲学的出発点はフッサール現象学の批判的検討であった。エコール・ノルマル在学中に書かれた『フッサール哲学における発生の問題』や最初の公刊書である『「幾何学の起源」への序説』は、ともにフッサールのテクストの厳密な読解を目指した著作であるが、すでにそこには後に「差延（defférance）」という概念に結晶化されるデリダ独自の問題意識が芽生えている。だが、彼のフッサール批判のモチーフが鮮明な形で展開されるのは、一九六七年に刊行された『声と現象』においてである。

デリダはそこでフッサールの『論理学研究』を取り上げ、フッサールの意味論が「語る主体が現前において自分が語るのを聞く」と定式化される声（フォネー）の「自己への現前」というモデルによって一貫して支配されていることを指摘する。このフォネーとロゴスとの共犯関係によるエクリチュール（文字言語）の抑圧こそは、西洋哲学の歴史を貫く「現前の形而上学」の典型的身振りにほかならない。この現前の形而上学を解体する戦略をデリダは「脱構築（deconstruction）」と呼ぶ。これはハイデガーの「現象学的解体（Destruktion）」に由来する言葉であるが、デリダはそれに「西欧の存在論もしくは形而上学の基礎概念が作り上げた構造ないしは建造物を解体し再構築する」作業という新たな意味付けを与える。

デリダの脱構築は、西欧哲学の「ロゴス中心主義」を担ってきた自己同一的な主体（超越論的主観性）の無根拠性を暴き出し、現前に先立つ「差延」の運動の遍在性を明るみに出すことによって、現代における現象学に対する最もラディカルな挑戦の試みたりえているのである。

「現代哲学はフッサールから出発した」

これまで見てきたように、フッサールの現象学は、実存哲学、解釈学、批判理論、ポスト構造主義、脱構築理論など現代ヨーロッパ哲学の諸潮流に、肯定的と否定的との色あいの違いはあれ、決定的ともいえる影響を与えてきた。また、フッサールの『論理学研究』が、ヤコブソンらプラハ言語学サークルへの影響を通じて、やがてレヴィ＝ストロースによる構造主義の成立を促したことも付け加えておくべきであろう。

さらに、フッサールとフレーゲやウィトゲンシュタインとの関係、「純粋論理文法」の構想が与えたカルナップへの影響、初期のライルによる現象学研究などをも考察の射程に収めるならば、フッサール現象学は英米の分析哲学の潮流とも決して無縁ではなかったと言うことができる。その意味で、二〇世紀以降の哲学はフッサール現象学を源頭として、支流をなしつつ今日に流れ下っているのであり、多様な哲学潮流はフッサールの知的遺産を、程度の差はあれそれぞれの形で継承してきているのである。

かつてドストエフスキーはゴーゴリの作品を指して「われわれはみな『外套』から出発した」と語ったと伝えられる。その口吻を模するならば、われわれは「現代哲学はみな〈フッサール現象学〉から出発した」といっていいささかも過言ではないのである。

〔付記〕引用に当たっては、既訳のあるものについてはそれを参照し、文脈に応じて適宜訳文と文字違いを改変させていただいた。邦訳者の方々には御礼とおわびを申し上げたい。

註

（1）R・デカルト『方法序説・情念論』野田又夫訳、中公文庫、一九七四年、八頁。
（2）同前。
（3）M・フーコー『狂気の歴史』田村俶訳、新潮社、一九七八年、六七頁。
（4）R・デカルト、前掲書、一三頁。
（5）R・デカルト『省察』山田弘明訳、ちくま学芸文庫、二〇〇六年、三四頁。

(6) Herbert Spiegelberg, *The Phenomenological Movement*, M. Nihoff, 1982, p.433.
(7) E・フッサール『デカルト的省察』船橋弘訳、中公クラシックス、二〇一五年、一〇頁。
(8) R・デカルト『哲学原理』山田弘明ほか訳、ちくま学芸文庫、二〇〇九年、二五頁。
(9) E・フッサール『デカルト的省察』前掲書、一〇―一一頁。
(10) 同前、一八頁。
(11) 同前、一七頁。
(12) E・フッサール『現象学の理念』立松弘孝訳、みすず書房、一九六五年、四六頁。
(13) E・フィンク『フッサールの現象学』新田義弘・小池稔訳、以文社、一九八二年、九七頁、傍点原文。
(14) M・メルロ＝ポンティ『知覚の現象学Ⅰ』竹内芳郎・小木貞孝訳、みすず書房、一九六七年、一三頁。
(15) M・ハイデガー『時間概念の歴史への序説』常俊宗三郎ほか訳、創文社、一九八八年、一三五頁、傍点原文。
(16) E・フッサール『デカルト的省察』前掲書、四四―四五頁、傍点原文。
(17) M・メルロ＝ポンティ、前掲書、二五頁。
(18) E・フッサール『デカルト的省察』、前掲書、一〇九頁、傍点原文。
(19) 同前、一一〇頁。
(20) E・フッサール『ヨーロッパ諸学の危機と超越論的現象学』細谷恒夫・木田元訳、中公文庫、一九九五年、三四二―三四三頁。
(21) 同前、五〇〇頁。
(22) R・バーンスタイン『科学・解釈学・実践Ⅰ』丸山高司ほか訳、一九九〇年、三五―三六頁、傍点原文。
(23) Edmund Husserl, *Husserliana* Bd.24, Martinus Nijhoff, 1984, S.445.
(24) E・フッサール『デカルト的省察』、前掲書、一八頁。
(25) S・ヒューズ『意識と社会――ヨーロッパ社会思想 1980―1930』生松敬三・荒川幾男訳、みすず書房、一九六五年、一二九頁。
(26) 同前。
(27) E・フッサール『厳密な学としての哲学』小池稔訳、〈世界の名著〉第五一巻所収、中央公論社、一九七〇年、一六五頁。
(28) 同前、一一〇頁。
(29) 同前、一三〇頁。
(30) 同前、一五〇頁。
(31) 同前、一五一頁。

(32)同前、一五二頁。
(33)同前、一六六頁。
(34)同前。
(35)同前、一七一頁。
(36)L・ラントグレーベ『現象学の道』山崎庸佑ほか訳、木鐸社、一九八〇年、二六八頁。
(37)J-P・サルトル『哲学・言語論集』白井健三郎ほか訳、人文書院、二〇〇一年、一七頁、一九頁。
(38)E・フッサール『イデーンI-2』渡辺二郎訳、みすず書房、一九八四年、三三〇頁。
(39)E・フッサール『イデーンI-1』渡辺二郎訳、みすず書房、一九七九年、一一七頁。
(40)E・フッサール「自然の空間性の現象学的起源に関する基礎研究――コペルニクス説の転覆」新田義弘・村田純一訳、『講座現象学』第三巻所収、弘文堂、一九八〇年、二九〇―二九一頁。
(41)M・メルロ=ポンティ「哲学者とその影」木田元訳、『シーニュ2』竹内芳郎監訳所収、みすず書房、一九七〇年、三六頁。
(42)L・ラントグレーベ、前掲書、二九九頁、三〇三頁。
(43)E・フッサール「コペルニクス説の転覆」前掲書所収、二八四頁。
(44)E・フッサール『フッサール書簡集 1915-1938』桑野耕三・佐藤真理人訳、せりか書房、一九八二年、一一七―一一八頁。
(45)同前、一二九頁、一三三頁。
(46)E・フッサール「ヨーロッパ的人間性の危機と哲学」鈴木修一訳、清水多吉・手川誠士郎(編訳)『三〇年代の危機と哲学』所収、平凡社ライブラリー、一九九九年、九四頁、傍点原文。
(47)同前、三三頁。
(48)同前、七三頁。
(49)同前、三七頁。
(50)E・サイード『オリエンタリズム(上)』板垣雄三・杉田英明監修、今沢紀子訳、平凡社ライブラリー、一九九三年、一二頁。
(51)E・フッサール『デカルト的省察』前掲書、二五〇頁、傍点原文。
(52)同前、傍点原文。
(53)R・ローティ『連帯と自由の哲学』富田恭彦訳、岩波書店、一九八八年、一二頁。
(54)同前、一四頁。
(55)E・フッサール『間主観性の現象学Ⅲ』浜渦辰二・山口一郎訳、ちくま学芸文庫、二〇一五年、一二五頁。
(56)同前、一三二頁。

(57) E・フッサール『イデーンⅠ－1』前掲書、一二頁。
(58) M・メルロ＝ポンティ「哲学者とその影」、前掲書所収、三頁。
(59) E・フッサール『イデーンⅠ－1』前掲書、一二頁。
(60) 同前、一四頁。
(61) J・ハーバーマス『イデオロギーとしての技術と科学』長谷川宏訳、平凡社ライブラリー、二〇〇〇年、一八八頁。

7　言語の限界と理性の限界——分析哲学からポスト分析哲学へ

ハジマリニ
カシコイモノ［ロゴス］ゴザル

ギュツラフ訳『約翰《ヨハネ》福音之伝』

1　理性批判と理性の危機

人間は古来「理性的動物」とも「言語を話す動物」とも定義されてきた。この「理性人（homo sapience）」および「言語人（homo loquence）」という呼称のなかには、理性と言語とが人間存在の根本条件であることが指し示されている。

よく知られているように、ギリシア語の「ロゴス（logos）」という言葉は、この「理性」と「言語」とを共に包括する意味をもっていた。ロゴスがもともと「宇宙の理法」を表わす言葉であったことを考え合わせるならば、それは存在の秩序（理法）、認識の秩序（理性）、言説の秩序（論理）という三重の秩序を刺し貫く概念であったことがわかる。哲学が「ロゴスの探究」あるいは「ロゴスのロゴス」と目されたゆえんである。

しかし、一七世紀の「科学革命」以降、宇宙の法則的秩序の探究は自然科学の手にゆだねられることになり、哲学の手を離れた。ガリレオの「宇宙という書物は数学の言葉で書かれている」という一句は、存在の秩序としてのロゴスの探究が数学的物理学の領域に移行したことを宣言する端的な表現と言えよう。それに続けてガリレオが「その文字は三角形、円その他の幾何学図形であって……」と述べているように、宇宙の理法とは何よりも厳密な幾何学的秩序であり、それを解読する装置こそユークリッド幾何学の体系にほかならなかった。このガリレオのプロジェクトを完成にまで導いたのは、言うまでもなくニュートンである。彼は主著『自然哲学の数学的原理（プリンキピア）』において、叙述スタイルをユークリッドの『原論』に倣いながら、幾何学的方法に基づいて万有引力の法則を頂点とする宇宙の理法を解明して見せた。この書物のタイトルが示すように、存在の秩序としてのロゴスの探究（自然哲学）は今や形面上学的思弁から切り離され、数学的方法にゆだねられたのである。

こうした自然科学の隆盛に伴って、哲学は自らの職分を認識の秩序としてのロゴスの探究に限定せざるをえないこととなった。すなわち、人間の認識能力としての「理性」の自己解明である、それを哲学の「認識論的転回」と呼ぶことができる。この認識論的展開を通じて、ロゴスは存在の秩序から認識の秩序へとその重心を移動させ、さらに「人間理性」として主観的内在化の道をたどることとなる。デカルトが『方法序説』の冒頭で「理性」を表すのに「良識（bon sens）」という言葉を用いているように、近代にいたって「ロゴス」は宇宙の理法から物事の真偽を正しく分別する能力へと変貌を遂げたのである。そのことは、超越的な「イデア」が心の中の「観念（idea）」へと主観的に内在化されたこととも軌を一にしている。人間理性に生まれつき備わった「生得観念」をめぐるデカルトの議論は、まさにロゴスの主観的内在化が行き着いた地点を示すものと言えよう。こうして古代哲学の中心概念であった「ロゴス」と「イデア」は、近代に入ると「理性」と「観念」として装いを新たに哲学の舞台に登場することとなったのである。

しかし、認識の秩序が存在の秩序から切り離され、主観に内在する「理性」として一人歩きを始めるとともに、その理性は重大なアポリアを抱え込まざるをえなかった。すなわち、理性は存在の秩序をいかにして正しく認識しうるのか、という認識論的問いがそれである。少なくとも近代以前には、存在の秩序、認識の秩序および言説の秩序は緊密な三位一体をなしており、認識の秩序と言説の秩序は神の創造した存在の秩序を「分有」するものと考えられていた。そこにはある種の予定調和が想定されていたと言うことができる。だが、存在の秩序から自立した認識の秩序は、今や「主観的理性」として「客観的世界」とのあいだの懸隔《けんかく》を埋める作業を強いられることとなった。言い換えれば、主観的理性が真偽を正しく分別する能力、すなわち存在と非存在とを分かつ権能を獲得することによって、今度はその判断の妥当性の根拠が問われることになったのである。

デカルトはそのために、理性を正しく導く「方法」を必要とした。彼の『方法序説』がもともと「理性を正しく導き、学問において真理を探求するための方法序説」という長い表題をもつのもそうした理由による。近代哲学において、ロゴスは何よりも「方法的理性」としてその姿を現わすのである。それは一七世紀の科学革命による洗練を経て、やがて「科学的理性」と呼ばれることになるであろう。この地点において、ガリレオやニュートンが見出した数学的秩序としての「ロゴス」とデカルトによって主観的内在化を遂げた「ロゴス」という二つの次元が交差する。だが、科学がこの地点に踏みとどまることができるのに対し、哲学はさらにこれら二つのロゴスが交差する理由をも問わねばならない。つまり、認識の妥当性の根拠という「超越論的問い」である。周知のように、デカルトは「コギト命題」の不可疑性にまで遡ることによって、認識の確実性を基礎づけることを試みた。他方で彼は、存在の秩序と認識の秩序の合致については、最終的に「神の誠実」に訴えて正当化する以外の道を見出すことはできなかったのである。

それに対して、デカルトの提起した「超越論的問い」を引き継いだカントは、それを「経験の可能性の条件」の探究として定式化し、存在の秩序は認識の秩序によって構成されるという新たな視点からその問いに答えることに着手した。認識が存在の秩序にしたがうのではなく、逆に存在の秩序が認識の主観的形式に従うという、いわゆる認識論上の「コペルニクス的転回」である。それによって理性は、あらゆる存在者に君臨する「超越論的主観」として自らを確立することとなる。だが、理性は真理の最終審としての権能を自ら恃むことによって、ときに避けがたい逸脱を引き起こす。カントの最大の発見ともいうべき四つの「アンチノミー（二律背反）」がそれである。これは、理性が「世界」や「自由」に関わる根本命題の肯定と否定という相反する主張をともに論証してしまう、という理性に内在する自己矛盾にほかならない。それゆえカントは、こうした理性の越権を戒めるために、理性による理性的能力の自己吟味、すなわち「理性の法廷」の開廷を宣言する。以下に見られるように、これこそが「理性批判」の企てにほかならないのである。

あきらかにそれは、投げやりの結果ではなく、もはや見せかけの知識によってはだまされない時代の成熟した〈判断力〉の結果であり、理性のあらゆる仕事のなかでももっとも困難な仕事、すなわち自己認識という仕事をあらためて引き受け、一つの法廷を設けよという勧告にほかならない。この法廷は、理性の要求が正しい場合には理性をまもり、これに反してすべての根拠のない越権を、強権の命令によってではなく、理性の永遠不変の諸法則にしたがって拒むことができるものであるが、この法廷こそ〈純粋理性批判〉そのものにほかならないのである(1)。

カントが「純粋理性批判」を展開するに当たって、理性による理論的認識の範型と見なしたのは、ユークリッド幾何学とニュートン物理学であった。彼はこれらをともにアプリオリな総合判断として特徴づけることによって、その普遍妥当性を基礎づけることを試みたのである。その限りで、カントの超越論哲学は、科学的理性といささかも矛盾するものではなかった。フッサールは晩年の著作『ヨーロッパ諸学の危機と超越論的現象学』において、近代哲学の基本的構図をガリレオに始まる物理学的客観主義とデカルトに始まる超越論的主観主義との対立と相克として描き出している。カントが提起したアンチノミーもまた、これら二つのロゴスの対立に淵源するものであった。それからすれば、アンチノミーの克服を目指したカントの「理性批判」は、そのまま物理学的客観主義と超越論的主観主義との対立を調停するものであったと言ってよい。存在の秩序と認識の秩序、あるいは科学と哲学とは、いわば「基礎づけ」という垂直的分業体制のもとで共存しえたのである。

しかしながら、これら二つのロゴスの蜜月関係は長くは続かなかった。一九世紀後半になると、物理学的客観主義と超越論的主観主義は、ともにその内部に大きな亀裂を抱え込むことになる。簡単に言えば、その一方は「科学の危機」であり、他方は「独我論のアポリア」である。これらはいずれもその深刻さにおいて「理性の危機」と呼びうるものであった。この「理性の危機」の克服こそ現代哲学に課せられた課題であり、それとの格闘を通じて二〇世紀の哲学は自ら変貌を遂げて行くのである。

まず「科学の危機」であるが、これはカントが理性的認識の典型と目したユークリッド幾何学とニュートン物理学の基盤を揺るがし、その普遍妥当性に疑問符を突きつける出来事であった。すなわち、一九世紀中葉における非ユークリッド幾何学の発見と、二〇世紀初頭における相対性理論および量子論の成立がそれである。ロバチェフスキーとボヤイによって発見された非ユークリッド幾何学は、当初は想像上の幾何学と考えられていたが、ヒルベルトが「公理主義」の立場を打ち出すことによって、それはユークリッド幾何学と同等の真理性をもつ幾何学と見なされるにいたった。つまり、実在的空間に関する唯一の学というユークリッド幾何学の特権性が奪われ、幾何学的真理の「規約的性格」が明らかになったのである。

また、相対性理論と量子論の出現によって、ニュートン物理学の妥当範囲は著しく限定を受けることになった。言い換えれば、極大の宇宙と極小の世界に対しては、ニュートン物理学の諸法則は近似的にしか成立しないのである。とりわけ量子力学の知見は、観測装置を離れた「物理的実在」の意味や自然界を貫く「因果律」の概念に再考を促し、科学的認識の基礎を揺るがすこととなった。こうした事態は合理的認識の最終審と見なされてきた「理性」の権能の再吟味、すなわち新たな「理性批判」を要求し、二〇世紀における「科学哲学」の成立に道を開いたのである。

「科学の危機」が哲学の外部からもたらされた衝撃であったとすれば、理性をめぐるもう一つの危機は、近代哲学の内部における自家撞着として出来した。デカルトからフッサールにいたるまで、近代の超越論的主観主義の系譜は、確実な認識の基盤を基本的には「自己意識」の明証性に求めてきたと言ってよい。哲学的考察の土俵を「意識」の中に設定し、その方法を「反省」に求めることによって、近代哲学は「意識の外部」すなわち「外界存在」をどのように認識しうるのか、という大きなアポリアを抱え込んだ。すべてが意識によって表象されるものである以上、われわれは意識のスクリーンの外部に出て、外界の事物とその表象とを比較することはできない。それゆえカントもまた、少なくとも理論哲学の領域においては、考察を意識のスクリーンに映し出される「現象」の範囲に限らざるをえなかったのである。

このアポリアは、意識が「私秘的（private）」な性格をもつことによって著しく増幅される。意識があくまでも「私の」意識である以上、われわれは、「他人の心」を認識することはおろか、その存在をすら論証することはできない。われわれが知りうるのは、他人の表情や身体的振る舞いといった物理的事象だけだからである。たとえ感情移入や類推によって他人の心的状態を推測しうるとしても、それは自分自身の意識状態の投影にすぎないであろう。意識は自我という孤独地獄をいかようにしても抜け出せないのである。こうして近代の超越論的主観主義は、否応なく「独我論」の嫌疑を受けることになる。これら「外界存在」と「他人の心」という二つの障壁は、近代哲学が陥った袋小路を象徴するアポリアであった。言い換えれば、認識論的転回以後の近代哲学は、確実な認識の基盤を意識の明証性に求めることによって、世界および他者と直接的に接触する回路を見失ったのである。二〇世紀哲学の課題は、この出口の見えない「蠅取り壷」からいかにして抜け出す道を見つけ出すかという一点にかかっていたと言ってよい。

2　言語批判と言語の限界

二〇世紀初頭に出来した「理性の危機」は、近代哲学から現代哲学への移行を促し、それらを分かつ分水嶺であった。その危機を克服する方途に応じて、二〇世紀哲学を代表する現象学と分析哲学という二つの大きな流れが形作られて行くのである。ダメットは『分析哲学の起源』において、現象学と分析哲学を地理的差異に応じて「大陸系」と「英米系」とに割り振って対立させる通俗的見解に異議を申し立て、「分析哲学は、ヒトラーが権力を握る以前には、イギリスのというより中央ヨーロッパの現象と見なされるべきものであった[2]」ことを指摘しながら、両者の同根性について次のように述べている。

フレーゲは分析哲学の祖父であり、フッサールは現象学派の創始者であった。そして、根本的に異なる二つの哲学運動が存在することとなった。たとえば一九〇三年当時、彼ら両人の仕事を知っているドイツ人の哲学の学徒には、この二人はどのように思われていたのであろうか。二人がまったく対立する思想家である、と思われていなかったことは確かである。むしろ、関心の違いはいくらかあるにしても、方向性においては目立って近しいものと思われていた。彼らはライン川とドナウ川に譬えられよう。互いにすぐ近くに源を発し、しばらくはほぼ平行して流れたが、ついにはまったく違う方向へと流れ、別々の海へと注ぐ[3]。

この見取り図からすれば、二つの川の分岐点は、「理性（ロゴス）」の根本性格を「意識」として捉えるか「言語」として捉えるかの違いにあったと言うことができる。その違いは、「理性の危機」への対処の仕方の決定的差異として現われている。前者は理性の本質を意識活動に見て、それを「超越論的意識」にまで純化することによって現象学の海へと注ぎ、後者は理性の本質を言語活動に見て、それを「言語分析」の方法へと洗練させることによって分析哲学の海へと注いだのである。言い換えれば、近代哲学が逢着したアポリアを乗り越える方向を、現象学はデカルト主義のさらなる徹底化に求め、分析哲学はデカルト主義の根本的批判に求めたのだと言ってよい。

その意味で、フッサールの超越論的現象学は「最後の近代哲学」であると同時に「最初の現代哲学」でもあるという両義的な位置を占めている。すなわち、フッサールはデカルトに始まる超越論的主観主義の道を「意識」概念の超越論化という方向へと徹底的に歩み抜くことによって、近代哲学の枠組みを突き破ろうとしたのである。その際に彼が武器として携えたのが、師のブレンターノから引き継いだ「志向性」という鍵概念であった。意識活動は常に「何ものかについての意識」であるとして定式化される志向性は、主観‐客観図式を基本前提とする近代認識論の構図を破砕する可能性を秘めた概念にほかならない。志向性が意識の根本特性であることによって、対象は「表象」や「観念」を介することなく、意識に直接的に現前するのである。それゆえ、意識にはもはや「内部」と「外部」の区別はありえない。サルトルはそのことを「意識は〈内部〉をもたない。意識はそれ自身の外部以外の何ものでもない」[4]と表現している。そのサルトルは、レイモン・アロンの「君が現象学者だったらこのカクテルについて語れるんだよ、そしてそれは哲学なんだ」という言葉を聞いて顔面蒼白になったと伝えられている。おそらく彼は、この志向性概念の中に、世界との直接的接触を回復する新たな哲学を見出し、その感動から青ざめたのに違いない。

志向性は、フッサールにとって、理性の透明な眼差しにたとえられるべきものであった。彼はこの概念を根拠に、危機に瀕した理性の権能を全面的に回復しようともくろんだのである。しかし、現象学の展開に伴う志向性概念の拡大と深化は、フッサール自身をも思いもよらぬ方向へと導いて行った。志向性そのものが、理性の全面的支配には服していないことが次第に明らかになっていったのである。

顕在的な対象知覚を取り巻く方向不定の潜在的な「地平志向性」、能動的な対象的志向が目覚める以前の「受動的志向性」、身体的運動能力（キネステーゼ）の次元で働く「身体的志向性」など、顕在的・能動的意識が制御しきれない志向性の多様な形態がそれである。

さらに、志向性のもう一つの湧出点である「他我」の存在とその権能をどのように保証するかは、現象学にとって独我論の嫌疑をはねのけるための最大のハードルであった。後期のフッサールは志向性概念がもたらしたこれらの課題と格闘することによって、理性の透明な眼差しを取り巻く不透明な生の厚みの意義を見出し、その結果、意図せずして「理性の外部」へと通じる道筋を示唆したのである。その外部とは、「身体」「地平」「受動性」「他者」といった種子が散種された肥沃な土壌にほかならない。戦後の現象学運動は、これらの種子を丹念に養い育てることから出発し、多くの成果を生み出したのである。

それに対して分析哲学は、現象学において「志向性」の概念が包括していたものを、「意識」ではなく「言語」の働きとして捉え直そうとした、と言ってよい。つまり、世界との直接的接触の回復という問題の解決を、分析哲学は意識による対象把捉の場面にではなく、言語による対象指示の場面に求めたのである。フレーゲの「意義と意味について」、ラッセルの「指示について」、ウィトゲンシュタインの『論理哲学論考』など分析哲学の成立を告げる諸論文は、当時の彼らの意図がどうであれ、志向性概念が束ねていた問題群を「意識と世界」の関係としてではなく、「言語と世界」の関係として読み換えようとする試みであったと理解することができる。それは同時に、近代哲学が頑強に守り続けてきた認識論的問題設定の枠組みそのものを根底から変更することを意味していた。端的に言えば、哲学的問題は「意識」ではなく「言語」を参照軸にして問われることになったのである。それに応じて、哲学の方法もまた「意識の反省」から「言語の分析」へと大きく転回する。二〇世紀における哲学の主題と方法の根本的変革が「言語論的転回」と呼ばれるゆえんである。

ダメットはこの言語論的転回の特徴を「第一に、思想についての哲学的な説明は言語についての哲学的な説明を通して獲得され得るという信念であり、第二に、包括的な説明はそのようにしてのみ得られるという信念である(5)」と簡明に要約している。それを先導したのは、フレーゲによる一連の論理学的考察であった。それまでの認識論は、われわれの思考活動をあくまでも心理現象として考察してきた。ところがフレーゲに従えば、真偽が問われる思考活動の内容、すなわち「思想(Gedanke, thought)」とは文の意義(Sinn, sense)にほかならず、しかもそれは「表象」のような主観的事象ではなく、万人が接近可能な客観的事象なのである。言い換えれば、思想は「心の外」にあるものであり、「心の内」にあるものではない。こうしてフレーゲは思想を心の中から追放して心理主義を拒否し、さらに「それ自身では知覚できるものではない思想は、文という知覚できる衣装を身にまとい、それによってわれわれに把握できるものとなる(6)」と主張する。すなわち、思想は文を通じて表現されるのであり、思想の分析が言語の分析とならざるをえない理由もまたここに存する。

このフレーゲの構想は、ラッセルによって具体的な研究プログラムとして実行に移されるが、それが二〇世紀哲学に地殻変動を引き起こすものとなるためには、何よりもウィトゲンシュタインの登場を待たねばならなかった。『論理哲学論考』(一九二二年)の刊行がそれである。この書物は、その簡潔な断言口調のアフォリズムから成る独特のスタイルも相まって、ウィーン学団を形成しつつあった当時の科学哲学者たちに圧倒的な影響力を行使した。そこにおいてウィトゲンシュタインは、哲学の方法のみならず、哲学の概念をも根本的に変更することを要求したのである。彼の意図は「序文」に端的な形で表明されている。

この書物は哲学的な諸問題を論ずるのであるが、私の信ずるところでは、これらはまさしく我々の言語の論理の誤解に基づいて設定された問題であり、本書はそのことを明らかにしている。この書物全体の意義は、おそらくつぎのように要約できるであろう。すなわち、およそ語られうることは明晰に語られうる、そして論じえないことについては、人は沈黙せねばならない、と。（改行）したがってこの書物は、思考に対して限界を引こうとする。あるいはむしろ、思考に対してではなく、思想の表現に対して限界を引こうとするものである。こう言いかえたのは、思考に限界を引くためには、我々はこの限界の両側を思考できなければならない（したがって思考不可能なことを思考できなければならない）はずだからである。（改行）すなわちその限界は言語の内部でのみ引くことができる。限界の彼岸にあるものはまったくの無意義であろう。[7]

哲学的問題と呼ばれるものは「言語の論理の誤解」に基づいている、というのがウィトゲンシュタインの診断である。そこからは、「哲学的な事柄についてこれまで書かれてきた命題や問いは概ね、偽ではなく無意義なのである」（4.003）という衝撃的な帰結が引き出される。われわれが言語の論理を誤解しやすいのは、日常言語の構造と規約が複雑をきわめているからであり、その表面的な形式に惑わされて思想の真の論理形式を見誤ってしまうからである。したがって、根深い哲学的誤解を正すためには、表層の論理形式によって覆い隠された深層の論理形式を浮き彫りにするような、言語の批判的分析が要求される。「あらゆる哲学は「言語批判」である」（4.0031）と言われるゆえんである。

ウィトゲンシュタインがこの言語批判の典型的手続きをラッセルの「記述理論」に見ていたことは、それに続けて「ラッセルの功績は、命題の見かけの論理形式がその本当の論理形式であるとは限らない、ということを示した点にある」（同前）と述べていることからも明らかである。ラッセルが取り上げたのは、「現在のフランス王は禿頭である」のような、主語が指示対象をもたない真偽不定の命題であった。彼はこの命題が一見されるような主語‐述語命題ではなく、三つの命題の連言からなる存在命題であることを論理分析を通じて解明してみせた。すなわち、先の命題は「現在のフランス王である者が少なくとも一人存在し、かつそのような者がたかだか一人存在し、かつその者は禿頭である」と同値なのである。言うまでもなく、この命題の最初の連言項は偽であり、したがって全体も偽となる。それゆえ先の命題も真偽不定ではなく偽であり、しかも「現在のフランス王」は対象を指示する主語表現ではなく、対象の性質を叙述する述語表現と解釈されるべきなのである。このラッセルの分析は、これまで存在論的問題と見なされてきたものが、実は言語論的問題にほかならないことを示した点で、言語批判の目覚ましい成果として注目を浴びた。ウィトゲンシュタインの「哲学の目的は思想の論理的な明晰化である。（中略）哲学の成果は「哲学的諸命題」ではなく、諸命題が明晰になることである」（4.112）という哲学観も、こうした言語批判の理念と表裏一体のものと言ってよい。

しかし、『論考』の目的は、先の「序文」に見られるように「思考に対して限界を引こうとする」ことにあった。しかも「その限界は言語の内部でのみ引くことができる」のであるから、言語批判はそのまま真っ直ぐに「言語の限界」の画定へとつながっている。ウィトゲンシュタインはそこからの到達地点を「私の言語の限界が、私の世界の限界を意味する」（5.6）と表現し、さらにそれを「独我論」の問題と関連づけて論じている。この章句についてはこれまでさまざまな解釈が提起されてきたが、いずれも決定的なものとは言い難い。ここでは一つの可能性を示唆しておくに留めたい。

この章句への注釈の位置に立つのは「論理はあまねく世界に行きわたっている。世界の限界は論理の限界でもある」(5.61)という文章である。こちらの方は『論考』の論理的世界像そのものであり、その内容にまぎれはない。つまり、世界は「論理形式」によって隅々まで分節化されているのであり、世界のヴァージョンは論理空間によってその可能性を限界づけられている、ということである。むろん、この文章はその中の「世界」を「言語」で置き換えても、そのまま成り立つ。世界と言語とは「論理形式」を共有しているからである。だとすれば、「論理の限界」をあいだにはさんで「言語の限界」が「世界の限界」を意味するのは当然のことと言えよう。だが、なぜそれが「私の」言語であり、「私の」世界でなければならないのか。それに対する回答としては、飯田隆の『論考』の中で、言語と関連して「私」が現われうるのは、語と対象との関連づけという、この地点以外にはないと思われる」[8]という見解が説得的であると思われる。先の章句は「命題は要素命題の真理関数である」(5)という基本命題への注釈として位置づけられているからである。またそれは、命題の諸要素と外部の対象とを相関させる「われわれ」の存在を指摘したアンスコムや、『論考』の言語論の中に「その隠された根拠として超越論的自我の働き」を読み取る伊藤邦武の解釈とも合致している[9]。

そのことを踏まえれば、先の章句(5.9)に始まり「したがって哲学が、非心理学的に自我を論じうることにも、たしかに意義がある。「世界は私の世界である」ということを通して自我は哲学の中へ入ってくる。哲学的自我は人間でも、人間の身体でも、心理学の扱う人間の魂でもなく、形而上学的主観であり、世界の一部ではなくて、限界である」(5.641)という節に終わる独我論をめぐる一連の考察は、ショーペンハウアーの影響などを別にすれば、「私」や「自我」や「主観」に対する言語批判の試みとして読むことができる。つまり、言語と世界を関連づけるものとして要請された哲学的自我を言語批判のプログラムの中に位置づけ直す作業である。その際に「非心理学的に」自我を論じるとは、「意識の反省」という方法を介さずに、つまりは自我を言語の平面に射影して考察することにほかならない。それは「私」や「自我」や「主観」を実体化してきた従来の哲学に対する根本的批判であり、それを「言語の論理の誤解」として退けることでもあった。

ウィトゲンシュタインによれば、「私」とは私が語る言語の総体を通して示されるものであり、言語によって指示される世界内の一対象ではない。「私」は世界の内部にも外部にも属するものではなく、私が語る言語によって画定される世界の限界そのものなのである。そのことは「世界が私の世界であることは、この言語（私が理解する唯一の言語）の限界が私の世界の限界を意味することのうちに示されている」（5.62）という一節からも明らかであろう。だとすれば、「私」とは「自我」や「主観」と呼びならわされてきたような独立の実体ではなく、論理と同様に「あまねく世界に行きわたっている」ものと言わねばならない。その点を捉えてウィトゲンシュタインは「独我論が徹底されれば純然たる実在論に帰着することが分かる」（5.64）と結論する。それというのも、「独我論の自我は延長を持たない一点に収縮し、残るのはこれと相関する実在だけとなる」（同前）からである。ここで「延長を持たない一点に収縮」することと「あまねく世界に行きわたっている」こととは、表裏一体の事柄と考えてよい。そして、「実在論」とは自我と関わりをもたない世界の実在を承認する立場であることを思い起こすならば、つまるところ「独我論」は「無我論」に帰着するのである。

以上の解釈が正しいとすれば、ラッセルが存在論を言語論に読み換えたように、ウィトゲンシュタインは形而上学的主観を言語論化することによって、近代哲学のアポリアであった独我論の問題設定そのものを消去したのだと言うことができる。自我や主観をめぐる問題圏をも射程に収めることによって、フレーゲに始まった「言語論的転回」は、ウィトゲンシュタインにいたってその首尾をまっとうしたのである。その意味で「言語批判」は、言語の可能性の条件を問うという形をとった「理性批判」の企てにほかならなかった。カントが理論理性の権限と限界を意識の反省を通じて画定しようとしたとすれば、ウィトゲンシュタインは言語によって語りうるものの領域と限界を画定することを通じて理性批判を遂行したのだと言ってよい。ステニウスが『論考』の立場を「超越論的言語主義」(10)と呼んだゆえんである。

3　ポスト分析哲学への道

分析哲学とは、「論理分析」ないしは「言語分析」を方法とする哲学の総称であり、それは近代哲学が「観念分析」ないしは「意識分析」を方法としてきたことと鋭いコントラストをなしている。その成立に当たって、フレーゲおよびラッセルの先駆的業績とともに、ウィトゲンシュタインの『論考』が決定的な役割を果たしたことはすでに述べた通りである。だが、ウィトゲンシュタインの言語批判の構想が一般に受け容れられるためには、ウィーン学団による『論考』の「科学主義」的解釈、いわばその「世俗化」が不可欠の作業であった。

ウィーン学団を形成した論理実証主義者たちは、「形而上学の除去」と「統一科学」とをスローガンに掲げて思弁や反省を方法とする従来の哲学を批判し、哲学の「科学化」を推し進めた。その偶像破壊的な哲学運動に格好の武器を与えたのがウィトゲンシュタインの『論考』であった。彼らは「哲学的な事柄についてこれまで書かれてきた命題や問いは概ね、偽ではなく無意義なのである（中略）最深の問題が、じつは全く問題ではないということも、驚くにはあたらない」（4.003）という一節を、まさに伝統的な形而上学に対する破壊的批判として受けとめたのである。ウィーン学団の宣言書「科学的世界把握」に見られる次のような主張にも、ウィトゲンシュタインからの影響はまぎれもない。

科学的世界把握は、解くことができない謎はないことを認める。伝統的哲学の問題を明断にすること、その結果一部では、それは疑似問題としてその正体が明らかにされ、また一部では経験的問題へと変形させられ、そうして経験科学の判断に委ねられることになる。このような問題と言明の明晰化に哲学の仕事の課題が存するのであり、固有な「哲学的」言明を打ち立てることに、その課題があるのではない。明晰化の方法とは論理分析の方法のことである。[11]

彼らにとって論理分析とは、有意味な経験科学の言明と無意味な形而上学の言明とを厳密に分かつ手続きを意味していた。前者の言明についていえば、「その言明の意味は論理分析によって、つまり経験的所与についての最も単純な言明に還元することによって正確に定められる」[12]のである。後者の言明は、直接的経験を叙述する言明（プロトコル言明）への還元、すなわち「検証」が不可能であるがゆえに、世界について何も述べていない無意味な言明とされる。言い換えれば、言明の経験的有意味性の基準は、直接的経験による「検証可能性」の有無に求められたのである。

だが、論理学や数学の言明が経験的「検証可能性」をもたないことは明らかである。だとすれば、それらは無意味な言明にすぎないのか。このアポリアに解決を与えてくれたのもウィトゲンシュタインの『論考』であった。彼は「論理の命題はトートロジー（同音反復命題）」(6.1) なのであり、「したがって論理の命題は何も語らない（それらは分析命題である）」(6.11) と主張する。つまり、論理学は経験的事実については何も語らず、その限りでは経験的に無意味であるが、それは「言語ないし世界の形式的——論理的——性質を示す」(6.12) ことを通じてわれわれの経験の可能性を限界づけているのである。「論理は超越論的である」(6.11) と言われる理由がそこにある。

数学についてもウィトゲンシュタインはほぼ同様の取扱いを行なう。そのことは「世界の論理を論理学はトートロジーで示す。数学はそれを等式で示す」(6.22) という一節に明らかである。言い換えれば、「数学は論理の一方法」(6.234) にほかならない。そして論理学や数学の命題が真であることは、世界のあり方には関わりなく、記号操作だけから認識することができる。こうしたウィトゲンシュタインの見解を、論理実証主義者たちは一種の「言語的規約主義」の主張として理解した。つまり、論理学や数学のアプリオリ性と必然性は、記号操作に関する「言語規約」に由来する、ということである。

したがって、哲学が探究すべき真理は、実験や観察によって検証可能な経験的真理（総合的真理）と言語的規約に基づく分析的真理とに二分されることになる。前者に経験科学の命題が、後者に数学や論理学の命題が属することは言うまでもない。それ以外の形而上学や宗教の命題は、検証可能性をもたないか、言語規約を逸脱しているかの理由によって無意味と判定されるのである。要するに、論理実証主義者たちは理性を徹底して「論理化」することを通じて、哲学からいっさいの曖昧なもの、不確実なものを排除し、それによって時代が直面した「理性の危機」に対処しようとしたのだと言うことができる。世界を論理的アルゴリズムのカノンに残りなく従わせ、透明で厳密な論理的世界像を構築することこそ、「科学的世界把握」の目標だったのである。

だが、論理実証主義の構想は、啓蒙的意義は十分にもちえたものの、そのラディカルな科学主義は理性をプロクルステスの寝台に括りつける役割を果たした。それは理性機能の明晰化に大きく貢献した反面、理性の活動空間を不当に狭め、産湯とともに赤子をも流す結果をもたらしたのである。それに対して、戦後の分析哲学は、論理実証主義の諸成果を継承しながらも、その狭隘な科学主義を克服し、理性をより広い活動空間へと解き放つ方向へと一歩を踏み出した。その流れは大きく二つに分かれる。一方はイギリスにおける「論理分析」から「日常言語分析」への転回であり、他方はアメリカにおける「ネオ・プラグマティズム」の勃興である。前者には後期ウィトゲンシュタインが、後者にはクワインが、それぞれ決定的な影響を与えている。ここでは紙幅の関係から、「ポスト分析哲学」の展開につながる後者の流れについてのみ概観を試みることとしたい。

「ポスト分析哲学」という呼称は、いまだ馴染みのあるものとはなっていない。それと同じタイトルを冠したアンソロジーが刊行されたのは一九八五年のことである。編者たちの説明によれば、「ポスト分析哲学」とはアメリカにおいてプラグマティズムの伝統と結合し、独自の発展を遂げた分析哲学の新たな潮流を指している。[13] もちろん、その基盤を形作ったのはクワインらの「ネオ・プラグマティズム」による論理実証主義批判であるが、「ポスト」の名にふさわしい期を画すに当たってはクーンの『科学革命の構造』（一九六二年）とローティの『哲学と自然の鏡』（一九七九年）の登場が決定的な役割を果たした。したがって「ポスト分析哲学」とは、一九七〇年代以降の現代アメリカ哲学に特徴的な動向を表わす呼び名と理解しておけばよい。その影響は、科学哲学や言語哲学のみならず、文学理論、倫理学、政治哲学などの各分野に広がっている。

ポスト分析哲学へといたる第一歩は、クワインの古典的論文「経験主義の二つのドグマ」によって踏み出された。彼が標的としたのは師であり友人でもあったウィーン学団の領袖カルナップであり、タイトルの「経験主義」とは端的に論理実証主義を指すものと考えてよい。二つのドグマとは、「分析的真理と総合的真理の二元論」および感覚的経験への「還元主義」のことである。クワインはまず、分析的真理と総合的真理とのあいだに明確な境界線を引くような基準を見出すことはできず、両者は「連続的」であることを主張する。「分析的」という概念を定義しようとするいかなる試みも循環に陥ってしまうからである。分析的真理と総合的真理とのあいだの境界が不明瞭で連続的であるならば、数学や論理学と経験科学との違いも「種類の差」ではなく「程度の差」にすぎないことにならざるをえない。「地理や歴史についてのごくありふれた事柄から、原子物理学、さらには純粋数学や論理に属するきわめて深遠な法則に至るまで[14]」われわれの知識や信念の体系は連続的なスペクトルをなす一つの「全体」にほかならない。これがクワインの認識論的「全体論（holism）」の構図である。

この全体論の立場からは、ただちに「還元主義」に対する根本的批判が導かれる。クワインによれば「経験的有意味性の単位は科学の全体[15]」なのであり、個々の命題を単独で検証したり反証したりすることは意味をなさないのである。したがって、経験的反証に対する対処は、体系全体の再調整という形でなされざるをえない。その際に重要なファクターとして働くのは、単線的な論理的アルゴリズムではなく、理論の単純性や体系の整合性の保持をめぐるプラグマティックな考慮にほかならない。逆に言えば、プラグマティックな考慮から、論理学や数学の定理を改訂するという極端な選択肢も可能なのである。それゆえ、論理学や数学の定理がもつ必然性も経験科学の法則がもつ必然性も、結局は「程度の差」にすぎないものとなる。クワインが「原理的に、私は自然必然性より高次の、あるいはより厳格な必然性を認めない[16]」と述べるゆえんである。

このようなクワインの認識論的全体論の主張は、科学哲学の分野では「デュエム＝クワイン・テーゼ」として受けとめられた。つまり、科学理論は主要仮説、補助仮説、背景的知識などからなる有機的全体を形作っているのであり、個々の仮説が単独で実験や観察を通じて検証されたり反証されたりすることはない、というテーゼである。クーンのパラダイム論は、このテーゼを科学社会学的に解釈し直し、それを科学史叙述の方法論として発展させたものと言うことができる。その要点は、科学史上の理論転換は単一の反証実験によってではなく、当の理論をその一部として含む大規模なパラダイム転換として生ずる、というところにある。クーンによれば、パラダイム転換厳格な合理的手続きは存在せず、そこには科学者共同体を律している社会的・心理的要因が深く関与している以上、科学哲学は論理分析ではなく歴史的・社会的分析を必要としているのである。しかも、異なるパラダイムのあいだには、相互のコミュニケーションを阻害する「通約不可能性」が横たわっている、というのが彼の主張であった。そのためクーンは、守旧派の科学哲学者からは、非合理主義や相対主義という厳しい指弾を受けた。

むろん、それは短絡的な誤解にすぎない。パラダイム転換に際してどのような理論を選択すべきかについては、論理的アルゴリズムは存在しないものの、科学者たちがまったくアナーキーに振る舞うわけではない。そこには科学者共同体のメンバーが共有する（1）精確性、（2）無矛盾性、（3）広範囲性、（4）単純性、（5）多産性、といった価値規準が暗黙のうちに働いている。[17] つまり、科学理論は観察や実験の結果と合致し、それ自体が整合的であるとともに他の理論と矛盾せず、幅広い適用範囲をもち、現象をできるだけ単純な形式で表現すると同時に、新たな発見を促すものでなければならない、ということである。言うまでもなく、これらは逸脱を許さない論理的規則のようなものではない。科学者によってこれらの優先順位が異なることは大いにありうるであろうし、またそれらが相互に対立し合うことも稀ではない。それゆえ理論選択に当たっては、一義的な論理規則ではなく、状況に応じて諸条件を全体的に勘案するプラグマティックな考慮が働いているのであり、またそれが要求されるのである。クワインの言葉を借りれば、「科学的遺産に変形を加える際に指針となる考慮は、合理的たらんとする限り、プラグマティックなもの[18]」なのである。この点で、クーンの科学革命論もまた、クワイン以降の「ネオ・プラグマティズム」の流れに棹さすものと言うべきであろう。この分析哲学の「アメリカ化」、ひいては理性の「プラグマティズム化」の道をその極点まで歩み抜き、「ポスト分析哲学」の先蹤《せんしょう》となったのは、ほかならぬ『哲学と自然の鏡』の著者ローティであった。

ローティはデカルトとカントによって形作られた認識論中心の哲学概念を解体し、プラグマティズムへの転回を唱道する。ここで「プラグマティズム」とは、カント主義的傾向をもつパースのそれであるよりは、認識を社会的実践として捉え直すジェームズやデューイのそれである。とりわけ、「ロックのように自然主義的であると同時にヘーゲルのように歴史主義的であることを望んだ[19]」デューイに対するローティの評価はきわめて高い。それゆえプラグマティズム的転回とは、知識の確実性を偏執狂的に追い求めるデカルト的伝統と、認識の超歴史的な共通の基盤を探し求めるカント的伝統とからの訣別を促す運動のことだと言ってよい。その訣別が意味するのは、無時間的真理の獲得という研究プログラムを放棄し、時間と歴史に浸されていることを人間存在の根本条件として承認することにほかならない。それを一言で、理性の「歴史内属化」と特徴づけることもできるであろう。

こうしたローティの主張の背景にあるのは、『ポスト分析哲学』の編者によれば、アメリカにおけるネオ・プラグマティズムの潮流による論理実証主義への根本的批判であった[20]。具体的には、クワインによる「認識論的全体論」、グッドマンによる「存在論的多元主義」、セラーズによる「反基礎づけ主義」の提唱などがそれである。ローティはこれら先行者たちによる方向転換の試みをさらに一歩推し進め、「存在論において反実在論へ向かう動き、認識論において反基礎づけ主義へ向かう動き、哲学的探究の土俵としての心を放逐する動き」(21)をいっそう加速させる。それは当然にも、命題と事態とのあいだに仮定された「真理の対応説」を無効化し、いっさいの認識を支える「アルキメデスの支点」の存在を否定するとともに、哲学において「超越論的主観性」が占めてきた特権的地位を排棄することにつながるであろう。それは、認識論的転回以後の近代哲学が目標に掲げてきた「自然的秩序の正確な表象」(22)としての真理の獲得という認識論上の理想を放棄することでもある。そこから得られるのは、以下のような展望である。

もしプラグマティストが正しいならば、われわれは事物の自然的秩序を発見する義務を有してはいない。もし真理がそうした秩序の把握として定義されるならば、真理への愛は望ましいことではない。というのも、われわれは〈真理〉に対する義務を有しているわけではなく、ただわれわれ自身とわれわれの仲間である人間に対する義務を有しているだけだからである。(中略)プラグマティストないしはポストモダニストの観点からすれば、合理的であるという義務は、単に会話に開かれた態度をとり寛容であるという義務、すなわち他の人々の見解を考慮に入れるという義務であるにすぎない。(23)

ローティはこれを端的に「客観性」から「連帯」への方向転換として特徴づけている。連帯とは「強制によらない合意」[24]のことである。強制なき合意が実現されるためには、その信念が真であることを必要としない。科学が現代社会において尊敬を集めているのは、それが真理と一致しているからではなく、逆に「連帯」の模範的形態であるからなのである。

万人に妥当する無時間的・非歴史的な真理を「実在との対応」の中に求めるのではなく、時間に浸された歴史的状況の中で他者との会話を通じて「連帯」を求めること、こうした哲学的態度をローティは「解釈学」とも名づけている。ただし、それはディルタイ以降「精神科学の方法論」として位置づけられてきた解釈学ではない。ローティはガダマーの『真理と方法』に言及しながら、解釈学を絶対確実な知の共通基盤を見出そうとする認識論の目標の対極にあるものとして捉え、「解釈学とは、認識論の終焉によって空けられた文化的空白はこれからも満たされないであろうという希望を表明するもの」[25]であると述べている。認識論とは、いわば「通約可能性」を前提として異質の他者を強制的に「共通の基盤」へと服従させようとする企てにほかならない。しかも、その共通の基盤は、しばしばキリスト教を背景としたヨーロッパ中心主義の色彩を帯びてきたのである。それに対して解釈学は、むしろ「通約不可能性」を前提として異質の他者と出会い、異他的なるものをその異なりにおいて尊重し理解することを目指す営みと言うことができる。その意味で、解釈学はまさに「連帯」の方法論であるとともに「刺激的で実りある不一致への希望」[26]なのである。

このローティが提起した認識論から解釈学へという方向性は、明示的な言挙げがなされているかどうかは別として、「ポスト分析哲学」の潮流にほぼ共通して見られる志向と言ってよい。たとえばクーンは、「意識していようといまいと、科学史家はすべて解釈学的方法の実践者である」[27]と述べ、自らの創出したパラダイム概念を後に「特定時期の科学の解釈学的基底」[28]として捉え直している。また、クワインの「根底的翻訳」やデイヴィドソンの「根底的解釈」をめぐる議論は、異他的な他者の言語の理解可能性を主題に据えている点で、解釈学的問題領域に属するものと見なすことができる[29]。

ネオ・プラグマティズムが論理実証主義に対する根底的批判から出発したことを考えるならば、ポスト分析哲学が目指しているのは、理性の限界を「論理の限界」を超えて押し広げようとする試みにほかならない。それは他者を鏡に理性の多元的な潜在能力を顕在化させようとしていることにおいて、狭隘な「科学的理性」の専横に対して異他的なるものに開かれた「解釈学的理性」を対置しようとする企てである。ダメットは、前述のように、現象学と分析哲学との分裂を、源頭を同じくしながら別々の海へと注ぐライン川とドナウ川にたとえていた。しかし、現象学がハイデガーやガダマーを介して解釈学と合流し、分析哲学がクワインやローティを介してポスト分析哲学へと変貌しながら解釈学と接点を見出しているとすれば、今や二つの流れは歩みを異にしながらも解釈学という共通の海へと注ぎ始めているのである。

註

（1）I. Kant, *Kritik der reinen Vernuft*, S. V-VI. 訳文は坂部恵『カント』〈人類の知的遺産〉第四三巻、講談社、一九七九年、二〇二―二〇三頁による。
（2）M. Dummet, *Origins of Analytical Philosophy*, Harvard U. P., 1994, p.2.（野本和幸ほか訳『分析哲学の起源』勁草書房、一九九八年、二頁）
（3）*ibid.*, p.26.（同前、三二頁）

（4）J.-P. Sartre, *Situations philosophiques*, Gallimard, 1990, p.10.
（5）M. Dummet, *op. cit.*, p.4.（前掲訳書、五頁）
（6）G, Frege, *Kleine Schriften*, 2Aufl., Olms, 1990, S. 345.（藤村龍雄訳『フレーゲ哲学論集』岩波書店、一九八八年、一〇三頁）
（7）L. Wittgenstein, *Tractatus Logico-Philosophicus*, Routledge, 1971, p.2.（黒田亘編『ウィトゲンシュタイン』平凡社、一九七八年、四〇頁、以下、本書からの印象は節番号のみによって行なう。訳文も特に断らない限り、同訳書からのものであるが、文脈の都合から多少変更を加えた場合がある。）
（8）飯田隆『ウィトゲンシュタイン』講談社、一九九七年、一〇七頁。
（9）G. E. M. Anscombe, *An Introduction to Wittgenstein's Tractatus*, Philadelphia U.P., p.68. 伊藤邦武「ウィトゲンシュタインにおける言語の自律」井上庄七・小林道夫（編）『自然観の展開と形而上学』紀伊國屋書店、一九八八年所収、一三一頁。
（10）E. Stenius, *Wittgenstein's Tractatus*, Blackwell, 1960, p.214f.
（11）O. Neurath, *Wissenschaftliche Weltauffassung, Sozialismus und logischer Empirismus*, Suhrkamp, 1979, S.87,(「科学的世界把握——ウィーン学団」V・クラーフト、寺中平治訳『ウィーン学団』勁草書房、一九九〇年所収、二三一頁)
（12）*ibid*., S. 88.（同前、二三二頁）
（13）J. Rajchman & C. West (eds.), *Post-Analytic Philosophy*, Columbia U. P., 1985, p.IXff.
（14）W. V. Quine, *From a Logical Point of View*, Harper & Row, 1963, p.42.（飯田隆訳『論理的観点から』勁草書房、一九九二年、六三頁）
（15）*ibid*.,（同前）
（16）W. V. Quine, *The Way of Paradox and Other Essay*, Harvard U. P., 1976, p.76.
（17）T. S. Kuhn, *The Essential Tension*, Chicago U. P., 1977, p.322.（安孫子誠也・佐野正博訳『本質的緊張２』みすず書房、一九九二年、四一七頁）
（18）W. V. Quine, *From a Logical Point of View*, p.46.（前掲訳書、六八頁）
（19）R. Rorty, *Consequences of Pragmatism*, Minnesota U. P., 1982, p.82.（室井尚ほか訳『哲学の脱構築』御茶ノ水書房、一九八五年、二一五頁）
（20）J. Rajchman & C. West（eds.）, *op. cit.*, p.260ff.
（21）*ibid*., p.263.
（22）R. Rorty, *Truth, Politics and 'Post-Modernism*, Van Gorcum, 1997, p.13.
（23）*ibid*., p.30.
（24）R. Rorty, *Objectivity, Relativism, and Truth*, Cambridge U. P., 1991, p.38.

(25) R. Rorty, *Philosophy and the Mirror of Nature*, Princeton U. P., 1979, p.305.（野家啓一監訳『自然と哲学の鏡』産業図書、一九九三年、三六八頁）

(26) *ibid.*, p.318.（同前、三七〇頁）

(27) T. S. Kuhn, *op. cit.*, p.XIII.（前掲訳書『本質的緊張2』XI頁）

(28) T. S. Kuhn, "The Natural and the Human Science", in D. R. Hiley et al. (eds.), *The Interpretive Turn*, Cornell U. P., 1991, p.22.（佐々木力訳「解釈学的転回」、岩波講座〈現代思想〉第一〇巻『科学論』岩波書店、一九九四年所収、一〇五頁）

(29) この点については富田恭彦『クワインと現代アメリカ哲学』世界思想社、一九九四年、第四章に適切な指摘がある。

8 「分析哲学」私論——親和と違和のはざまで

エラスムスの精神の消極的な側面は、何によらず不合理な、香気のない、煩雑で、もっぱら形式的なものに対する心からの嫌悪と規定することができよう。

J・ホイジンガ『エラスムス』

1 居心地の悪さ

いささか個人的な体験から論を起こすことをお許しいただきたい。私はこれまで、自分の専門分野をしばしば「科学哲学」とは表記してきたが、いまだかつて「分析哲学」と書いたことは一度もない。科学哲学を名乗るのは、修了した大学院の専門課程が「科学史・科学基礎論（History and Philosophy of Science）」であったから、これは制度上やむを得ない。だが、振り返ってみても、私はいわゆる「分析哲学」らしい手法を駆使した論文を書いたことはほとんどない。それでも大森荘蔵（彼もかつてはれっきとした「分析哲学者」であった）の弟子ということからか、外からは「分析哲学系」と見られることが多く、事典の項目執筆依頼もときに「分析哲学」などが回ってくる（たとえば『事典哲学の木』講談社）。

恥ずかしながら、自分を分析哲学者と自覚するのは、そのようなときだけと言ってよい。つまり、私の中では分析哲学に対する親和感と違和感とが微妙に交錯しているので、分析哲学者と呼ばれることにアンビヴァレンス（両面感情）を感じてしまい、「分析哲学」というテーマで執筆を依頼されると、何やら看板を偽っているような、甚だ居心地の悪い思いをするのである。

2　分析哲学＝科学哲学？

私の学生時代（一九六〇年代末から七〇年代前半）には、わが国の哲学界は古典研究や哲学史研究を別にすれば、ほぼ実存哲学／マルクス主義哲学／分析哲学という三派鼎立の構図に色分けされており、しかも分析哲学＝科学哲学＝論理実証主義という三位一体の図式が暗黙の裡に成り立っていた（付け加えておけば、分析哲学はマルクス主義の陣営からは「ブルジョア哲学」と批判されていたのである）。

しかし、考えてみると、「科学哲学」は歴史哲学、社会哲学、言語哲学などと並列されるべき、哲学的考察の対象領域を表わす中立的な呼称にすぎない。他方で「分析哲学」はもともと言語分析、論理分析、概念分析などの方法を意味していたように、解釈学や構造主義などと並ぶ、哲学的考察の方法論を表わす呼称にほかならない。それゆえ、科学哲学＝分析哲学という等式が成り立つためには、両者を結ぶ媒介項があったはずである。それこそが、二〇世紀半ばに勃興した「論理実証主義」という、科学を基盤に伝統的哲学（形而上学）からの決別を宣言しようとした哲学運動であった。

たとえばウィーン学団の重鎮ハンス・ライヘンバッハは、『科学哲学の形成（*The Rise of Scientific Philosophy*）』（一九五一年）の冒頭で、ヘーゲルの「理性とは実体であり、また無限の力であり……」という『歴史哲学』の一節を引きながら、次にように述べている。

多くの読者は、この種の言語的産物に我慢ができず、それになんの意味も見いだせないことから、そんな書物は火の中へ投げ込んでしまいたいと思うだろう。このような感情的反応から論理的批判へ前進するためには、博物学者がカブト虫の珍しい標本を調べるときのような中立的観察者の態度で、いわゆる哲学的言語を研究することが必要となる。誤謬の分析は、言語の分析（analysis of language）に始まるのである。(1)

最後の一文を見れば明らかなように、これは分析哲学の立場からする思弁的哲学（Speculative Philosophy）への批判といって差し支えない。邦訳の標題からはわかりにくいが、原著のタイトルは「科学的哲学（Scientific Philosophy）」であって「科学哲学（Philosophy of Science）」ではない。つまり論理実証主義を標榜したウィーン学団は、哲学を最新の自然科学や論理学の成果を通じて「科学化」することにより、ドイツ観念論を中心とする伝統的な思弁的哲学を克服しようとしたのであった。その「科学的哲学」の方法的基盤こそ、フレーゲによって先鞭をつけられ、ラッセルとホワイトヘッドによって体系化された記号論理学であり、それに基づく論理分析の手法であった。

そうした「科学的哲学」の先鋭な論法を、われわれはライヘンバッハとともにウィーン学団のリーダーであったルドルフ・カルナップの論文「言語の論理的分析による形而上学の克服」（一九三二年）に見ることができる。ライヘンバッハがヘーゲルを引き合いに出したのに対し、カルナップが標的とするのはハイデガーの「形而上学とは何か」の一節である。彼はハイデガーの「無が無化する（The

Nothing nothings.)」のような文章を「形而上学的疑似言明」と呼び、それを次のように裁断する。

他方正しい言語では、〝nothing〟という単語は特定の名前ではなくて、そのような目的［否定的な存在言明を作る］を果たすのに使用される、文のある種の論理形式である。ところがこの文になると新しいもの、つまり〝to nothing（無化すること）〟という無意味な単語の偽造が付け加わっている。それゆえこの文は二重の理由から無意味なのである。(2)

これではハイデガーも形無しだが、それに続けてカルナップは「今指摘されたような論理分析の仕事、論理的基礎づけの探究こそ、形而上学に対比して〝科学的哲学〟ということで考えられているものである(3)」と定式化したうえで、ハイデガーのような「形而上学者は音楽の才能のない音楽家である(4)」と追い打ちをかけるのである。

少なくとも戦後の一時期、戦前日本の哲学界を領導してきた新カント派と西田哲学に代わって、こうした論理実証主義のラディカルな反形而上学的姿勢が、新鮮な驚きをもって迎えられたことは事実である。それゆえ、「科学哲学」と「科学的哲学」との区別も曖昧なまま、分析哲学＝科学哲学＝論理実証主義という三位一体の等式が出来上がってしまったとしても、やむをえぬ仕儀であろう。だが、論理実証主義は、伝統的な思弁的哲学を破砕したのみならず、返す刀でハイデガーに代表される現象学、解釈学、実存哲学などの潮流、いわゆる大陸哲学とも袂を分かったのである。

3　分析哲学 vs. 大陸哲学

通常「分析哲学」と対立の構図に置かれるのは「大陸哲学（Continental Philosophy）」であり、この場合の「大陸」とはヨーロッパ大陸を意味する。それゆえ、大陸哲学は地理的区分からすれば、ほぼ「独仏哲学」と重なる。それならば、地理的条件に着目して「英米哲学」と「独仏哲学」の対比と言ってもよさそうだが、ことはそう単純でもない。マイケル・ダメットの『分析哲学の起源』によれば、『英米系の（Anglo-American）』という言い回しは、たいへんな害悪をもたらす間違った名称[5]なのである。「英米系」と言うよりは「英墺系（Anglo-Austrian）」と呼んだ方がよほどましだと言いながら、ダメットはその理由を次のように説明する。

ラッセルやムーアがいかに重要であろうとも、二人とも分析哲学の唯一の、ないしある一つの源ですらなかったのである。（中略）分析哲学の源流は、おもにドイツ語で、あるいは、専らドイツ語だけで書いた哲学者たちの著作なのであった。このことは、もしあのナチズムという災厄がなかったならば、今なお誰の目にも明らかだったろう。この災厄が、多くのドイツ語を話す哲学者たちを大西洋の向こう側へと追いやったのである。[6]

先に引いたライヘンバッハやカルナップもまた、この災厄に遭って、大西洋の向こう側へ追いやられた亡命者であった。ダメットによれば、彼らに先立って言語や論理の分析に力を注いだボルツァーノ、フレーゲ、フッサールなどの哲学者こそ分析哲学の源流にほかならない。「だから分析哲学は、ヒトラーが権力を握る以前には、イギリスのというより中央ヨーロッパの現象と見なされるべきものであった[7]」というのが彼の歴史的省察からする結論である。そうした観点から見れば、分析哲学のルーツは現象学派の哲学と「同根（the same roots）」だと言わねばならない。つまり、分析哲学と大陸哲学との対立相克と見えるものは、歴史意識を欠いた錯覚にすぎないのである。

　ここでもう一度、私自身の個人的体験に戻らせていただく。私が物理学から哲学へと専攻を転じたとき、最初に取り組んだテーマはエルンスト・マッハの科学哲学であった。その転向に際してメフィストフェレスの役目を果たしてくれたのは、科学史家広重徹の著作『物理学史Ⅰ、Ⅱ』（培風館、一九六八年）と哲学者廣松渉の論考「マッハの哲学と相対性理論」（エルンスト・マッハ『認識の分析』廣松渉／加藤尚武編訳、法政大学出版会、一九七一年、所収）である。いずれもアインシュタインが特殊相対性理論を構想する際に果たしたマッハの役割（『力学の発達』におけるニュートン力学批判）を強調しており、とくに広重は当時の物理学界を支配していた「力学的自然観」の超克にマッハの最大の功績を見ていた。その意味で、私の「科学哲学」に対するイメージは、まさにマッハによって形作られたものと言ってよい。そしてマッハは、言語や論理に対する関心はほとんどなく、いかなる意味でも「分析哲学者」ではなかったのである。

　それゆえ「科学哲学」は、私の中では必ずしも「分析哲学」と結びつくものではなかった。私にとってはフッサールの『危機書』もハーバーマスの『認識と関心』も広義の科学哲学のなかに数えられるべき著作であり、その限りで私の念頭にあった「科学哲学」のイメージは、当初から分析哲学と大陸哲学の海峡を横断していたと言ってよい。そんな経緯もあって、分析哲学と大陸哲学の対立という構図は、私にはあまり意味のあるものとは思われなかった。要するに、私はマッハの哲学を本拠地として、分析哲学と大陸哲学のあいだを行きつ戻りつしていたのである。その結果として、修士論文のテーマは、ウィーン世紀末の文化状況を背景にしながら、マッハの感性的要素一元論を基盤にしてフッサール現象学とウィトゲンシュタインの後期哲学との対話を試みるという非分析哲学的なものになった。そしてその副題を、私は無謀にも「分析的現象学（analytic phenomenology）の試み」と名づけたのである。今となっては若気のいたりと言うほかないが、その頃は、後のダメットの言葉を借りれば「「英米系の」哲学と「大陸系の」哲学とのあいだに以前はぽっかりと口を開けていた愚かしい亀裂を閉じる寄与」[8]を試みるつもりでいた、と言えば言えようか。

先ほどマッハはいかなる意味でも「分析哲学者」ではなかった、と書いたが、ダメットのルーツ探しに加担すれば、マッハはウィーン大学が彼のために新たに設けた「帰納的科学の歴史と哲学」講座の教授であり、モラヴィア生まれのまさに「中央ヨーロッパ」の哲学者であった（考えてみれば、ウィトゲンシュタインはウィーン生まれの、フッサールはチェコ生まれの、いずれも中央ヨーロッパの哲学者であった）。しかも、同講座はのちにウィーン学団の領袖モーリッツ・シュリックに引き継がれ、ライヘンバッハとカルナップを中心とする論理実証主義運動は、マッハの哲学的業績の衣鉢を継ぐ「マッハ協会（Mach Verein）」から始まったのである。それゆえ、マッハ自身は分析哲学者ではなかったけれど、彼の経験批判論的哲学が、分析哲学の源流の最初の一滴であったことは間違いない。

他方で、分析哲学と現象学が「同根」であるというダメットの指摘にしたがえば、マッハはその現象学の成立にも深く関わっている。現象学の創始者エトムント・フッサールは、フライブルク大学退職直後に行なわれた「アムステルダム講演」（一九二八）において、マッハとヘーリングの名を挙げながら、彼らの現象学的方法を徹底化することによって「現象学」という新たな学問が生まれた、と語っ

ている。しかも「現象学」という呼称そのものが、マッハの「物理学的現象学」の提唱から取られたものなのである。(9)

ダメットは分析哲学と現象学の両流をライン川とドナウ川の川筋にたとえたことがある。つまり、互いにすぐ近くに源を発し、しばらくは並行して流れていたものの、ついにはまったく異なる方向へ分かれ、前者は北海に後者は黒海に注ぐ、というわけである。だが、この描像にマッハを加えるならば、両流の分水嶺はむしろマッハ哲学にこそあったということができる。つまり、マッハの「要素一元論」はウィーン学団に受け継がれ、「言語論的転回」を経ることによって分析哲学へと転生し、他方で彼の「物理学的現象学」の構想はフッサールを触発し、彼による「超越論的転回」を経ることによって超越論的現象学を生み出すのである。このように考えるならば、分析哲学と大陸哲学（現象学）はともに「中央ヨーロッパの現象」であり、いわばマッハ哲学の懐から生れ出た二卵性双生児にほかならない。両者の架橋が単なる夢想ではなく、歴史的・哲学的根拠をもつゆえんである。

4　ポスト分析哲学

三たび個人的体験に言及させていただくならば、私が分析哲学について本格的に学ぶ機会を得たのは、一九七九年から八〇年にかけて、プリンストン大学のリチャード・ローティ教授のもとに留学した折のことである。当時のプリンストン大学は、ローティのほかに、S・クリプキ、D・ルイス、T・ネーゲル、G・ハーマン、など第一線で活躍中のスタッフをそろえ、UCLAと並ぶ分析哲学の牙城であった。当時の議論の中心は、クリプキとルイスによる様相論理を基盤とした「可能世界意味論」

であり、そこに大陸哲学の関与する余地はほとんどなかった。私が分析哲学だけでなく大陸哲学にも関心をもっていることを知った友人は「アメリカでハイデガーなどを引用するとジョークと思われるよ」と忠告してくれたものである。

そんな雰囲気の中で、私のアドバイザーであったリチャード・ローティだけは異彩を放っていた。彼は平気でハイデガーやデリダに言及する論文を発表していたし、学部の演習のテキストにはフーコーの『言葉と物（*The Order of Things*）』を指定していたのである。だが、ローティはもともと分析哲学のアンソロジー『言語論的転回（*The Linguistic Turn*）』（一九六七年）の編者として広く知られており、心の哲学では「消去的唯物論」を唱えるなど、哲学的キャリアにおいてはれっきとした分析哲学者であった。このアンソロジーの「序文」で、彼は次のように述べている。

本書の目的は、ごく最近の哲学上の革命、すなわち言語論的哲学（linguistic philosophy）という革命について省察するための資料を提供することである。私は「言語論的哲学」ということで、哲学的問題とは、言語を改革することによって、あるいはわれわれが現在使っている言語をよりよく理解することによって、解決（もしくは解消）される問題だと考える見解を意味することにする。(10)

これはほとんど「分析哲学」の定義といってもよい一文である。つまり、分析哲学とは「言語論的転回」によって成立した言語論的哲学にほかならない、ということであろう。ところが彼はこの「序文」の終わり近くで、ちゃぶ台返しのような議論を展開する。

最近三〇年の間に哲学に起こった最も重要なことは、言語論的転回そのものではなく、むしろプラトンとアリストテレス以来哲学者たちを悩ましてきた例の認識論的諸困難についての徹底的な考え直しが始まったことだ、と私は論じたい(11)。

そしてローティはその帰結として「とりわけ、「科学」と「哲学」との間の対比は(中略)人工的で的外れなものと見えることになるかもしれない(12)」とさりげなく付け加えているのである。慧眼な読者ならば、これはやがて彼が『哲学と自然の鏡』で全面的に展開する認識論的哲学に対する宣戦布告であったことに気づかれるであろう。

私がローティのもとで学び始めた一九七九年は、まさにこの挑戦的かつ記念碑的著作が刊行された年であった。当時彼はアメリカ哲学会東海岸部会の会長を務めており、年末にニューヨークのシェラトン・ホテルで開かれた年次大会において、彼は「プラグマティズム・相対主義・非合理主義」と題する会長講演を行ったのである。この講演こそ、分析哲学の「プラグマティズム的転回」を告げる狼煙であり、やがて「ポスト分析哲学」への道が切り拓かれる第一歩であった。

私がプリンストン大学に滞在していた一年間、ローティ教授は超多忙の身にもかかわらず、二週間に一度ずつ個人的なチューターの時間をとってくださった。彼がこれまで書いた論文の抜き刷り一束を渡され、私がそこから関心のあるものを読んで行ってディスカッションをするというやり方である(13)。その指導過程は、科学的認識の現象学的基礎づけという私が抱いていた問題意識が粉微塵になり、同時に分析哲学に対する先入見をも打ち砕かれた一年間であった。私はいつのまにか体系的哲学を目指す基礎づけ主義者から「反基礎づけ主義者」へと転向していたのである。

それからほどなく、ローティは論文集『プラグマティズムの帰結』（一九八二年）を刊行した。そこには先の会長講演が収録されるとともに、後に邦訳に寄せられた「日本語版によせて」においては、「わたしがこの本によって示したいのは、アメリカのプラグマティックな伝統が、いわゆる「分析的」哲学のほとんどを特徴づける科学主義および形式主義と、より「文学的」で「思弁的」な哲学とのあいだの、率直な仲介者となりうるということである(14)」という文言が見える。つまり、彼のプラグマティズムが目指しているのは、分析哲学と大陸哲学との架橋だということであろう。

さらに、そこに収められた論文「今日のアメリカ哲学」においては、「思弁的哲学」から「科学的哲学」への転換を企図したライヘンバッハの主張に触れて、その区別が現在ではほとんど意味をなさなくなったことを以下のように指摘している。

このことは「哲学はいまや思弁的というよりも科学的なものとなった」という主張が、現代の分析哲学においてはライヘンバッハと全くちがった意味でとらえられているということを意味している。「科学的」とは現在では何かしら「論証的」というような意味である。古い意味と新しい意味とのちがいは、もはや、一連の共通の問題の議論の場面における、未熟な前科学的なものと成熟した科学的なものとのちがいではなく、「科学的」スタイルと「文学的」スタイルとの間のスタイルのちがいなのである。前者のスタイルは、前提が憶測ではなく明確に述べられ、術語がほのめかしではなく定義によって導入されることを要求している。それに対して後者のスタイルは、論証を含んでいるかもしれないが、そのことが本質的なことではない。大事なことは新しい物語を語り（telling a new story）、新しい言語ゲームを示唆し、新しい知的生活の形態を期待することなのだ。[15]

要するに、分析哲学（科学的哲学）と大陸哲学（思弁的哲学）とのあいだの差異は、主題や方法の違いではなく、スタイル（文体）の違いにすぎない、ということである。こうしてプラグマティズムを仲介者とすることによって、分析哲学と大陸哲学とのあいだに「口を開けていた愚かしい亀裂（ダメット）」は、次第に埋められることになる。言い換えれば、両者を隔てているのは「種類の差（difference in kind）」ではなく「程度の差（difference in degree）」にすぎないのである。

そうした動向は、近年では「ポスト分析哲学」と呼ばれており、すでに『ポスト分析哲学』というタイトルをもつアンソロジーも刊行されている。[16]その巻頭に収録されている基調論文がローティの「連帯か客観性か？」ならびにヒラリー・パトナムの「経験主義以後」であることを見れば、ポスト分析哲学なるものの内実が、ほぼ分析哲学の「プラグマティズム化」と重なり合うことがわかるであろう。実際、「分析的思想と大陸的思想の現代的婚約」と副題された『哲学のプラグマティズム的転回』の編者たちは、その序文で「おそらく本論文集の根本的な重要性は、以下の点を明らかにしたことに存する。すなわち、プラグマティズム的思考がもたらす最新の配当に照らせば、分析的思想と大陸的思想のあいだの神話的区分が、共通の問題について共通の用語で作業を進めたいという大陸横断的な希求によって急速に取って代わられつつある、ということである[17]」とまとめている。現代の分析哲学は、一方では縷々述べてきた「プラグマティズム的転回」によるポスト分析哲学の方向へと、他方では本章では触れられなかったが、論理実証主義によって廃棄された「形而上学」の時ならぬ復権の方向へと向かっている。[18]だが、いずれの方向へ進むにせよ、そこでは分析哲学と大陸哲学といった二項対立は、もはやいかなる意味をももってはいないのである。

5　私にとっての分析哲学

これまで私の貧しい研究歴に即しながら、私史的回想を交えつつ分析哲学の展開についてたどってきたが、このあたりで私自身の分析哲学に対するスタンスを明らかにしておくべきであろう。冒頭で述べたように、私の中では分析哲学に対する親和感と違和感とがアンビヴァレンス（両面感情）として交錯している。

まず親和感の方から言えば、私の分析哲学体験は、大学院の演習で大森荘蔵の指導のもとウィトゲンシュタインの『青色本』を読んだことに始まる。私は、それまで読んできたポパーやカルナップなどの科学哲学とはまったく異なるその新鮮なスタイルに魅せられたのである（もっとも、その魅力の半分以上は、大森の講義スタイルにあったのかもしれない）。ただし、私が惹きつけられたのは、ウィトゲンシュタインでも前期の『論理哲学論考』ではなく、後期の『哲学探究』であった。もっとも、後期ウィトゲンシュタインが「分析哲学者」あったかどうかは今だに議論が続いている問題であるから、私は論理分析という正門からではなく、裏門から分析哲学に入門したのかもしれない。

ただ、私が分析哲学に親和性を感じたのは、秘教性や党派性を排し、明確な問題設定に基づいて、あくまでも事柄に即して議論ができるその開かれた性格に対してであった。それに対して、フッサールやハイデガーの大陸哲学は、まず彼らの特異なジャーゴンに習熟することが先決であり、哲学を研究するとは、彼らのテキストの訓詁《くんこ》注釈に沈潜することに見えたのである。それゆえ、「事象そのものへ！」というスローガンは現象学のものであるよりは、分析哲学のものと思われたとしても無理はない。

他方の違和感の方に話を移そう。一言でいえば、それは「いわゆる「分析的」哲学のほとんどを特徴づける科学主義および形式主義」というローティの指摘に尽きている。もともと分析的方法とは、存在論や認識論のコミットメントとは一線を画した問題解明の方法論のはずである。ところが、分析哲学の主流は科学主義や自然主義への傾斜が著しく、科学的実在論や科学的唯物論でなければ分析哲学者ではないといわんばかりの党派的雰囲気が陰に陽に漂っており、それに私は違和感を覚え、我慢がならなかったのである。また、最新の論理学の技法を駆使して哲学的問題をあたかも「解決（ないしは解消）」したかような口ぶりは、私にはフッサールやハイデガーのジャーゴンを振り回す大陸哲学者と大差ないメンタリティのように見えた。それゆえ、分析哲学を学び始めた頃、私が最も共感したのは、『哲学的分析』の著者市井三郎による以下のような見解であった。

> しかしわたしはそのような「分析哲学」派に、なんらかの党派的共鳴を感じているものではない。ある意味で党派的コミットメントといったものは、「分析哲学」ほんらいの精神に反するだろう、とさえ推測する。（中略）それだけに、今なお「分析哲学」の内部には、さまざまな強調点の対立や見解の相違が少なからずある。その種の「多様性」を自覚的に認め、その「多様性」のぶつかりあいの中で発展への実りが可能であることを信じる、という基本的指向に関するかぎり、わたしはその派に強い共鳴を覚える。(19)

さらに市井は分析哲学内部の多元的交流を可能にする前提条件として「お互いの主張が何であるかを可及的明晰にするという目的に向けて、自他ともの言語使用に多大の注意を払う[20]」という態度を挙げている。これも異論のないところであろう。ただし、「意味の明晰化」＝「意味分析」がすべてであるといった分析哲学の哲学観には、市井は強く反対する。それというのも、明晰と不明晰とのあいだに境界線を引く一般原理は存在しないというグッドマンの言を引きながら、市井は分析的方法の適用にあたっては、「どのような問題意識との相関で「意味分析」の方向を新たに定めるか、というそれ自体「意味分析」をはみ出る局面にぶつからざるをえない[21]」と指摘するのである。

これもまた、私には腑に落ちることであった。いかに鋭利な分析的方法を手にしたとしても、問題意識の欠如したところでそうした段平《だんぴら》を振り回されても、はた迷惑なだけだからである。その当時の私の問題意識は、フッサールが『危機書』で展開したガリレオ批判（近代科学批判）と廣松渉の『世界の共同主観的存在構造』を支える近代合理主義批判を分析哲学的方法によって展開したい、というものであった。それが先に触れた修士論文の副題「分析的現象学の試み」にほかならない。そうした私の折衷的立場を口さがない友人たちは名字をもじって「ぬえ的」と評したが、その異名を私は別に嫌いではなかった。

分析哲学に対する私のアンビヴァレントな感情、すなわち親和感と違和感とは、一言でいえば、分析哲学における「ロジックの過剰」と「レトリックの欠如」とまとめることができるかもしれない。ロジック的思考とレトリック的思考の対比を、三木清は以下のように特徴づけている。

> レトリック的思考は主体的に規定された思考であり、その根底にはパトスがある。それとの区別

において、ロジック的思考は対象的に限定された思考と見られることができる。後者の内容が一般的なものであるとすれば、前者は個別的なものに関わるといわれるであろう。論理学的思考は真理性 Wahrheit に関わるに対して、レトリック的思考が関わるのはむしろ真実性 Wahrhaftigkeit である。これは客観的論理的に見ると蓋然的な価値のものでしかないであろうが、論理的なものよりも更に深い意味において真理であるということができる。(22)

これを受けて三木は、さらに「レトリック的思考の根柢にはつねに人と人との関係がある。それは論理的であるよりも倫理的である」(23)。あるいは「レトリック的思考は人間学的思考であるということができるであろう」(24)と敷衍している。この三木の指摘を真摯に受けとめて思い返すならば、私が分析哲学において目指していたのは、「ロジック的思考」と「レトリック的思考」のゆるやかな統合であったと自己解釈することができる。その行き着いた先が、私の場合には歴史や科学の「物語り論(narratology)」だったのである。おそらくそこには、ローティの「プラグマティズム的転回」や大森荘蔵の「過去制作論」の影が色濃く射していることであろう。だが、それも私にとっては分析哲学の「多様性」のスペクトラムにほかならなかった。どうやら私の現在地点にまで何とかたどりついたようだが、その余のことはまた別の話(アナザーストーリー)である。

註

(1) Hans Reichenbach, *The Rise of Scientific Philosophy*, University of California Press, 1973［1951］, p.3.（市井三郎訳『科学哲学の形成』みすず書房、一九五四年、一頁）
(2) Rudolf Carnap, "Elimination of Metaphysics through Logical Analysis of Language," in A. J. Ayer (ed.), *Logical Positivism*, The Free Press, 1966［1959］, pp.70-71.（永井成男・内田種臣訳編『カルナップ哲学論集』紀伊国屋書店、一九七七年、一一—一三頁）
(3) *ibid.*, p.77. 傍点原文（同前、一九頁）
(4) *ibid.*, p.80. 傍点原文（同前、三一頁）
(5) Michael Dummett, *Origins of Analytical Philosophy*, Harvard University Press, 1994, p.ix.（野本和幸ほか訳『分析哲学の起源』勁草書房、一九九八年、v頁）
(6) *ibid.*,（同前、vi頁）
(7) *ibid.*, p.2.（同前、二頁）
(8) *ibid.*, p.xi.（同前、vii頁）
(9) その間の事情については、本書第4章を参看されたい。
(10) Richard Rorty (ed.), *The Linguistic Turn*, The University of Chicago Press, 1975［1967］, p.3.
(11) *ibid.*, p.39.
(12) *ibid.*
(13) その時にローティ教授から渡された抜刷り一束は、現在ではその大半が以下の論文集に収録されている。S. Leach and J. Tartaglia (eds.), Richard Rorty, *Mind, Language and Metaphilosophy*, Cambridge University Press, 2014.
(14) Richard Rorty, *Consequences of Pragmatism*, University of Minnesota Press, 1982（室井尚ほか訳『プラグマティズムの帰結』ちくま学芸文庫、二〇一四年、一四頁）
(15) *ibid.*, p.220.（同前、五七〇頁）
(16) Cf. John Rajchman and Cornell West (eds.), *Post-Analytic Philosophy*, Columbia University Press, 1985.
(17) William Egginton and Mike Sandbothe (eds.), *The Pragmatic Turn in Philosophy: Contemporary Engagements between Analytic and Continent Thought*, SUNY Press, 2004, p.2.
(18) 本章で触れることのできなかったこの論点に関しては、拙稿「形而上学の排除から復権まで——哲学と数学・論理学の六〇年」、『科学基礎論研究』第四三巻第一・二号、二〇一六年および拙稿「形而上学の復権あるいは分析的形而上学の可能性」、『思想』九六六号、二〇〇四年一〇月号、を参照されたい。
(19) 市井三郎『哲学的分析』岩波書店、一九六三年、一—二頁、傍点原文。

(20) 同前、三頁、傍点原文。
(21) 同前、五頁。
(22) 三木清「レトリックの精神」、『哲学ノート』中公文庫、二〇一〇年所収、一三六頁。
(23) 同前、一三八頁。
(24) 同前、一三九頁。

IV

科学と社会のはざま

科学技術社会論

9 「情報内存在」としての人間——知識と情報のはざまで

われらが知識（knowledge）のうちに失ってしまった智慧（wisdom）はどこか？
われらが見聞(information)のうちに失ってしまった知識(knowledge)はどこか？

T・S・エリオット『岩のコーラス』(田村隆一訳)

1 情報の「意味」と「価値」

「情報」という言葉

「情報」という日本語がもともと諜報活動を意味する軍事用語に由来することはよく知られているが、「情報」という言葉そのものは、森鷗外がドイツ留学中、クラウゼヴィッツの『戦争論』（一九一六—三〇年）を翻訳した際に用いて一般化したものらしい(1)。鷗外訳の『大戦学理』第一巻第六章は「戦の情報」と題されており、その冒頭の一文は「情報とは、敵と敵国とに関する我智識の全体を謂ふ。是れ我諸想定及び諸作業の根底なり」（mit den Worte Nachrichten bezeichnen wir die ganze Kebbtnis, welche man von dem Feinde und seinem Lande hat, also die Grundlage aller eigenen Ideen und Handlungen.）というものである。[2] 原文と対照すれば明らかなように、「情報」は“Information”ではなく“Nachrichten”、すなわち「ニュース」や「知らせ」に当たる言葉の訳語にほかならない。その当時、“Information”の語はいまだドイツ語の中に定着していなかったものと思われる（グリムのドイツ語辞典には、この語は採録されていない）。ちなみに、英訳では“Nachrichten”には“intelligence”の語が、他方で“Kenntnis”に“information”の語が当てられている。[3]

わが国で「情報」という言葉が英語の“Information”の訳語として定着したのがいつ頃のことであるかは詳らかにしないが、「情報理論」が通信工学の分野に導入されて以降とすれば、おそらく戦後になってからのことであろう。事実、数理科学的な情報概念が確立されたのは、さほど古いことではなく、『オックスフォード英語辞典』はその起源を一九二五年に発表されたイギリスの統計学者R・A・フィッシャーの論文に求めている。続いてベル研究所のR・V・ハートリーは一九二八年に発表した論文「情報の伝送」において、「可能な記号列の数の対数を情報の実際的な測度と理解する」[4]という形で情報の測度を定義した。この測度によって与えられる量が「情報（information）」と呼ばれるものであり、これによって情報の純粋に数量的な取り扱いが可能になったのである。

さらにC・E・シャノンはこのハートリーの情報概念を古典的論文「コミュニケーションの数学的理論」（一九四八年）においていっそう精緻化し、今日の情報理論の基礎を築いた。すなわち、彼は確率Pで生起する事象の情報量を$-\log_2 P$で定義し、これを熱力学とのアナロジーで「エントロピー」と名づけたのである。熱力学のエントロピーが「無秩序の度合い」を表わすのに対し、情報量としてのエントロピーは、マイナス符号が付くことによって「秩序の度合い」を表現し、これは「ネゲントロピー」とも呼ばれる。この定義によれば、二分の一の確率で生起する事象に関する情報量が「一ビット」である。したがって、競馬の「大穴」のように実現される確率のきわめて低い事象に関する情報はビット数が高く、大きな情報量をもつといわれる。つまり、情報を得ることは、可能性が限定され、選択肢の幅が狭められることであり、不確実性の度合いが減少することを意味する。認識における無秩序と秩序という観点からすれば、それは「無知の減少」にほかならず、したがって情報は天気予報に見られるように、選択に直面した受け手にとって大きな意味と価値をもつ。

しかしながら、シャノンによって定式化された数理科学的な情報概念は、情報の送り手や受け手、その意味や価値などの定性的側面を捨象し、もっぱら数理的解析が可能な定量的側面に定位したものであった。つまり、情報理論は情報の内容やその解釈を度外視して、情報が伝達される経路の効率性を論ずるものであり、情報の発信源や受信機構は人間でなく、機械であってもいっこうにかまわない。こうした情報概念の中立性と抽象性は、分子生物学における「遺伝情報」やコンピュータによる「情報処理」をはじめ、情報理論が各分野に著しく応用範囲を広げる基盤となった。だが、その反面、純化された情報概念が、そこから人間的意味を削ぎ落としてしまったことも否めない。以下では、情報を人間学的観点から再構成するとともに、人間存在のあり方を情報の側面から照らし出すことを試みたい。

「作用力」としての情報

もし情報が数理科学によって定量的に解明し尽くされるのであれば、そこに哲学の出る幕はないはずであろう。だが、情報は定量的側面とともに、定性的側面をもっている。つまり、情報は単なる物理的符号であるにとどまらず、何らかの「意味」と「価値」を担っているのである。哲学が情報概念の解明に関わりうるとすれば、それはこの後者の側面をおいてほかにない。

先に引いた鷗外訳『大戦学理』の一節に「是れ我諸想定及び諸作業の根底なり」とあったように、そこでは情報がわれわれの行なう「想定（思考）」と「作業（行動）」の基盤として、つまり特定の状況（この場合は戦争）において実効的な「意味」と「価値」をもつものとして捉えられていた。言い換えれば、選択肢を限定することによって受け手の思考や行動に明確な指示を与える働きが情報のもつ意味や価値にほかならない。このような観点から情報を考えようとするとき、以下のような清水博の発言は、一つの重要な示唆を与えてくれる。

> 私は情報というのは、本来は生物に固有なものだと考えています。生命体が内的および外的世界に対してどういうふうに働くか、その働き方、つまりファンクションのありかたを規定しているものが情報だと思うのです。（中略）念仏は馬にとって耳に入ってくる信号ではあるが、おそらく何の働きかけもないものです。単なるノイズですね。受け手側に対して働きかけがあるかどうかで、信号のままで終るのか、情報になるのかが変わってきます。情報という言葉と信号という言葉は、この点で一線を画しています。情報を働きかけの有無とからんで定義できるものだとすると、それは結局、そのシステムにとっての意味と価値の有無に関係するものとなります。情報の世界というのは、本来、意味と価値を含むものです。つまり、意味と価値を含むものが生物にとっての情報なのです。[5]

ここでは情報は、受け手（生命体、システム）に対する働きかけの有無という視点から捉え直されている。その働きかけは、受け手の内部あるいは外部に何らかの変化を引き起こすであろう。受け手が人間であれば、それは思考や行動の変化として現われる。この清水の発言を受けて、村上陽一郎は情報を「単なる定量的な抽象概念ではなく、物質としてのふるまいに対して統制的に働く作用力[6]」として考えることを提案し、さらに別の箇所では「情報は受け手に知識を与える、あるいは受け手の無知を減らす、というだけではなく、その結果として、受け手に何らかの影響を与え、何らかの判断を可能にすると同時に、最終的には何らかの行動を生じさせる、という働きを持つ[7]」と述べている。

受け手に働きかけて影響を及ぼし、それに判断や行勤を生じさせるという意味で「作用力」とはまさに適切な表現であろう。その場合、受け手は細胞でも生物個体でも、あるいはコンピュータでも人間であってもかまわない。吉田民人は最広義の情報概念を「物質－ネルギーの時間的・空間的・定性的・定量的なパタン[8]」と定義しているが、そのパタンこそが物質－エネルギーのシステムに働きかけて、物質代謝やエネルギー代謝をうながす作用力をもつのである。もちろん、高等動物になれば、その作用力は物質－エネルギーの代謝のみならず、受け手の感情、思考、行動などすべてに変化をもたらすであろう。いずれにせよ、情報の意味と価値は、その作用力に基礎を置いているといってよい。

ただし、情報の作用力は物理的因果作用のように同一原因が同一結果を引き起こすわけではない。シマウマの群れに関する同じ視覚情報が与えられても、空腹のライオンなら直ちに行動を起こすだろうが、満腹のライオンは黙って見過ごすだけであろう。情報の作用力とそれによってもたらされるシステムの変化とのあいだにあるのは、一対一の一義的関係ではなく、むしろ一対多の多義的関係である。また、その作用力は直ちに発現すると限らない。とりわけ受け手が人間の場合には、情報の作用力は刺激と反応のように直結的なものではなく、そこにはタイム・ラグが存在する。たとえば、ホテルの避難経路に関する情報が作用力を発揮するのは、次に火事や地震が起こったときのみであろう。そのような場合、情報の作用力は直接に受け手の行動を引き起こすのではなく、行動に対するディスポジション（傾向性）を形成するのである。

さらに、情報の作用力は受け手の状態によっても大きく左右される。あるいは、情報はそれ自体で意味や価値を担っているのではなく、その意味や価値は受け手との相互関係の中で生み出される、と言ってもよい。「馬の耳に念仏」の諺に見られるように、念仏が情報としての意味と価値をもつのは、おそらく人間（とりわけ仏教徒）に対してだけであろう。また、入試情報が価値をもつのは受験生やその関係者にとってであり、競馬の情報紙は賭け事をしない人にとっては紙くず同然の代物にすぎまい。したがって、情報の作用力は、物質とエネルギーを支配する物理的な力が対象を選ばないのとは異なり、働きかける対象の特異性に著しく依存的なのである。

その際、情報と受け手との相互関係において重要な役割を演ずるのは、何らかの「目的」の存在である。入試では合格が、戦争やゲームでは勝利が目指されているように、情報に意味や価値が生じるのは、この目的との相関においてにほかならない。受け手が目的志向的なシステムである場合にのみ、情報は意味や価値をもち、その作用力を発揮しうるのである。逆に言えば、システムにとって目的適合的でない情報は、情報ではなく単なる信号や雑音にとどまる。これは、情報の役割が可能性を限定し、選択肢の幅を狭めることにあるとすれば、ごく当然のことと考えられる。何の目的も持たないシステムにとっては、もとより選択に際して不確実さを減少させる必要は生じないからである。

むろん、これは情報概念のなかにある種の「目的論」を導入しようとする意図に発するものではない。「目的」という言葉が大仰ならば、それを「目標」と言い換えてもよい。要するに、情報の意味や価値は、それ自体で存立するものではなく、一定の目的連関のなかで生ずる、と言いたいのである。その目的（目標）は生体の生命維持や自己保存から、科学者による真理の探究にいたるまで多種多様でありうる。また、同じシステムであっても、それが置かれた状況に応じて、その目的（目標）は千差万別でありえよう。したがって、目的（目標）が設定されるのはそのつどの「局所的コンテクスト」においてであり、目的論が含意するような包括的な自然や宇宙においてではない。情報が作用力を発揮しうるのは、目的志向性をもったこの局所的コンテクストにおいてなのである。先に清水が「私は情報というのは、本来は生物に固有なものだと考えています」と述べていたのも、おそらくはこの目的志向性との連関を示唆していたものと思われる。

情報が「物質‐エネルギーのパタン」であることは当然としても、それをシステム（受け手）への働きかけ（作用力）の有無という観点から捉えた場合、われわれはこれまで無視されてきた受け手のあり方を考察の中に含めざるをえない。記号論の分野では、統語論（syntax）と意味論（semantics）に対して、記号が使用者あるいは解釈者（受け手）に対してもつ関係の研究を「語用論（pragmatics）」と呼ぶ。それからすれば、シャノン流の情報科学がこれまで展開してきたのは「情報の統語論」と「情報の意味論」の分野だということができる。そして、いまだ手つかずの「情報の語用論」こそ、哲学が関わらねばならない領域なのである。

知識と情報

「情報の語用論」の出発点は、先の清水と村上の指摘に見られたように、情報を受け手に働きかける作用力と見なすことである。むろん、物理的作用力でない以上、その作用力は受け手の置かれたコンテクストに依存する。超音波はコウモリにとっては作用力をもった有意味な情報であろうが、馬にとっての念仏と同様に、人間にとっては作用力をもたない無意味な信号にすぎない。しかし、いずれにせよ、情報の作用力は受け手にとっての「不確実さの縮減」という形で働く。この点で、情報の語用論はその統語論と意味論を基礎に置いているのであり、それらと無関係ではありえない。この「不確実さの縮減」を認知的側面から見れば、受け手における「無知の減少」ということになろう。その意味で、情報と知識とはもちろん異なるものでありながら、互いに類縁関係に立っている。この両者の関係について、わが国の情報科学の草分けともいうべき高橋秀俊は、三〇年ほど前に一つの示唆的な提言を行っている。

さて、そこで、情報とは一体何かという問いに、一言で答えるならば、それは「知る」ということの実体化である。つまり、われわれが、あるものについて「知る」ということは、何かしらを得たこと、何かを頭の中に取り込んだことである。その「何かしら」をわれわれは「情報」と呼ぶのである。（中略）そのようにして定義された情報の中には、科学的な知識のように万古不易な真理としての知識も含まれるが、「いまは何時何分か」というような、本当にその瞬間しか意味をもたないような知識もまた情報である。「知識」という言葉も「情報」とかなり近い内容をもっているが、知識と言う場合には、普通は、言葉で表現できるような形でわれわれの脳に刻み込まれて、それを意識的に呼び起こして使うことのできるようなものに限られるのに対して、情報という場合には、眼や耳から入るすべてのものを含むはるかに広い概念と考えられている。(9)

ここで高橋が述べているように、情報は「知る」ことと密接不可分の関係にある。情報の働きが「無知の減少」に求められるゆえんである。他方で、情報の外延は知識のそれよりもはるかに広い。知識が言語的に命題化（文による表現）されているのに対し、情報は五感による感覚情報などをも含むことから、必ずしも命題の形で表現されることを要しない。また、情報は「万古不易の真理」であることはおろか、暫定的に「真」であることも必要としない。「偽なる情報」や「間違った情報」はいくらでもありうるからである。それに対して、「偽なる知識（false knowledge）」という表現は、日本語ではあまり違和感を覚えないものの、少なくとも西欧語においては明白な形容矛盾と考えられている。プラトン以来の伝統的な知識の定義は「正当化された真なる信念（justified true belief）」というものであり、「真」であることは知識の構成要件のひとつと考えられているからである（ここでは「ゲティアーの反例」のような逸脱事例は考慮の外に置く）。

「知識（knowledge）」と「信念（belief）」とを対比してみた場合、先の知識の定義から明らかなように、信念には真であることも正当化されていることも求められてはいない。その点で、信念は知識よりもはるかに広い外延をもっている。ただし、ここで「信念」とは、われわれが通常「〜と思う（I believe that 〜）」ないしは「〜と考える（I think that 〜）」と言う際に、われわれが思ったり考えたりすることの内容的側面を指しており、そこには「信ずるに値するもの」といった価値的色彩はいっさい含まれていない。[10] ここで、信念を情報概念と関わらせるために、信念を拡張して命題的に表現されたものには限らないこととする。つまり、身体図式、運動能力、習慣、技能（スキル）など、行動の基盤となる「暗黙知」や「アフォーダンス」をも広義の信念の中に含めるのである。[11] そして、これらが複雑にからみあって形作るネットワークを「信念体系（belief system）」と呼ぶことにしたい。いわば、クワインの言う「信念の蜘蛛の巣（web of belief）」の拡大版であるが、彼は信念のあり方を「ディスポジション（傾向性）」という概念に訴えて次のように説明している。

しかしながら、信念が不安定であることが明白だとしても、信ずることはそれ自体一つの活動ではない。（中略）むしろ、信ずることは潜在的に気づかれずに残り続けるディスポジションである。それは、適切な問題が生じたときに、一定の仕方で反応するディスポジションにほかならない。ハンニバルがアルプスを越えたと信ずることは、とりわけ、問われたときに「イエス」と答える傾向性をもつことである。冷凍食品がテーブルの上で融けると信ずることは、とりわけ、冷凍食品を融かしたいときにのみそれをテーブルの上に置くという傾向性をもつことである。(12)

ディスポジションとは、通常は顕在化しないが、特定の条件が与えられると発現するような潜在的性質や能力を意味する。たとえば、砂糖の可溶性やピアニストの演奏能力のようなものである。クワインは信念を上記のようにディスポジションとして捉える。当然ながら、信念体系はその一部として「ハンニバルはアルプスを越えた」のような正当化された真なる信念、すなわち知識を含んでいる。しかし、信念は単なる「心的状態」と同一視されてはならないし、また命題化されている必要もない。ピアニストの演奏能力は知識でないのはもちろん、心的状態でもなく、むしろ身体技法のディスポジションというべきものであろう。また、バナナを棒でたたき落とすチンパンジーは、命題化された信念をもっているとは思えないが、彼／彼女に道具の使用に関する一定の信念を帰属させることは可能なはずである。

それゆえ、「信念」という言葉の原義からはいささかはずれるが、その中に身体使用のレパートリーとして沈殿し、ディスポジションを形成している非言語的信念をも含めて考えることは、さほど無理なことではないであろう。それによって、行動の基盤としての信念という概念に実質的意味を与えることができるからである。逆に、信念を知識の基盤としてのみ考えることは、信念のもつ実践的機能を捉え損なっており、主知主義的偏向とのそしりを免れない。したがって、われわれの言う「信念体系」とは、身体的次元をも含んだ、行動のためのディスポジション（傾向性）の体系のことである。

2　情報の語用論

情報と信念体系

信念体系を以上のように規定するならば、われわれは情報の作用力を考える上で、一つの手がかりを得たことになる。言い換えれば、情報概念の考察を認知的場面から実践的場面へと転換することによって、われわれは「情報の語用論」への道筋を展望することができるのである。その展望をより確かなものとするために、ここではプラグマティズムの創始者C・S・パースの「探究」の方法論にも一つの手がかりを求めよう。それは「信念」という概念の実践的意味を明らかにすることに資するからである。

パースは「信念のかため方」（一八七七年）の第三節おいて、疑念（doubt）と信念（belief）とを区別するところから議論を始めている。われわれは疑念を抱いているときには「問い」を発し、信念を抱いているときには「判断」をくだす。むろん、これだけならば認知的相違にすぎない。そこでパースは両者の実践的相違（practical differences）を指摘する。すなわち「信念は願望に指針を与え、行動を実現させる」のであり、さらに「信じているという感じは、ある習慣（habit）がわたしたちの性質のうちに確立されていることの証拠であり、そうした習慣はわたしたちの行動を決定する」のである。[13] ただし、信念と行動との関係は、刺激と反射のように一義的かつ瞬時的なものではない。パースはそのことに注意を促しつつ、次のように論じている。

こうして、疑念と信念とは、非常に異なった明白な効果（positive effect）をわたしたちに及ぼす。つまり、わたしたちが信念をもつとき、即座に行動に移るわけではないが、機会があり次第、特定の仕方で行動に移る状態におかれる。他方、疑念をもつときは、こうした外的な行動にあらわれる効果はまったくなく、疑念がなくなるまで探究を続けるように仕向けられる。疑念と探究の関係は、神経の刺激と反射作用の関係を思わせる。これに対して、神経系統において信念の対応物を求めるならば、神経連合と呼ばれる現象に着目せねばなるまい。それは、たとえば、桃の匂いを嗅げば唾液が出てくる、といった神経の習慣をさす。[14]

ここで「機会があり次第、特定の仕方で行動に移る状態」と述べられている事柄は、まさにわれわれが先に「ディスポジション」と呼んだ状態にほかならない。そしてパースは、そのような「習慣」を確立する働きを信念に認めているのである。ただ、彼が「信念の対応物」として神経連合を挙げている点には少々留保を付けておくべきであろう。桃の匂いと唾液との関係は、パブロフの犬に見られるように、一種の条件反射であって、信念と行動との関係とは言いがたいからである。もちろん、われわれは身体的ディスポジションをも含めて信念体系を考えるのであるが、信念と行動とのあいだの関係は、条件反射の一義性とは違って多義的であり、そこには「選択の可能性」が存在しなければならない。バナナを取ろうとするチンパンジーには、棒でたたき落とすほかにも木に登ったり、跳び上がったりする行動も可能であろうし、冷凍食品を融かすには机の上に放置するほかにも、電子レンジで解凍のボタンを押すという選択がありえよう。情報の作用力は、この「選択の可能性」を縮減するよう信念体系を再編成し、行動を促すところに働くのである。

パースは疑念の状態を解消し、信念に到達しようとする過程を「探究（inquiry）」の名で呼んでいる。明らかに、探究は不確実性から確実性への道のりを示している。だとすれば、情報が関与するのは疑念という「不確実性」を縮減し、信念という「確実性」に至ろうとするこの探究の過程に対してである。あるいは、情報は直接的に行動を発現させるのではなく、不確実性を減らすことによって、行動の基盤となる信念（ディスポジション）を形成する、と言ってもよい。それゆえ、情報の作用力は、身体に働きかける物理的作用力でも、心に働きかける精神的作用力でもない、それは身体と心を包括する信念体系に働きかける作用力なのである。

信念体系の形成と変更

情報の作用力は、まず信念体系を形成する働きをもつ。たとえば教室で「ハンニバルはアルプスを越えた」という情報が与えられれば、それはわれわれの歴史的事実に関する信念の一部を形作るであろう。いわば、情報は信念となって受け手（システム）のなかに沈殿するのである。もちろん、この信念は少なくとも既存の信念体系と整合的なものでなければならない。しかし、その情報は、先にも述べたように、必ずしも真なる知識である必要はない。われわれがそれを真だと信じて（思って）おり、行動のディスポジションとして機能しうるのであれば、信念としてはそれで十分なのである。クワインはこの信念体系の形成過程をバッテリーの充電にたとえている。

信念を植えつけることは、バッテリーを充電することに似ている。バッテリーはそのときから、適切な扱いをすれば、充電が続く限り発火や通電を行う傾向性をもつ。同様に、信念をもつ人は、適切な交渉を行えば、その信念が続く限り特徴的な仕方で反応する傾向性をもつ。信念は充電と同じく、長く続くこともあれば短くしか続かないこともある。(15)

この比喩は情報の受容による信念形成のあり方をうまく捉えているが、他方で信念体系はバッテリーに比べていささか複雑なシステムだといわねばならない。それゆえ、充電と信念形成のあいだには一つの大きな違いがある。それは、情報が信念形成のみならず信念改訂の働きをもすることである。もし与えられた情報が既存の信念と齟齬をきたせば、そこに疑念が生じ、信念を確定するためにパースのいう「探究」のプロセスが始まるであろう。その結果、新たな情報が拒絶されることもあれば、既存の信念が変更されることもありうる。信念は確定した真理ではないがゆえに、絶えざる改訂の圧力にさらされているのである。あるいは、信念体系は固定したものではなく、ゆらぎを含んでおり、絶え間なく再編成を続けている、といってもよい。それゆえ、情報の作用力は、信念体系の形成のみならず変更という形でも働きうるのである。

たとえば、「明けの明星」と「宵の明星」が別々の星だと信じている子どもがいたとする。彼／彼女は理科の時間に習うか天文学書を読むことによって、それらが同一の金星という惑星であること、すなわち「明けの明星＝宵の明星」という情報を得ることであろう。情報源が十分に信頼できるものであれば、彼／彼女の従来の信念は変更され、新たな信念が獲得されるに違いない。その際に注意すべきことは、信念の変更は個別の命題にとどまらず、信念体系の全体に及ぶということである。「明けの明星＝宵の明星」という新たに獲得された信念は、当然ながら惑星の数や配置、金星の運行など他の信念にも波及せずにはおかない。こうして一つの信念の変更は、相互に結びついた信念体系全体の再編成を促すのである。その意味で、情報の作用力は信念体系に対して、クワインの言葉を借りるならば、常に「全体論的（holistic）」な仕方で働くということができる。

ところで、フレーゲは「明けの明星＝明けの明星」および「明けの明星＝宵の明星」という二つの同一性命題について、両者が異なる「認識価値（Erkenntniswert）」をもつのはなぜか、という問いを立てた。前者は分析命題ないしはトートロジーであり、われわれの認識に何も付け加えないのに対し、後者は天文学的事実を表わす総合命題であり、われわれの認識を拡大するからである。もしこの同一性を意味（指示対象、Bedeutung）の同一性と考えると、両者はともに「金星＝金星」という対象の自己同一性を表わす命題となり、認識価値の差を説明できない。そこでフレーゲは「かくして、何らかの差異が可能であるのは、表示されたものの与えられる様態（die Art des Gegebelneins des Bezeichneten）の区別に記号の区別が対応することによってのみである」[16]と述べ、この様態のことを「意義（Sinn）」と呼んだ。認識価値の差は意義（この場合は「明けの明星」と「宵の明星」という記号がそれぞれ別の形で対象を指示する仕方）の差異に由来するのである。

この「認識価値」という言葉は、ほぼ「情報量」に当たるものと考えてよい。すると問題は、「明けの明星＝明けの明星」が同じ新聞を二度読むように情報量がゼロであるのに対し、「明けの明星＝宵の明星」が大きな情報量をもつのはなぜか、ということになろう。フレーゲはその理由を、後者が「差異」や「区別」をもたらすことに求めている。つまり、前者では単なる自己同一性が表現されているにすぎないのに対し、後者は同一性と同時に差異を表現しているのである。それゆえ、情報量は差異の認識によって生ずるといってよい。言い換えれば、情報の作用力とは信念体系の中に差異や区別を持ち込む働きにほかならず、それによって信念体系は新たな信念を形成するとともに既存の信念を変更するという形で分節化され、さらには再編成されるのである。

情報の語用論的定義

これまでの考察は、基本的に命題化しうる限りでの信念を扱ってきた。しかし、われわれが「知っている」と言いうる事柄は、必ずしも命題の形をとっているとは限らない。われわれはピタゴラスの定理や万有引力の法則を知っていると同様に、自転車の乗り方やピアノの弾き方をやはり知っているのである。それゆえ、物事の知り方には理論的知り方と実践的知り方という二つの種類が存在することになる。G・ライルはそれを「事実を知る（knowing that）」と「仕方を知る（knowing how）」の違いとして定式化した。彼は、われわれが人の知的能力の有無について「鋭敏な」「間抜けな」「慎重な」「軽率な」などの形容詞を用いることに触れ、それらが真理を知っているか否かを叙述しているわけではないことを指摘しつつ、次のように述べている。

その記述は、その人にはある種の事柄を行う能力があるかないかということを述べているのである。これまで哲学者はわれわれが採用すべき理論の本性、源泉、資格などの調査のみに専念してきたために、ある事柄を遂行する仕方を知っている（knowing how）ということはいかなることであるのかという問題をほとんど無視してきた。しかし、日常生活においてはむしろ逆に、われわれは、教育という特別な作業の場合と同様、人々の知識の貯蔵量に対してよりもむしろそれを得るための作業に対してより多くの関心をもっているのである(17)。

「事実を知る」という知り方が命題的知識の習得であるとすれば、「仕方を知る」という知り方は、そのほとんどが身体技法の習得に属している。それゆえ、この両者はその知り方において著しく異なっている。ドイツ語でいえば“wissen”と“kennen”との違いである。

たとえば、パソコンのマニュアルを細大もらさず暗記したとしても、実際に操作できなければ、その人は「パソコンの使い方を知っている」とは言われない。また、泳ぎ方を水泳の教本を通じて命題的に知ったとしても、泳ぎ方を知っているとは言えず、それは「畳の上の水練」にとどまるであろう。しかしながら、知り方の違いにもかかわらず、両者は共通する面をもっている。それは、どちらも行動のためのディスポジションを形成するという側面である。ピタゴラスの定理を知っている人が、四六時中その定理を考えているわけではないように、自転車の乗り方を知っている人は、絶え間なく自転車に乗っているわけではない。だが、適切な状況下に置かれれば、一方は正しく辺の長さを計算し、他方は優れた技能で乗り回すことができる。その点で信念と技能は類縁性をもっており、前者を命題的信念、後者を技能的信念と呼ぶことも可能であろう。あるいは、これまで信念体系と呼んできたものを、両者を含めて「信念・技能体系」と名づけることもできる。

信念・技能体系を形成するのは、すでに述べたように情報の作用力である。命題的信念の場合は、もちろん明示的な言語的情報によって形作られる。したがって、それは真であることや正当化の対象となりうる。他方で、技能的信念は命題の形で習得されるわけではなく、真であることはおろか正当化もまた必要としない。それは、実地訓練やモデルの模倣によって形成されるのである。「見よう見まね」と言われるように、その場合の訓練やモデルは身体技法を形成する情報として作用しているといってよい。われわれは父親の手の動きや友人の足の動きを情報源として、ノコギリの引き方やサッカーボールの蹴り方を習い覚えるのである。

さらに、技能的信念は命題的信念と同様に、新たな情報によって変更されることもあれば廃棄されることもありうる。野球選手がコーチのアドバイス（情報）によって、ピッチングやバッティングのフォームを変更するのはいうまでもない。また、オートマティック車の運転技法を習い覚えれば、マニュアル車の運転技法はそれに取って代わられることだろう。このようにして、われわれの信念・技能体系は、命題的信念と技能的信念とを問わず、絶えざる変更と再編成を繰り返しているのである。

この信念・技能体系を形成し、また変更する力を、われわれは情報の作用力と呼んできたのである。ここで作用力の働きとその効果を、言語行為における「発語内の力（illocutionary force）」とそれによって引き起こされる「発語媒介行為（perlocutionary act）」に類比することができる。たとえば野球の審判は「ストライク、バッターアウト」という宣告の力を伴った発語内行為を遂行することによって、同時に当のバッターをしょげ返らせたり激高させたりといった発語媒介行為を行なうのである。同様に、説得、陳述、報告といった言語行為は受け手の信念を形成したり変更したりするであろうし、命令、依頼、警告といった言語行為は受け手に何らかの行動を生じさせるに違いない。つまり、オースティンによれば「何かを言うことは、多くの場合というよりは、むしろ通常の場合、聴き手、話し手、またはそれ以外の人物の感情、思考、行為に対して結果としての効果を生ずることがある[18]」のである。

この発語媒介行為の効果は、まさに信念・技能体系に働く情報の作用力にほかならない。ただ、情報の場合は必ずしも言語的に伝達されるとは限らない。その点については、オースティンが「発語媒介行為に特徴的なことは、達成された反応ないし後続事件が、非発語的な手段を付加することによって、または、まったくそのような非発語的手段だけで達成可能であるという点である。たとえば、威嚇は、ステッキを振ることによっても、また、銃を向けることによっても達成することができる[19]」と述べていることに注目すべきであろう。発語媒介行為は身体的行動のような非言語的手段によっても実現されるのである。それゆえ、言語的情報のみならず非言語的情報をも含めて、情報は発語媒介行為ならぬ「情報媒介行為」を遂行する作用力をもつ、ということができる。

以上のことから、情報を語用論的観点から見れば、それを「信念・技能体系を形成ないしは変更し、行動のディスポジションを形作る作用力」として再定義することができるであろう。このような情報の語用論的定義を手に入れることによって、われわれはようやく「情報内存在」としての人間を考察する地点にまでたどり着いたのである。

3　情報の人間学

アフォーダンスと現象学的人間像

一般に「情報科学的人間像」とでも称すべきものがある。それは人間を、外界からさまざまな情報を感覚器官を通じて入力し、それを中枢で処理・加工して知識や行動を出力する高度の情報処理機械と見なすものである。その際に、処理中枢の役割を果たしているのが大脳であり、その近似モデルがコンピュータであることはいうまでもない。人工知能（ＡＩ）研究は、この人間の脳と同等の情報処理能力をもつ機械を実現することを目指して試行錯誤を繰り返してきた。しかし、現在それが「フレーム問題」をはじめとするさまざまな困難に直面していることは周知の通りである。

人間はそれぞれの時代の技術水準に応じて、自己理解のためのモデルを種々の機械に求めてきた。ゼンマイ時計、熱機関、オートマトンなどがそれである。それゆえ、現代においてコンピュータが人間像を描くモデルとされていること自体には問題がない。おそらく問題は、このモデルが情報処理の機能を脳にのみ求め、人間をも含めて動物が身体的存在であることを忘れている点にある。しかし、人間は脳のみにて生きる存在ではない。いわば心的機能を脳に局在化させる情報科学的人間像が前提しているのは、「私は考える（Ich denke）」に定位したデカルト的人間像なのである。それに対して、現象学の創始者フッサールは、後にメルロ＝ポンティに引き継がれる「私はできる（Ich kann）」に定位した現象学的人間像を提起した。つまり、運動感覚（キネステーゼ）を通じて外界と相互作用を行ない、身体的に行為する存在としての人間である。そのことをフッサールは次のように特徴づけている。

私は手で運動感覚的に触れることで知覚し、同様に眼で見ることで知覚し、等々と知覚し、常にそのように知覚することができる。その際、これら器官がもつ運動感覚は、「私はする（Ich tue）」という仕方で経過し、私の「私はできる（Ich kann）」に従うことになる。さらに私は、この運動感覚を働かせることによって、突き当たる、押しやる、といったことをすることができ、それによってまず直接に、ついで間接に、身体的に「行為する」ことができる。[20]

さらにフッサールによれば、われわれの「自我」もまた、外界に影響を及ぼし、外界から影響を受ける身体（Leib）を介してその根源的意味を獲得するのである。それゆえ、自我は「心」や「意識」に、ましてや「脳」に局在するものではない。メルロ＝ポンティの言葉を借りれば、「私は、私の身体の前にいるのではなく、私の身体の中にいるのであり、あるいはむしろ、私は私の身体なのである」[21]というべきであろう。運動感覚を備えた身体こそが、まさに「主体」なのである。人間は身体を通じて絶えず環境と相互交渉を行っているのであり、そこには当然ながら知覚による情報の授受も含まれている。あるいは、環境と身体とは、知覚情報の回路を通じて一つのシステムを形作っている、といってもよい。身体的主体は、皮膚的境界によって区画された完結した存在ではないのである。

このような現象学的人間像を基盤にして情報の作用力を考えようとするとき、われわれに重要な示唆を与えてくれるのは、心理学者J・J・ギブソンが提起した「アフォーダンス」の概念である。彼によれば、「環境のアフォーダンスとは、環境が動物に提供する（offers）もの、良いものであれ悪いものであれ、用意したり備えたりする（provide or furnish）もの」であり、環境に存在する事物の「意味」や「価値」が直接的に知覚されること」を意味する。[22]すなわち、アフォーダンスとは、環境が知覚主体（生物）に行為の可能性や機会をもたらす「意味や価値をもった情報」にほかならない。その具体例として、ギブソンは以下のような事象を挙げている。

もしも陸地の表面がほぼ水平（傾斜しておらず）で、平坦（凹凸がなく）で、十分な広がり（動物の大きさに対して）をもっていて、その材質が堅い（動物の体重に比して）ならば、その表面は支える（support）ことをアフォードする。それは支える物の面であり、われわれは、それを土台、地面、あるいは床と呼ぶ。それは、その上に立つことができるものであり、四足動物や二足動物に直立の姿勢をゆるす。それゆえそれは上を歩くことも、走ることもできる。(23)

これと同じように、椅子は座ることを、梯子は登ることを、ジョッキに注がれたビールは喉を潤すことを、われわれに対してアフォードしているといえるであろう。ただし、アフォーダンスは単なる物理的性質でも要素化された感覚的刺激でもない。それは環境の中で生物に行為を促すよう働きかける、意味と価値をもった情報なのである。ギブソンはアフォーダンスを「生態学的情報」とも呼んでいるが、それは生物に知覚を通じて身体的行為の潜在的可能性を与え、その選択肢を提示するという意味で、まさに「情報」の名に値する。知覚と行為は切り離されてあるのではなく、この生態学的情報を媒介にして相補的に一つのサイクルを形作っているのである。

ギブソンのアフォーダンス理論に特徴的なことは、彼が生態学的情報をわれわれの内部、すなわち脳によって処理されるものではなく、われわれの外部（環境）にあって直接に知覚されるものと考えていることである。つまり、情報は環境の中に実在するのであり、これを彼は「エコロジカル・リアリズム」と名づけている。ただし、環境内の生態学的情報が生物体にとって常に「意味」と「価値」をもって働きかけていることを考えれば、この「リアリズム」は、情報が知覚主体とは無関係に、物理的客観性をもって存在することと理解されてはならないだろう。実際、ギブソン自身も「アフォーダンスは、主観的‐客観的の二分法の範囲を超えており、二分法の不適切さをわれわれに理解させる助けとなる」[24]と述べ、さらに「これらはすべて、観察者との関係において決まる対象の特性であって、観察者の経験の特性ではないことに留意してほしい」[25]と付け加えているからである。それゆえ、アフォーダンスが実在するとすれば、それは主観と客観の「あいだ」でなければならない。現象学の用語を使えば、アフォーダンス（生態学的情報）は環境と知覚主体とのあいだの「志向的関係」として存在するのである。

このように考えれば、アフォーダンスがわれわれの信念・技能体系に働きかけ、行動を促す作用力をもった情報であることは明らかであろう。信念・技能体系のもつディスポジションは、いわば環境からのアフォーダンスに呼応する知覚・行為主体の側の対応物である。アフォーダンスとディスポジションが鍵と鍵穴のように合致したときにのみ、具体的行動は発現する。たとえば、急傾斜の雪面は熟練のスキーヤーには快適な滑りをアフォードするであろうが、初心者には危険の存在と尻込みをアフォードするのみであろう。あるいは二日酔いの翌日なら、幻の吟醸酒からの強いアフォーダンスがあっても、それを退けるに違いない。このようにして、ディスポジションとしての信念・技能体系は、われわれを取り巻く無数のアフォーダンスから必要な情報のみを抽出し、それを行動の回路へと接続する一種の濾過装置なのである。

暗黙知の射程

アフォーダンスとともに、環境の中の身体＝主体という現象学的人間像のもう一方の支えとなってくれるのは、M・ポラニーが提起した「暗黙知（tacit knowledge）」の概念である。その要点を彼は「われわれは語ることができるより多くのことを知ることができる（we can know more than we can tell.）」[26]と定式化している。つまり、われわれは言語によって表現できる知識のほかに、明示的に語ることはできないが、にもかかわらず「知っている」と言いうるような膨大な知識をもっている、ということである。たとえば、われわれは人込みの中でも知人の顔を明確に識別することができる。しかし、その特徴を言語的に説明しようとすれば、言葉に窮するに違いない。このような知のあり方は、日常生活のみならず専門的研究においても数多く見られる。医師がレントゲン写真を見て病巣を識別したり、古生物学者が化石の断片から恐竜の種類を見分ける場合などがそうである。

ここでポラニーが暗黙の「知識」と呼んでいるものは、われわれの用語法ではむしろ「信念」に相当する。先に「命題的信念」に対して「技能的信念」と呼んだものである。それは、ポラニーが暗黙知の中に芸術、スポーツ、工芸などの「技能を行なう能力」を含めて考えていることからも明らかであろう。さらに彼は、ライルの「事実を知る」と「仕方を知る」の区別に触れながら、「そこで私は、「知る」という場合はいつも、それに実践的な知識と理論的な知識の両方を含めることにしたい(27)」と述べている。それゆえ、彼の知識概念は、われわれの信念・技能体系をほぼ覆うものと考えてよい。このことは、命題的信念と技能的信念を一つの統一的システムと考えるわれわれにとっても好都合である。

さて、ポラニーは暗黙知の構造を「近接項」から「遠隔項」への注意の移行として説明している。顔の認知を例にとれば、われわれは顔の諸部分（近接項）から顔全体（遠隔項）へと注意を向けることによってその相貌を把握する。水泳ならば、手足の筋肉の個々の動きや呼吸が近接項に当たり、クロールという泳ぎ方が遠隔項に当たる。その際、われわれは要素的な諸活動（近接項）を全体的活動（遠隔項）の中に感知してはいるが、それを言葉で語ることはできないのである。この暗黙知の基盤として、ポラニーは身体の役割の重要性を強調する。

知的であろうと実践的であろうと、外界についてのわれわれのすべての知識にとって、その究極的な装置はわれわれの身体である。われわれが目覚めているとき、外界の事物に注目するためにはいつもわれわれは、その外界の事物とわれわれの身体との接触についてわれわれがもっている感知に依拠している。われわれが普通は決して対象として経験することはなくても、いつもわれわれが発する注目の出発点をなしているもの、また注目が向けられている外界という形をとって間断なくわれわれが経験しているもの、それはこの世界の中でわれわれの身体をおいて他にはありえない。われわれが自分の身体を外界の事物としてではなく、われわれの身体として感じるのは、このようにわれわれの身体を知的な活動の装置として用いることによるのである。(28)

ここでポラニーは物体(Körper)と区別される意味での身体(Leib)について語っており、さらにその身体を「志向性」の中心として特徴づけている。その意味で、身体は暗黙知を形作る究極の近接項なのである。たとえば、暗闇でものを手探りするとき、われわれは掌の身体感覚を近接項として事物の配置(遠隔項)を把握する。また、盲人が杖で道路を確かめながら歩くとき、彼/彼女は杖から伝えられる情報を近接項として、杖の先が触れている路面状態(遠隔項)を知覚しているのである。これは道具の使用一般にも拡張することができる。ピアニストは個々の指先の身体感覚を近接項として、ピアノによる楽曲の演奏(遠隔項)を行なうのである。それをポラニーは、「ある事物を暗黙知の近接項として機能させるときには、われわれはそれを身体の内部に統合し、あるいはそれを包含しうるように身体を拡大し、結局われわれは、その事物の中に住み込む(dwell in)ようになる」(29)と説明している。この表現はメルロ＝ポンティの「われわれの身体は、空間や時間に住み込む(habiter)のである」(30)あるいは

「身体とは、世界の中へのわれわれの投錨のことである」[31]といった言葉をわれわれに思い起こさせる。身体は空間や時間、さらには事物や道具の中に住み込むことによって世界を一枚の織物に仕立て上げるのである。

注目すべきは、ポランニーがこの「住み込み（indwelling）」の概念をディルタイやリップスの「感情移入」の概念になぞらえ、さらにそれを科学の理論的活動にまで適用しようとしていることである。それについて、彼は「自然を理解するために理論に依拠することは、理論を内面化（interiorize）することである。なぜなら、われわれは理論から理論の光によって照らされる事物へと、注目を移しているからである」と述べている。むろん、理論は顕在知であって暗黙知ではない。しかし、レントゲン写真から病巣を読み取る医師や顕微鏡写真で染色体を識別する生物学者は、そのつど理論を参照するわけではない。彼らはすでに理論に「住み込んで」それを「内面化」し、理論を身体化した眼差しで対象を観察しているのである。あるいは、われわれが四則演算を行なう場合を考えてみればよい。買い物の際に、われわれは加法や乗法の規則を参照しながら計算を行なうわけではない。計算能力は一種の技能としてわれわれの「身について」いるのであり、それは機会に応じて発現可能なディスポジションを形成しているのである。

このように考えれば、理論的な顕在知もまた、内面化されることによって暗黙知へと転化しうることになろう。ディスポジションとしての信念・技能体系の中核をなしているのは、この身体化され技能化された暗黙知にほかならない。その意味で、暗黙知は「私は考える」ではなく、まさに「私はできる」の体系なのである。

世界内存在と情報内存在

われわれがこれまで「アフォーダンス」や「暗黙知」の概念を援用しながら描き出してきた人間像は、ハイデガーの言葉を借りれば、一言で「世界内存在（In-der-Welt-sein）」と表現することができる。世界内存在とは、日常的な環境世界に張り巡らされた意味連関の中で、対象と実践的に関わり合い、行為を遂行する人間のあり方を指す概念にほかならない。ハイデガーによれば、世界内存在としての人間（現存在）が環境世界においてまずもって出会い、交渉をもつのは「事物的存在者（Vorhandenes）」ではなく、「道具的存在者（Zuhandenes）」である。道具は単独で存在するものではなく、他のものとの指示の連関を形作っている。

厳密な意味では、一つだけの道具は決して「存在」しない。道具が存在するには、いつもすでに、ひとまとまりの道具立て全体がなければならない。この道具がまさにこの道具であるのは、このような道具立て全体においてなのである。道具というものは、本質上〈……するためにあるもの〉である。この〈……するためにある〉ということには、有用性、有効性、使用可能性、便利性というようなさまざまな様態があるが、これらがひとまとまりの道具立て全体の全体性を構成している。〈……するためにある〉という構造の中には「何かをあることへ向けて指示する」ということが含まれている。(32)

たとえば、鉛筆という道具は消しゴム、紙、下敷き、机などの道具を指示するだろうし、さらにそれは「文字を書く」や「スケッチをする」などの用途と結びついて全体的な連関をなしている。つまり、道具が存在するのは、〈……するために〉という人間（現存在）の行為の可能性と結びついた目的連関のうちにおいてなのである。その意味で、道具とは行為の可能性を示唆するアフォーダンス、すなわち生態学的情報を担った事物と考えることができる。したがって、道具は人工物に限らず、自然物であってもよい。石や岩も「投げる」ことや「座る」ことをアフォードすることにおいて、それは道具と呼ばれる資格をもつ。それに対して、用途をもたない事物的存在者とは、このような有意義性の指示連関から切り離された一種の欠如態なのである。

ハイデガーによれば、世界内存在としての人間（現存在）は、「情状性（Befindlichkeit）」と「了解（verstehen）」という二つの契機によって世界へ開かれている。情状性とは、われわれがさまざまな物事から影響を受け、一定の気分のもとに状況の中に置かれている自分を見出すことを意味する。それが開示するのは人間（現存在）の「被投性（Geworfenheit）」、すなわちわれわれが世界の中へ投げ出されて存在しているという事実性であり、それが示唆するのは人間存在の受動性と有限性である。

他方の了解とは、人間（現存在）が自分がどのようにありうるかの可能性について知っていることであり、それをハイデガーは「了解とは、企投であるゆえに、現存在がおのれのさまざまな可能性を可能性として存在しているという、現存在の存在様相である[33]」と敷衍している。ここで「企投（Entwulf）」とは、自己の存在可能性へ向かって身を投ずることであり、また物事にその可能性において対処することである。ただし、これは目標へ向かって計画的に物事を処理することとは異なる。われわれは可能性を主題的に把握することなく、すでにその可能性を生きているのである。この了解と企投のあり方について、ドレイファスは以下のような興味深い解釈を提示している。

例えば、ハンマーを了解することは、ハンマーがかくかくの性質をもっているとか、ハンマーは一定の目的のために使われる、とかいった命題を知ることを意味するのではない。（中略）むしろハンマーを了解するとは、その最も根源的な意味においては、ハンマーを打つにはいかになすかを知っている（knowing how）ことを意味するのである。（中略）このような「いかになすかを知っていること」は、技能的に何かに対処することを可能とするものであって、したがってこの知は、思考と行為の区別よりも根本的である。[34]

ここでドレイファスは、ハイデガーの「了解」概念をライルの「仕方を知る」こととして捉え直している。言い換えれば、了解は「命題的信念」ではなく「技能的信念」の形成に関わるのである。そこから「企投」をも、われわれの行為の可能性が潜在的に組織化されてある態勢、すなわちディスポジションの体系として捉えることができる。このような解釈は、「ハイデガーの言う可能性とは、規範、つまりものが演じることのできる役割やその演じ方を通じて開かれる新しい選択肢、取りうる道である[35]」とするホージランドの主張とも合致する。つまり、ハンマーが道具的に存在する可能性、すなわちその多様な役割（アフォーダンス）は、それを使って釘を打つという行為選択の可能性（ディスポジション）と表裏一体のものなのである。

ただし、その可能性や選択肢は「無差別選択の自由」ではありえない。すでにわれわれは一定の状況の中へ投げ入れられており（被投性）、選択はその「被投的な可能性（geworfene Möglichkeit）」のもとで行なわれるのである。それゆえ、被投性を開示する情状性、すなわち気分、感情、情動などは、可能性を縮減する情報の機能を果たしているということができる。他方で、了解が「いかになすかを知る」

ことであるとすれば、それは自己の信念・技能体系のレパートリー（可能性）に関する暗黙知にほかならない。また、それによって開示される「企投」は、しばしばフッサールの「私はできる」との連関が指摘されているように、われわれの行為の可能性（選択肢）を指示する情報として、信念・技能体系の基盤を形作っているのである。

以上のような観点からすれば、われわれはハイデガーの「世界内存在」の概念を、必要な変更を加えた上で「情報内存在」として捉え直すことができるであろう。ハイデガー哲学を「靴屋の存在論」と評したのはM・シェーラーであったが、実際、ハイデガーが念頭に置いていた「道具」とは、大工仕事や製靴作業で用いられる職人の手仕事の道具であった。現在のわれわれに親しい道具は、ハンマーや縫い針であるよりは、むしろ電卓やパソコンや携帯電話などの情報機器である。それに伴って、指示連関のあり方も大きく変貌しているに違いない。しかし、環境世界に張りめぐらされた意味連関の中で、対象と実践的に関わり合い、行為を遂行する人間という「世界内存在」のあり方は基本的な点で変わってはいない。その意味連関や実践的関わりは、「情報」とその「作用力」という触媒を加えることによって、いっそう際立ってくるのである。

われわれがハイデガーから学ぶべきは、主観－客観という伝統的な二分法図式を離れて、人間を「心」や「脳」に局在化させることなく、それを環境の中で事物と実践的に関わり合いながら、可能性において存在する行為主体として捉えることである。それを「情報」という観点から見れば、環境から与えられる情報を信念・技能体系の形成と変更という形で処理し、それをディスポジションとして蓄積・保存することによって、行為の可能性を現実化する身体的存在という人間像になるであろう。もちろん、環境から与えられる情報は「アフォーダンス」にほかならず、行為のディスポジションとしての信念・技能は「暗黙知」に相当する。人間は、生態学的情報から知的情報にいたる多種多様な情報に囲繞され、その作用力を受けて自己の信念・技能体系を絶えず編み直し、行為を通じて情報を発信する存在である。その意味でこそ、われわれは人間を「情報内存在」と呼ぶことができる。われわれが考察の出発点とした情報のもつ「意味」と「価値」とは、この情報内存在としての人間という概念に定位してはじめて明瞭な輪郭をもつにいたるのである。

註

（1）合庭惇「情報」、永井均ほか編『事典哲学の木』講談社、二〇〇二年、五三七頁。
（2）森鷗外『鷗外全集』第三四巻、岩波書店、一九七四年、七四頁。Carl von Clausewitz, *Von Kriege*, Dummlers Verlag, 1973, S.258.
（3）Carl von Clausewitz, *On War*, Tlanslated by M. Howard and P. Planet, Princeton U.P., 1976, p.117.
（4）引用文は *A Supplement to the Oxford English Dictionary*, vol.II, Oxford, 1976. による。
（5）清水博・餌取章男『生命に情報を読む』三田出版会、一九八六年、一二—一三頁。
（6）村上陽一郎「情報とソフトテクノロジー」、清水博・餌取章男、前掲書所収、二四九頁。
（7）村上陽一郎『科学の現在を問う』講談社現代新書、二〇〇〇年、一一二頁。
（8）吉田民人『情報と自己組織の理論』東京大学出版会、一九九〇年、一一五頁。
（9）高橋秀俊「情報とは何か」、東京大学公開講座13『情報』東京大学出版会、一九七一年、四—五頁。
（10）ここでの「信念」の特徴づけについては、飯田隆『言語哲学大全Ⅳ』（勁草書房、二〇〇二年、三四頁）から示唆を受けた。
（11）この点については「信念知のスキル化」をめぐる柴田正良氏の議論に示唆を受けた。柴田正良「知識とスキル」、森際康友（編）『知識という環境』名古屋大学出版会、一九九六年所収。
（12）W. V. Quine and J. S. Ullian, *The Web of Belief*, Random House, 1970, pp.3-4.
（13）C. S. Peirce, "The Fixation of Belief", in N. Houser and C. Kloesel, eds., *The Essential Peirce*, vol.1, Indiana U.P., 1992, p.114.（パース「論文集」、上山春平編『パース、ジェイムズ、デューイ』所収、〈世界の名著〉第四八巻、中央公論社、一九六八年、六〇—

六一頁）

（14）*ibid.*（同書、六一頁）

（15）W. V. Quine and J. S. Ullian, *op. cit.*, p.4.

（16）G. Frege, "Uber Sinn und Bedeutung" in *Kleine Schriften*, Olms Verlag, 1990, S. 143.（黒田亘・野本和幸編訳『フレーゲ著作集』第四巻「哲学論集」勁草書房、一九九九年、七二頁）

（17）G. Ryle. *The Concept of Mind*, Penguin Books, 1970（1949）, p.28.（坂本百大ほか訳『心の概念』みすず書房、一九八七年、一七五頁）

（18）J. L. Austin, *How to do things with words*, oxford U.P., 1971（1962）, p.101.（坂本百大訳『言語と行為』大修館書店、一九七八年、一七五頁）

（19）*ibid.*, p.117.（同前、一九六頁―一九七頁）

（20）E. Husserl, *Cartrsianische Meditationen, in HUSSERLIANA* Bd. I, M. Nijhoff, 1963（1950）, S.128.（浜渦辰二訳『デカルト的省察』岩波文庫、二〇〇一年、一七四―一七五頁）

（21）M. Merleau-Ponty, *Phenomenologie de la perception*, Gallomard, 1971（1945）, p.175.（竹内芳郎・小木貞孝訳『知覚の現象学1』みすず書房、一九六七年、二五〇頁）

（22）J・J・ギブソン『生態学的視覚論』古崎敬ほか訳、サイエンス社、一九八五年、一三七頁。

（23）同前。

（24）同前、一三九頁。

（25）同前、一四九頁。

（26）M. Polanyi, *The Tacit Dimension, Anchor Book*, 1967, p.4.（佐藤敬三訳『暗黙知の次元』紀伊國屋書店、一九八〇年、一五頁）

（27）*ibid.*, p.7.（同前、一九頁）

（28）*ibid.*, pp.15-16.（同前、三二頁）

（29）*ibid.*, p.16.（同前、三三頁）

（30）M. Merleau-Ponty, *op.cit.*, p.162.（前掲書、二三五頁）

（31）*ibid.*, p.169.（前掲書、二四二頁）

（32）M. Heidegger, *Sein unt Zeid, M. Niemeyer*, 1972（1927）, S.68.（細谷貞雄訳『存在と時間』（上）ちくま学芸文庫、一九九四年、一六二頁）

（33）*ibid.*, S.145.（同前、三一五頁）

（34）H. Dreyfus, *Being-in-the-World*, The MIT Press, 1991, p.184.（門脇俊介ほか訳『世界内存在』産業図書、二〇〇〇年、二一二頁）

(35) J・ホージランド「現存在の開示性」、門脇俊介・信原幸弘編『ハイデガーと認知科学』産業図書、二〇〇二年、八八頁。

10　科学技術との共生——技術主義と精神主義のはざまで

あまりにも合理的なものは、ある時、そっくりそのまま非合理的なものでもあるのだ。

古井由吉「先導獣の話」

1　科学・技術・科学技術

「科学技術」はもちろん「科学」と「技術」が結びついて出来た言葉であるが、現代の日本語ではほとんど一語と見なされている。すなわち、科学理論と技術開発とが表裏一体となった社会システムのことである。それに対して、西欧語ではこれに対応する単一の言葉はなく、英語では“science and technology”のように三語で表記される。スティーヴ・フラーらによって社会的認識論の分野では「テクノサイエンス（technoscience）」という言葉も使われ始めてはいるが、いまだ一般的とは言いがたい。少なくとも西欧社会では、古代ギリシアにおける「テオーリア」と「テクネー」との違いに応じて、「科学」と「技術」とは別物と考えられてきたのである。

「技術」の起源を道具の使用に求めるとすれば、その成立はほぼ人類の出現と同時期にまで遡ることができる。人間をほかの動物から区別する特徴として、「工作人（homo faber）」や「道具を作る動物（tool-making animal）」といった定義が用いられてきたゆえんである。ただし、本格的な技術社会の到来は、S・リリーが『人類と機械の歴史』の中で「本書の歴史が真に始まるのは、農業（牧畜を含め）の導入からである。（中略）農業の開始と、それにともなって生長した技術とは、人類の歴史における最初の大技術革命を構成している」[1]と述べているように、紀元前八〇〇〇年期の農業技術の普及とともに始まる。農業や牧畜は、今日ではむしろ自然と親和的な「環境に優しい」技術と見なされているが、農地開墾のための森林伐採や焼畑農業の技術を考えれば、自然破壊は農業とともに始まったということもできる。「自然との共生」という観点からすれば、技術の開発はその当初から原生自然との緊張関係の中にあったのである。

それに対して、「科学」を「近代科学」の意味に理解すれば、その成立は時代を大幅に下って一六―一七世紀のことに属する。もともと「科学（science）」という言葉は、「知」や「知識」を意味するラテン語「スキエンティア（scientia）」に由来する。それが一四―一五世紀頃に英語に取り入れられて「サイエンス」となり、やがて一六―一七世紀の「科学革命」を経て、「観察や実験などの経験的方法に基づいて実証された法則的知識」という独自の意味を獲得するにいたる。

「科学革命（Scientific Revolution）」とは、コペルニクスの『天球回転論』（一五四三年）の刊行に始まってニュートンの『プリンキピア』（一六八七年）によって一応の終結を迎える、ヨーロッパに生起した大きな知的変革の運動のことである。この運動を通じて、自然認識を数量化する手続き、いわゆる「科学的方法」が確立される。それに伴って、知的主導権は従来の人文学から新興の自然科学へと移行するのである。

しかし、科学革命を推進したガリレオやニュートンは、奇妙なことだが「科学者」ではなく、「哲学者」ないしは「自然哲学者」であった。彼らが生きた一七世紀には、いまだ「科学者（scientist）」という言葉は存在しなかったからである。「サイエンティスト」という英語はW・ヒューエルによって造語された言葉であり、その成立は一八四〇年前後のことに属する。すなわち、一九世紀半ばにいたってようやく、科学研究を職業とする社会階層が登場し、「職業としての科学」が成立したのである。科学の専門職業化とともに、大学における科学教育、企業内研究所の設立、学会組織の整備などがなされたこの時期を「第二次科学革命」と呼ぶことができる。先の第一次科学革命が「知の制度化」をもたらしたとすれば、この第二次科学革命は「科学の社会的制度化」を推し進めたのである。それは同時に、科学研究が社会システムの不可欠の一部として機能し始めたことをも意味する。

通常、科学技術といえば、蒸気機関や水力紡績機などを生み出した「産業革命」を思い浮かべるのがならいであろう。しかし、一八世紀後半にイギリスで勃興した産業革命は、第二次科学革命以前の出来事であった。それゆえ、産業革命における技術開発は科学理論に支えられたものではなかったし、またこの革命に専門の科学者はほとんど関与していない。事実、産業革命を推進したワットやアークライトは「企業家（entrepreneur）」と呼ばれる学歴をもたない人々であり、彼らの活動はおよそアカデミズムにおける科学研究とは無縁であった。それまで異質のものと考えられていた科学と技術が真の意味で融合し始めるのは、二〇世紀に入ってからのことである。

今日的な意味での「科学技術」が成立するのは、一九三〇年代、すなわち第一次世界大戦と第二次世界大戦という二つの大戦にはさまれた時期である。この時期、ヨーロッパの諸国家は軍事技術のイノベーション（技術革新）に力を注ぎ、科学者や技術者を動員して戦闘機、潜水艦、毒ガスなどの新兵器の開発に当たらせた。当然ながら、軍事技術の開発は短期間に結果を出さねばならず、そのため国家は巨額の予算を投入し、科学の理論的成果を技術開発に結びつけていったのである。このような国家主導の研究開発体制こそ、現在の「科学技術」のあり方を定めた原型にほかならない。科学史家の広重徹は『科学の社会史』の中で、国家が財政援助を通じて研究開発に介入するという「科学の国家による育成・利用の動き(2)」のことを「科学の体制化」と呼んでいる。「科学の社会的制度化」が第二次科学革命であったとすれば、これは第三次の科学革命に相当する出来事であるが、科学と技術の融合という側面を強調するためには「科学技術革命」の呼称の方がよりふさわしいであろう。

国家主導の研究開発プロジェクトとして目覚しい成果を上げたのは、第二次世界大戦中に原爆開発を目指して進められた「マンハッタン計画」である。アメリカ中の優秀な科学者の総動員体制をしいて実現されたこの計画の総責任者は、当時ＭＩＴの副学長を務めていたＶ・ブッシュであった。時のルーズベルト大統領は、大戦終結直前の一九四四年、ブッシュに書簡を送り、戦後の科学研究支援政策を諮問した。それに応えて翌年ブッシュが提出したのが、「科学・果てしなきフロンティア（Science, The Endless Frontier）」と題された報告書である。科学は基礎研究を通じて国家と社会の進歩発展に貢献すべきであるとするこの報告書の趣旨は、いわば科学者の戦時総動員体制の「平時化」あるいは「軍民転換」を促すものであった。この提言は、戦後のアメリカのみならず、世界各国の科学技術政策に絶大な影響を与え、そのモデルともなったのである。

2　科学者のエートス――CUDOSとPLACE

マンハッタン計画による原爆開発の成功は、他方でヒロシマおよびナガサキへの原爆投下という人類史上未曾有の悲惨な結末をもたらした。その結果、戦後世界の中で科学者の社会的責任が改めて問われることになった。「アインシュタイン＝ラッセル宣言」や科学者による「パグウォッシュ会議」の開催などはその顕著な例である。

戦後いちはやく科学者の行動規範を定式化したのは、科学社会学の創始者として知られるロバート・マートンであった。今日「マートン・ノルム」ないしは「CUDOS」と呼ばれているその規範は、以下のような項目から成り立っている(3)。

- Communality（公有性）：知識の私的所有の禁止
- Universality（普遍性）：科学者の人種・国籍・宗教などによらない科学知識の普遍性
- Disinterestedness（無私性）：個人的利害の超越
- Organized Skepticism（組織的懐疑主義）：政治的・宗教的ドグマに基づく判断の禁止

これらは科学者が個人として守るべき規範であるが、一読して民主主義社会における理想的科学者像が描き出されていることに気づかれることであろう。マートンは、これらが遵守されることによってはじめて、科学知識の客観性が保証され、科学は合理的に進歩していくのであり、そのため科学の健全な発展には民主主義社会の成立が不可欠の条件になると考えたのである。

しかし、科学技術の産業化や国家プロジェクト化が進展し、巨額の予算獲得や知的所有権が前面に出てきている現代においては、科学者や技術者がこれらの規範を守っているとは必ずしもいえず、また守りにくい社会状況になっていることも事実である。その意味で、マートン・ノルムは理想主義的ではあっても、今日では「絵に描いた餅」となっている観は否めない。

そのような科学技術を取り巻く外的状況の変化を、J・ラヴェッツは端的に「アカデミズム科学」から「産業化科学」への転換として特徴づけている。前者のアカデミズム科学とは、一九世紀後半にヨーロッパの大学を中心にして成立した研究体制であり、科学者が「研究の自由」を旗印にそれぞれの好奇心に基づいて、国家や社会の要求とは独立に、いわば「象牙の塔」の中で研究を進めるようなシステムのことである。白衣を纏った科学者が実験室にこもって試験管やビーカーと時間を忘れて対峙するといった科学研究のイメージがそれである。それに対して、二〇世紀後半になって顕在化してきた産業化科学とは以下のような研究体制を指している。

産業化科学のもとでは、科学研究は基本的には政府や企業など発注者との契約に基づく委託研究となり、それに伴って科学者共同体も研究プロジェクトの管理者と現場を担う雇用者（科学労働者）へと階層分化をとげる。管理者は自ら研究を手がける〈科学者〉であるよりは、次々と研究契約をとってくる〈科学企業家（scientific entrepreneur）〉の役目を果たすことになる。(4)

ここで注目すべきは、産業化科学の担い手を表わすのに「企業家（entrepreneur）」という産業革命の推進者たちと同じ呼称が用いられていることである。もちろん、産業革命期の企業家はアカデミズムの科学研究とは無縁の存在であったが、産業化科学における企業家は、アカデミズムの組織をフルに活用しつつ、研究プロジェクトを請け負い、その達成を目指して指揮をとる存在にほかならない。しかし、それはもはや、好奇心の赴くままに実験室にこもって研究に取り組む科学者の姿ではない。この「科学者」から「科学企業家」への転換こそが、科学研究を取り巻く社会状況の著しい変化を象徴しているのである。

それゆえ、産業化科学のもとでの科学者の行動規範は、もはや「マートン・ノルム」に描き出されたような理想主義的なものではありえない。ジョン・ザイマンは、現代の科学者（科学企業家）の行動様式をCUDOSに代わってPLACEという標語で言い表している[5]。

- Proprietary（所有的）：知的所有権の要求
- Local（局所的）：当面の与えられた課題の解決を目指す
- Authoritarian（権威主義的）：社会的権威として振舞う
- Commissioned（請負的）：政府や企業から研究開発を請け負う
- Expert Work（専門的仕事）：細分化された専門分野の仕事に従事する

いささか戯画化されているとはいえ、このPLACEが現代の科学研究のあり方を一面で的確に捉えていることは否めない。すなわち、現代の科学者はチームを組んで、研究開発のプロジェクトを一種の事業として請け負い、細分化された専門的仕事を通じて与えられた特定の課題の解決を目指し、達成した研究成果に対しては知的所有権を要求する、ということであろう。

それと同時に、請け負ったプロジェクトは個人的研究であるよりは社会的事業であり、それゆえ研究グループには、政府や企業などの資金提供者に対してのみならず、研究成果の社会的影響に対しても、一定の説明責任(accountability)が生じることになる。アカデミズム科学においては、研究成果の評価はもっぱら「同僚評価(peer review)」に任されていたが、産業化科学のもとではそれに加えて「社会的説明責任」という観点からも厳しい評価が加えられるのである。

欧州議会が一九九八年に発表した「科学政策報告書」のタイトルは「社会・果てしなきフロンティア(Society, The Endless Frontier)」と題されている。これが先のブッシュ報告書を意識したものであることは言うまでもない。いまや「科学」と「社会」は一蓮托生、すなわち正の意味でも負の意味でも切り離すことのできないものとなっているのである。

3 科学技術とリスク社会

科学技術については、古くから「価値中立説」あるいは「両刃の剣説」とでも言うべきものが存在する。その趣旨は、ホンダの創業者である本田宗一郎の「技術はお勝手の包丁と同じだよ。奥さんが使えばおいしい料理ができるが、強盗に持たせれば人が死ぬ[6]」という言葉の中に端的に表明されている。要するに、技術そのものは善悪の価値に対して中立的であり、それを使う人次第で善用も悪用もできる、ということである。この価値中立説は、もう少し洗練されたヴァージョンになると、以下のような形をとって展開される。

技術の使われ方は高度に社会的・経済的なものである。だから包丁が人を傷つけるのに使われたからといって、包丁の原理を考えた科学だけが悪いわけでもなく、それを技術に体現していろいろな包丁を作った技術者が悪いわけでもない。それよりも物事を決めているのは社会である。[7]

もちろん、包丁という石器時代にまで遡る単一機能の道具であれば、このような議論も成り立ちうるであろう。しかし、包丁を、たとえば多機能の技術である原子力と置き換えてみれば、「原子力を発電に使えば豊かな電力供給ができるが、核兵器に使えば人が死ぬ」と言って済ませるわけにいかないことは明らかであろう。二〇一一年の東日本大震災とそれに伴う東京電力福島原発事故を引き合いに出すまでもなく、軍事利用の核兵器のみならず、平和利用の原子力発電ですら、多くの社会的リスクを伴っているからである。つまり、科学技術が「社会システム」の不可欠の一部に組み入れられており、政策選択を通じて一定の価値を付与されている以上、それはもはや価値中立的であると言うことはできない。加えて、技術が高度になればなるほど、その全貌をくまなく見渡すことは困難になり、善意の使用が悪しき結果をもたらす可能性を否定することはできない。つまり、現代の科学技術は「社会的リスク」と表裏一体の存在なのである（付け加えておけば、ニクラス・ルーマンは、人間が責任を負うことのできる「リスク（Risk）」と、地震などの自然災害のように人間がコントロールできる範囲を超えた「危険（Gefahr）」とを区別した上でリスクを論じている）。

この社会的リスクの問題を現代社会を特徴づける概念として顕在化させたのはドイツの社会学者ウルリッヒ・ベックである。彼は、科学技術に「絶対安全」ということはありえず、必ずどこかにリスクを抱え込んでいる以上、そのリスクの減少と回避こそわれわれが取り組むべき最重要課題だと主張する。一九世紀の「古典的産業社会」においては、リスクという概念はまだ潜在的であったが、二〇世紀末に先進国において「ポスト産業社会」が実現されるに伴い、政府の主たる役割も「富の分配」から「リスクの分配」へと大きく転換する。ベックが念頭に置いているのは、酸性雨、オゾン層破壊、地球温暖化、環境ホルモンなど、その負担が社会に包括的に覆いかぶさるようなリスクであり、そこでは社会的な「ブーメラン効果」が発生する。すなわち「遅かれ早かれ、リスクは、それを生み出し、そこから利益を得ているものをも襲う（中略）つまり、リスクを前にして、富める者も力を持つ者も安全ではない」[8]のである。山口節郎はこのようなベックのリスク社会論の要点を、以下のように簡潔にまとめている。

ベックによればリスク社会の危険は三重の「ない」によって一九世紀や二〇世紀初頭の初期産業社会のそれから区別される。一つは、それが空間的、時間的、社会的にその影響範囲を限定することができないということであり、第二には、その責任の所在をつきとめることができないということであり、第三には、その被害を補償することができないということである。[9]

つまり、先に挙げた酸性雨や温暖化など地球環境に関わるリスクは、地理的境界をもたないのであり、したがって汚染者を特定することは甚だ困難であり、結果として被害者の損害は補償も救済もなされないまま放置されることになる。こうした現代社会のあり方をベックは「組織化された無責任」と呼んでいる。それゆえ、リスク社会においては、近代の国民国家を単位とした社会原則は機能不全に陥らざるをえず、リスクの生産と分配という新たな視点からの社会原則を確立する必要が求められているのである。

4　科学的合理性と社会的合理性

二一世紀に入って官公庁のレポートなどに「安全・安心」という標語が使われるようになってきた。もちろん、「安全」と「安心」は密接に連関する事柄であるが、強いて区別すれば、「安全」は工学における安全率の計算などに見られるように「科学的合理性」に関わる概念であり、他方の「安心」はむしろ市民生活上の「社会的合理性」に関わる概念と言うことができる。いささか形式的に定義すれば、「科学的合理性」とは科学者共同体における理論的説明によって保証される合理性のことであり、それに対して「社会的合理性」とは社会的意思決定の場面で公共的な合意に基づいて保証される合理性のことである。

科学的合理性と社会的合理性は相互依存的であり、切り離すことはできない。その点をベックはカントの言葉になぞらえて「社会的合理性によって裏づけられていない科学的合理性は無意味であり、科学的合理性のない社会的合理性は盲目なのである」[10]と述べている。たしかに、従来型の社会においては、両者は重なり合っており協調関係にあった。しかし、先端技術が日常生活の細部にまで入り込んでいる現代社会においては、科学的合理性と社会的合理性は必ずしも一致せず、両者のあいだの対立や齟齬が顕在化してきているのである。

たとえば損害補償を求めて争われる公害裁判のような場面では、まずもって被害が起こる可能性を予測できたことの科学的立証が必要となる。その際には専門分野の科学者の証言や報告書が重要な役割を果たすが、科学者は専門家としての責任から、厳密な結論を導くためにはデータが不足しており、より長期にわたる調査や実験が必要であると考える。しかし、裁判は一定の期間内に判決を出さねばならず、また判断は社会的合意が得られる範囲内で行なわれることから、科学的合理性の追求と社会的合理性の充足とは、しばしば対立することとなる。

実際、地球温暖化の原因や環境ホルモンの人体への影響については、科学者のあいだで必ずしも意見が一致しているわけではない。つまり、科学研究においては、人体実験ができないことから動物実験に頼らざるをえず、また短期の観察に基づいた長期予測は困難であることから、科学的結論は一義的に決定できるものではなく、それゆえ科学的方法のみで確実な結論を出せない領域が増えてきているのである。科学技術によってもたらされる社会的リスクは、そのほとんどが科学的証拠のみによっては結論を出せないこのような「グレーゾーン」に関わっている。不確実な証拠を含んだグレーゾーンにおける意思決定こそ、現代社会が直面している最大のアポリアにほかならない。その困難を藤垣裕子は次のように特徴づけている。

公共空間の問題解決で問題となる課題は、〈不確定要素をふくみ、科学者にも答えられない問題だが、「今、現在」社会的合意が必要〉という特徴をもつ。科学者が確実な予測を行えるなら、科学的妥当性に基づいた「科学的合理性」にのっとって、公共の判断もつけられよう。しかし科学者にも予測がつかない問題を公共的に解決しなければならないときには、科学的合理性は使えなくなる。それに代わって、「社会的合理性」というものを公共の合意として作っていかなくてはならない。公共空間における専門家の役割は、再定式化されなくてはならないのである。(11)

科学的合理性が機能不全に陥ったときに、それに代わる社会的合理性に基づく判断基準として提唱されているのが「予防原則（precautionary principle）」である。これは一九七〇年代に当時の西ドイツで、自動車の排気ガスなどを原因とする酸性雨によってスイス・フランスとの国境付近に広がるシュヴァルツヴァルト（黒い森）が枯れ始めたことを契機に制定された「環境法」に起源をもっている。その中核をなすのは「事前配慮原則（Vorsorgeprinzip）」と呼ばれる考え方であり、今日では国際条約などにも明記されるようになった。たとえば、一九九二年の地球サミットで採択された「リオ宣言」では、「深刻な、あるいは不可逆的な被害の恐れがある場合には、完全な科学的確実性の欠如が、環境悪化を防止するための費用対効果の大きな対策を延期する理由として使われてはならない[12]」と定式化されている。簡単に言えば、科学的因果関係が立証されていなくとも、健康や環境に悪影響を及ぼす恐れがある場合には、予防措置を怠ってはならない、という原則である。

さらに、丸山徳次が「予防原則の一つの重要な要素は、新規の活動を行なうことによって環境の変化をもたらした者、もしくはもたらそうとする者の側が、立証ないし反証の責任を負うという、責任転換の考え方です[13]」と述べているように、これまで被害者の側に求められていた立証責任が加害者の側に求められるようになったという点に、この予防原則のもつ画期的な意義が存する。その意味で、新たな科学技術の研究開発は、無条件に許されるものではなく、常に「リスク評価」の責任を負わねばならないのである。

5　科学技術のシヴィリアン・コントロール

科学技術がもたらす社会的リスクをめぐっては、「技術主義」と「精神主義（反技術主義）」という両極端ともいえる二つの考え方が対立し合っている。技術主義の立場は、社会的リスクは不完全な技術によってもたらされたものであり、将来的な技術の発達によってリスクは解消できる、と考える。他方の精神主義（反技術主義）の立場は、科学技術は本質的に反人間的な性格をもっており、社会的リスクを避けるためには科学技術に頼らないライフスタイルに回帰する必要がある、と主張する。しかし、技術利用が何らかの形でエネルギーを消費する活動である以上、技術主義が早晩エネルギー資源の枯渇に直面することは明らかであり、また科学技術の利用を断念する精神主義の路線では、地球上の現在の人口規模を養っていけないことは自明である。それゆえ、われわれは技術主義と精神主義の両極をともに退け、第三の道を追求せねばならない。すなわち、「科学技術のシヴィリアン・コントロール」という道である。

科学技術に関わる問題を公共の場で論じようとするときに、最も大きな障害となるのは、専門家と非専門家のあいだの知識の落差である。その落差は、先端的な科学技術になればなるほど拡大する。素人が最先端の科学知識を得ようと思っても容易ではなく、また特許や企業秘密に関わる事柄であれば、専門家も簡単には教えてくれないであろう。しかし、研究開発の決定権は専門家にあり、素人は知らないことに口出しすべきではない、という「専門家支配」の時代はすでに過去のものとなっている。環境問題における「ブーメラン効果」に見られるように、社会的リスクは人を選ばないのであり、「リスク評価」という観点からは、素人は科学技術開発の部外者ではなく、潜在的な当事者なのである。

このような事情を踏まえて、専門家と非専門家（市民）が共に一つのテーブルについて科学技術のあり方について議論しあうという試みが「コンセンサス会議」の名で始まっている。コンセンサス会議とは、いわば「科学と社会とのコミュニケーションの試み[14]」ということができる。これはもともとアメリカで始まった審議方式であるが、現在ではデンマークで採用され、大きな影響力をもつ政策決定システムとして機能している。この会議は、大きく分けると、会議を運営する事務局、専門家パネル、市民パネルという三つのグループから構成されており、専門家と市民が共通の理解を得るため、それぞれの問題について専門家から十分な説明を受けた上で、討論を通じて判断をくだす、という仕組みがとられている。

わが国でも小林傳司を中心にして、一九九八年には大阪で遺伝子治療をテーマに、また一九九九年には東京でインターネット技術をテーマに、コンセンサス会議の開催が試みられている。そこで目指されているのは、市民と専門家とが互いに知識を交換し、十分な説明と議論を経た上で、単なる科学的合理性だけでなく社会的合理性に基づいた公正な判断をくだし、それを具体的政策へ反映させるという方向性である。もちろん、両者のコミュニケーションは、専門家から市民への知識の注入といった一方向的なもの（欠如モデル）であってはならない。実際、小林の報告によれば、市民の側からの問題提起を受けて、専門家パネルの一員である科学者は、次のような発言をしたという。

ある化学者が「化学者は今まで、実験室という限られた閉鎖系のなかで、mg（ミリグラム）というオーダーでの物質の振る舞いの解明に集中してきたが、その物質がt（トン）のオーダーで様々な動植物の存在する環境に放出されたときの振る舞いに関しては無関心であった」と述べたこと

がある。(15)

ここからは、専門家の側が市民との討議を通じて、これまでの専門的視野からは抜け落ちていた問題に初めて気づかされた様子をうかがうことができる。その意味で、コンセンサス会議が目指しているのは、科学技術のあり方を科学者共同体内部の議論に留めることなく、社会的な公共空間の中で討議するシステムを作り出すことだと言ってよい。二一世紀の「リスク社会」を生きるわれわれに求められているのは、技術の進歩に未来を託すことでも、技術の恩恵を放棄して原始生活に戻ることでもなく、科学技術の「シヴィリアン・コントロール」の基盤となる「公共圏」を創出することなのである。それを、科学技術というリヴァイアサンと人間とが「共生」するための基本的なルール作りと言い換えることもできる。そして、公共圏が人間関係のネットワークである以上、当然のことながら、「自然と人間との共生」は「人間相互の共生」のあり方に基礎を置いているのである。

註

(1) サミュエル・リリー『人類と機械の歴史：増補版』伊藤新一ほか訳、岩波書店、一九六八年、四―五頁。
(2) 廣重徹『科学の社会史』中央公論社、一九七三年、二二三頁。
(3) ロバート・マートン『社会理論と社会構造』森東吾ほか訳、みすず書房、一九六一年、506ff。
(4) ジェローム・ラヴェッツ『批判的科学』中山茂訳、秀潤社、一九七七年、六三頁。
(5) ジョン・ザイマン『縛られたプロメテウス』村上陽一郎ほか訳、シュプリンガー・フェアラーク東京、一九九五年、二三一頁。
（6）飯田賢一『一語の辞典：技術』三省堂、一九九五年、五頁（本田宗一郎の言葉は、この中の引用文に基づく）。
（7）山田晃弘、杉本大一郎『科学の思想と論理』放送大学教育振興会、二〇〇一年、二四二頁。
（8）ウルリヒ・ベック、東廉ほか訳『危険社会』法政大学出版局、一九九八年、五二頁。
（9）山口節郎『現代社会のゆらぎとリスク』新曜社、二〇〇二年、一五五頁。
（10）ウルリヒ・ベック、前掲書、四一頁。
（11）藤垣裕子『専門知と公共性』東京大学出版会、二〇〇三年、七―八頁。
（12）丸山徳次「水俣病の哲学に向けて」、『応用倫理学講義』第二巻〈環境〉、岩波書店、二〇〇四年、五九頁（「リオ宣言」はこの中の引用文に基づく）。
（13）同前、六〇頁。
（14）小林傳司『誰が科学技術について考えるのか』名古屋大学出版会、二〇〇四年、iii頁。
（15）小林傳司「臨床の哲学と参加の政治学」、国際高等研究所報告書（研究代表者／野家啓一）『臨床哲学の可能性』二〇〇五年、五三頁。

V

記憶と忘却のはざま

東北の地から

11　東北の地から——震災と復興のはざまで

良い記憶も悪い記憶も人が生きた証し

映画監督・森崎　東

1　哲学に何ができるか

昨年（二〇一一年）三月一一日に起こった東日本大震災とそれに引き続く福島原発事故からはや一年が過ぎ去った。震災では津波の災禍《さいか》こそ免れたものの、仙台市内にある私の自宅も勤務先の大学も地震による損壊を被り、私自身も「罹災証明書」を交付される身となった。それでも、津波によって壊滅状態となった沿岸部に比べれば、同じ被災といっても雲泥の差と言ってよい。実際、仙台市では防潮堤の役目を果たした東部道路という高速道を境にして、その西側に位置する市街地が現在ほぼ平常に戻りつつあるのに対し、その東側の沿岸地域はいまだ復旧の目途さえ立っていない。この「復興格差」には、近隣地域に住む者として心が痛むばかりである。

そうした状況のもとで、私が所属する東北大学では、昨年四月にいち早く「災害復興新生研究機構」

を立ち上げ、被災地域の中核大学としての責任を果たすべく、東日本の復興・地域再生の諸課題に取り組んでいる。すでに柱となる七つのプロジェクトが動き始めているが、その特徴は総合大学としての利点を生かした「文理連携」の体制にある。

震災直後から大学病院を中心に被災地への医師派遣や医療物資の提供を行ない、理工系の教員が放射線量を測定して地域住民に情報提供を行ったことはもちろんだが、人文社会系の学部や教員もまた、それぞれの専門を生かして被災者の支援に立ち上がった。たとえば、日本史の教員による被災した文化財や古文書の修復・保存、宗教学の教員による「心の相談室」の開設、心理学の教員による被災時の行動や助け合いに関する調査などである。そうした活動を集約し、二〇一二年四月からは文理連携型の「災害科学国際研究所」の創設が予定されている。防災や減災を実効的なものにするためには、理系の知と文系の知を融合させることが何よりも必要だからである。

そんななかで、この一年間ほど私の専門である「哲学」に何ができるかを考えさせられたことはなかった。もとより哲学は、医学や工学のように直ちに役立つ学問ではない。ヘーゲルが「ミネルヴァの梟は、黄昏がやってくると初めて飛びはじめる」（『法の哲学』序文）と述べたように、哲学は一つの出来事が終わろうとするときに、それを総括すべく登場する学問である。だとすれば、哲学が必要とされるのは、震災後一年を経たこれからということになろう。事実、今回の大震災と原発事故は、われわれがこれまで自明のものとして安住してきた自然観、人間観、文明観、価値観などを大きく揺さぶり、それを根底から考え直すことを、要求しているのである。

すでに寺田寅彦は昭和九年（一九三四年）に書かれた「天災と国防」の中で、「文明が進めば進むほど天然の暴威による災害がその劇烈の度を増すという事実」に注意を促し、「いやが上にも災害を大きくするように努力しているものは誰あろう文明人そのものなのである」と警告を発していた。今日の科学技術文明が「利便性」と「経済効率」を至上の価値として追求してきたことは言うをまたない。われわれもまた、それを当然のこととして疑わず、その自明性の上に胡坐をかいてきたのである。しかし、大震災と原発事故が突きつけたのは、まさにその「自明性」の脆さであり危うさであった。

もちろん、放射能の除染をはじめ、復旧・復興に当たって科学的知識は不可欠である。だが、「知識」だけでは足りない。復興を真の意味でわれわれの生き方と結びつけるためには、これまで受け容れてきた価値の「自明性」を問い直し、それを転換する「知恵」が必要となる。遅れたとはいえ、ミネルヴァの梟の出番であろう。

2　災害ユートピア

一年前の東日本大震災に際しては、津波で被災した東北地方沿岸部の人々の節度ある振る舞いや助け合いの精神に、世界中から賞賛の声が寄せられた。もちろん、それは誇るべきことには違いないが、大災害に遭遇したときの利他的行動や相互扶助は、何も日本だけに限られたことではないようだ。レベッカ・ソルニットは『災害ユートピア』（亜紀書房、二〇一〇年）の中で、サンフランシスコ地震や九・一一テロなどの具体例を挙げながら「大災害は、それ自体は不幸なものだが、時にはパラダイスに戻るドアにもなりうる」と指摘している。危機的事態に直面したとき、人間は勇気、友愛、節制といった古典的徳目をわれ知らず実践するのである。

私自身のささやかな経験でも、昨年の震災直後には、普段は道で出会っても目礼をして通り過ぎるだけだった隣近所の人びとが「大丈夫でしたか」と声をかけあい、毛布や石油ストーブ、食料や水など足りないものを融通しあったのである。また、スーパーの長い行列に並んでいると、見知らぬ人が「どこそこの八百屋が開きましたよ」と情報を伝えてくれ、高齢のお婆さんは敗戦直後の配給の思い出を語ってくれた。それはまるで、映画『ALWAYS 三丁目の夕日』の世界が復活したかのような錯覚を覚えるほどであった。

そうした近所付き合いは、私の子ども時代（昭和三〇年代）にはごく普通の情景であった。テレビを持っている家が少なかったこともあって、隣の家で大相撲の番組を見せてもらい、そのまま夕食もご馳走になって帰ってくる、といったことが日常茶飯に行なわれていた。また、悪さをすれば近所の人から叱られたことも私の記憶に残っている。ところが、高度成長期に入った頃からだったろうか、それぞれの家は核家族化し、隣近所の井戸端会議や立ち話といった風景もめっきり少なくなっていった。それは、社会全体が「経済効率」と「利便性」をひたすら追い求め始めた時期と軌を一にしている。

もちろん、町内会的な付き合いが、戦時中には隣組や国防婦人会などに組織され、それが抑圧と相互監視の装置として機能したことはよく知られている。同時に、天皇制国家のもとでの共同体意識が、過度の同調圧力となって個人の精神的自由を束縛してきたことも否定できない。だが、一方で人間が個人や家族を超えた共同性や連帯を求めずには生きていけない社会的動物であることも事実である。今回の震災において東北の被災地の人々がとった行動は、もちろん逸脱行為も少なからず存在したにせよ、失われたかに見えるコミュニティの「根」がいまだ残っていたことを示している。

近代社会における典型的な人間のあり方は「ホモ・エコノミクス（経済人）」、すなわち合理的に自己の経済的利益を追求する利己的主体という人間像である。それはロールズらのリベラリズムが前提とする「負荷なき自己（unencumbered self）」、つまり自由に選択し決定する自立した個人という自己像につながっている。だが、震災に当たって力を発揮したのは、サンデルらのコミュニタリアンが主張する「位置ある自己（situdted self）」であったように見える。つまり、コミュニティの歴史や記憶によって支えられた道徳的絆によって結ばれた人間像である。

先のソルニットは、「人間は合理的な理由により個人的利益を追求するという前提」を現代社会のイデオロギーと断じ、「良くも悪くも、長期的な社会的政治的改革が瓦礫の中から生じる。今の時代、パラダイスがあるとすれば、そこへの扉は地獄の中にある」と述べている。震災後一年を経て、その扉が早くも閉じかかっている現在、一瞬かいま見えたコミューンの灯火を、私たちは消し去るべきではないであろう。

3　風土と「殺風景」

東北の地にもようやく桜前線が北上し、仙台でも例年より一週間ほど遅れたものの、四月一八日（二〇一二年）に開花宣言が出された。だが、東日本大震災から一年後の桜は、心なしかくすんだ色に見え、花見客も手ばなしで浮かれてはいないようだ。それというのも、石巻をはじめ隣接する津波の被災地域では、復旧・復興はおろか、いまだ瓦礫の撤去さえままならない状態だからである。

さる三月九日、一〇日の両日、私が所属する東北大学文学部では香港教育学院と共催で、国際交流基金の援助を受け「大震災と価値の創生」をテーマに国際シンポジウムを開催した。昨年の大震災で問われたのは、私たちが自明のものとして依拠してきた価値観であり、未曾有の被災体験を踏まえた新たな価値意識を創出することこそ、哲学や倫理学に携わる者の急務と考えたからである。

もちろん、価値や価値観といっても難しく考える必要はない。価値とはかけがえのない物や性質のことであり、価値観とは何を大事なものと考えるかという優先順位の付け方のことである。それゆえ、新たな価値観とはこれまでの優先順位の序列を根本から組み換えることにほかならず、それは私たちのライフスタイルにも少なからぬ影響を及ぼさざるをえないであろう。

シンポジウムの基調講演には、フランスからオギュスタン・ベルクさんをお招きした。ベルクさんは和辻哲郎の風土論を独自の観点から発展させた『風土の日本』(ちくま学芸文庫)などの著作がある人文地理学者で、一〇年ほど前には宮城大学教授として仙台に居住されたこともあり、東北との縁は深い。震災直後の六月にも来日され、宮城県山元町の津波による被災現場を訪ねられた。

そのときの体験を基にしたベルクさんの講演の中で、最も印象に残ったのは、「殺風景」と「趣き」という二つのキーワードであった。殺風景とは文字通り「風景を殺す」ことであり、趣きとはおのずから「心が動いてゆく方向」、すなわち歴史的に培われてきた自然との絆を感受することにほかならない。それからすれば、高度成長期の日本列島改造論に見られるような無定見な国土開発は、風景を殺して「殺風景化」し、同時に自然との歴史的な絆をも断ち切って「趣き」を消滅させてきたのである。地震と津波という天災による被害を著しく増幅させたのも、そうした風土性の喪失に一因がある。それゆえ、今後の復旧と復興は、人間の生存に不可欠の風土性を再発見し、その趣きを再生させることから始めねばならない。

以上が私なりの講演の要約である。ベルクさんの「趣き」のない「殺風景」という言葉に触発されて私の脳裏をよぎったのは、こちらは人災であるが、レベル7という最悪の過酷事故を起こした東京電力福島第一原子力発電所一帯の無惨な風景であった。テレビで繰り返し放映されたように、原発は無機的な直方体の姿を無防備に海に向かってさらしている。その趣きのなさを糊塗するかのように、原子炉を覆う建屋の表面には、青空と白い雲のようなものが描かれていた。まさに風土性を無視した無国籍の建屋であり、それが破壊されたさまを目にしたときの違和感はこの上ない。しかも、原発から放出された放射性物質は、大気や山林や田畑を汚染し、土地の人々から「風土」を根こそぎ奪い去ったのである。

風土とは単なる自然環境ではなく、人間の主体的な関わりのなかで形成された意味や価値を伴った歴史的現実にほかならない。それゆえ、人間は風土のなかでこそ生き、かつ死ぬことができる。和辻が風土を「人間存在の構造契機」と呼んだゆえんである。東北の被災地の復興は、風土の再生と表裏一体のものでなければならない。

4　宮澤賢治と物語の力

私の周りには東日本大震災以後、波立った心のざわめきを鎮めるために宮澤賢治を読み返したという人が少なくない。私もまたその一人である。地震で倒壊した自宅の書棚を片付けながら、表紙の破損した『宮澤賢治詩集』を見つけ、思わず「永訣の朝」や「無声慟哭」の頁を繰って胸を突かれる思いのしたことが記憶に甦る。賢治の詩や童話が私たちを鎮魂の思いへと誘うのも、そこには妹とし子の死が影を落としており、作品を書き綴ることが一種の「グリーフ・ワーク（喪の作業）」の趣を呈しているからに違いない。

さる、五月二〇日（二〇一一年）、詩人の管啓次郎さんから案内をいただき、仙台市内で行なわれた朗読劇「銀河鉄道の夜」を見る（聴く）機会を得た。前日は大船渡、次の日は福島で公演という強行軍のキャラバンだと伺った。出演者は管さんの他に作家の古川日出男、歌手の小島ケイタニーラブ、翻訳家の柴田元幸、音楽評論家の小沼純一といった豪華キャストである。

第一部は、自作の詩を中心とした朗読である。とりわけ、古川さんによる賢治の長篇詩「青森挽歌」の朗読に心打たれた。もともとこの詩は、妹を亡くした賢治がその傷心を癒そうと北へ向かう列車に乗った旅中でできた作品である。「けれどもとし子の死んだことならば／いまわたくしがそれを夢でないと考へて／あたらしくぎくつとしなければならないほどの／あんまりひどいげんじつなのだ」という一節を耳にすると、いやでも今回の津波で肉親を失った人々のことを思わざるをえない。

続く第二部は、古川さんが自分でアレンジした「銀河鉄道の夜」の抜粋を朗読し、それに管さんが書き下ろしの詩をもって応え、さらに小島さんの音楽と柴田さんの英訳朗読が加わって、一種のジャムセッションのような雰囲気を醸し出す。古川さんの力強い声は、聴衆を一挙に銀河鉄道の車内へと引き込み、鳥捕りや車掌、一〇〇年前のタイタニック号で遭難した幼い姉弟の隣りに坐らせる。

知られるように「銀河鉄道の夜」は、舟から落ちたザネリを助けようと川へ飛び込んで自ら犠牲となったカンパネルラが、友人のジョバンニと共に銀河空間を旅する物語である。賢治の「あいつはこんなさびしい停車場を／たつたひとりで通つていつたらうか（青森挽歌）」という詩句を見れば、彼が妹とし子の佇む「さびしい停車場」を物語の力によって「銀河ステーション」や「白鳥の停車場」など祝祭と鎮魂の場へと変貌させようとしたことがわかる。その意味で、一篇の物語を紡ぎ出すことは、賢治にとって手ひどい喪失感から立ち直る不可欠のグリーフ・ワークだったのである。

昨年の津波では、多くの人々が家屋や家財を流され、家族や友人を失った。生き延びた人々も、その僥倖に何らかの負い目を感じて生き続けざるをえない。名取市で被災者の救援に当たった桑山紀彦医師は「心のケアが必要な人にとって、記憶を紡ぎ出し、それを物語化し、どういう形でどこに仕舞う、つまり奉納するかという一連の作業が必要です」(海堂尊監修『救命』新潮社)と述べている。

被災した人々にとっては、家屋や家財と共にあった過去の物語が、家族や友人と共にありうるはずの未来の物語が断ち切られてしまったのである。粉々になった物語を修復するためには、残された断片をつなぎ合わせて自己の物語を「紡ぎ直す」ほかはない。賢治の詩や童話は、そのためのまたとない手がかりを与えてくれる。朗読劇「銀河鉄道の夜」との出会いは、私にとってそのような「物語の力」を実感させてくれた一夜であった。

5　信頼の危機

東京電力福島第一原子力発電所のレベル7にまで達した過酷事故について、その原因と事故処理を解明する政府、国会、民間の三つの事故調査報告書が出揃った。いずれの報告書でも、危機に際しての政府の場当たり的な対応の不適切さ、「安全神話」に胡坐をかいて予防措置を怠ってきた東京電力の無責任体質に対して厳しい批判がなされている。とりわけ政府発表が二転三転し、肝心の情報が伝えられなかったことについて、国会事故調は「政府の公表内容の信頼性を低下させ、無用な憶測を招く一因となった」と指摘している。

だが「信頼性を低下」させたのは政府や東電ばかりではない。今回の原発事故と放射能汚染は、科学と科学者に対する信頼をも大きく失墜させた。文部科学省がこの六月に公表した平成二四年度版『科学技術白書』は、そのことを明瞭に物語っている。白書の意識調査によれば、「震災前は「科学技術の研究開発の方向性は、内容をよく知っている専門家が決めるのがよい」との意見について、「そう思う」と回答した者が五九・一パーセントであったのに対して、震災後は一九・五％へと三分の一程度にまで激減している」のである。従来の「専門家にお任せ」という国民の態度に根本的な変化が生じているのであり、まさに「信頼の危機」と呼ぶべき状況であろう。

もともと「信頼の危機」とは、一九八六年にイギリスで発覚したBSE問題について、二〇〇〇年に上院科学技術特別委員会が総括した報告書で用いられた言葉である。イギリス政府は八九年に、動物学者のサウスウッド卿を長とする委員会が出した「BSEが人に感染する可能性は極めて小さい」という科学的結論をもとに、公式に安全宣言を行なった。ところが、事態が進展した九六年には人への感染を認めざるをえなくなったのである。この事件を通じて、イギリスでは政府と科学者に対する国民の信頼は根底から揺らいだ。先の『白書』に明らかなように、原発事故を契機とする科学技術に対する国民の意識変化もまた、同様の事態だといえよう。

政府と国民のあいだに相互の「信頼関係」が築かれていなければ、いくら正しい科学的情報を発信したところで、それは社会には受け容れられない。不都合なリスクを隠しているのではないか、という不信感が拭えないからである。本来なら専門家としての科学者がそうした信頼関係を担保すべき役割を担うはずだが、原発事故においては専門家自身が「原子力ムラ」の一員としてむしろ安全神話の水増しに加担してきた。構図は水俣病や薬害エイズの場合といささかも変わっていない。水俣病の原因究明に尽力した原田正純医師が、三・一一直後のインタビューで「懲りてないねえ」と嘆き、「五〇年たっても教訓は生かされていない」と述べたゆえんであろう。

科学技術については、よく「安全・安心」の両面が強調される。そこには、安全は客観的だが、安心は主観的というニュアンスが込められている。たしかに、安全の方は「損害の大きさ×発生確率」という形でリスク計算が可能であり、科学的合理性と言い換えてもよい。他方で安心の方は「心の問題」と片付けられることが多い。だが、安心は個人的な「心」ではなく社会的な「信頼」、すなわち社会的合理性の問題である。政府の官僚機構、企業の社会的責任（CSR）、科学者コミュニティなどへの信頼があって初めて、私たちは安心を手に入れることができる。

科学的合理性と社会的合理性は対立するものではなく、社会システムを支える車の両輪にほかならない。その車軸に当たる「信頼」をどう取り戻すか、危機に瀕した信頼の再構築のために今後なすべきことは数多い。

6　トランス・サイエンスの時代

政府の肝煎りで、原発の存否を含めた今後のエネルギー政策を決める国民的議論の一環として、わが国では初めての「討論型世論調査（Deliberative Poll = DP）」が行なわれた。DPとは、まず電話調査（六八四九人）を行ない、そこから討論会参加者（二八五人）を募り、専門家を交えた討論会の前後での意見の変化を調べる世論調査の方式である。もともとスタンフォード大学の政治学者ジェームズ・フィッシュキン教授が考察した調査法で、すでに欧米をはじめ世界十数カ国で実施されている。今回は参加者に、三〇年後の原発依存度を「ゼロパーセント」「一五パーセント」「二〇—二五パーセント」

という三つの選択肢から選ばせる形をとった。

結果は、専門的知識を踏まえた討論会後の意見は中庸の一五パーセントに収束するだろうという政府の思惑に反し、ゼロパーセントを支持する意見が四一パーセントから四七パーセントに増加した。そうした動向を左右したのが、参加者の「結婚して子育てするときに最も重視するのは安全」（『朝日新聞』二〇一二年八月二三日）という安全性への希求であるのはもちろんだが、経産省幹部が「政府資料への不信感が想像以上に強かった」（『毎日新聞』二〇一二年八月二三日）と嘆いていることが注目を引く。討論の前提となるべき政府、専門家、市民のあいだの基本的な「信頼関係」が失われているのである。

そもそも科学技術に関わる政策決定という高度に専門的課題に対して「国民的議論」が必要だと考えられるにいたった背景には、一九七〇年代を境に、科学を取り巻く状況が「サイエンス」から「トランス・サイエンス」へと大きく変貌したという事情がある。「トランス・サイエンス（領域横断的科学）」とは、原爆開発のマンハッタン計画にも関わったアメリカの核物理学者アルヴィン・ワインバーグが一九七二年に提唱した概念で、「科学に対して問いかけることはできるが、科学によっては答えの得られない問題群」のことである。わが国では、大阪大学の小林傳司教授が早くからこの問題に取り組み、鋭利な問題提起を行っている。

具体的には、環境問題、生殖医療、ＢＳＥ問題、パンデミック問題などがその典型例に当たる。もちろん、原発の是非をめぐる問題もその例に洩れない。これらの問題群には、科学と技術のみならず、政治、経済、文化、社会などの諸領域が密接に関わっている。つまり、問題解決には事実判断とともに価値判断が必要なのであり、両者は複雑に絡み合って切り離せないのである。それゆえ、トランス・サイエンス的問題は事実認識を目指す科学（者）だけで解決することはできないし、また解決すべきでもない。ステークホルダー（利害関係者）を含めた「国民的議論」による社会的価値判断が必要とされるゆえんである。

同様の事態は、科学社会学の長老ジェローム・ラベッツによっても指摘されている。彼は現状を「解決には科学は必要だが、科学だけでは十分ではない、新しい政策の時代」と特徴づけ、それを「ポスト・ノーマルサイエンス」と呼ぶ。「ノーマル・サイエンス（通常科学）」とは、トマス・クーンによれば、科学者共同体が一定のパラダイムに従って営む自己完結的な研究活動のことである。そこでは「ピア・レビュー（同僚評価）」が最も高い権威をもつ。ところが、ポスト・ノーマルサイエンスにおいては、それに加えて、社会的説明責任（アカウンタビリティ）」が求められることになる。

軍事のみならず科学技術についても「シヴィリアン・コントロール」が必要とされる時代が始まっているのである。

7 「リスク社会」を生きる

東北の地はいま実りの秋を迎え、稲刈りの最盛期に入っている。だが、農家の人々が最も心配しているのは、収穫した米に含まれる放射線量の問題である。線量が規制値を超えれば、田植えに始まった半年間の苦労が水泡に帰してしまう。東京電力福島原発事故による放射能汚染は、いまなお大気、土壌、水、食糧といった人間の生存条件そのものを危機にさらし続けているのである。

科学技術は、かつては「富」の源泉であったが、今日では「リスク」を生み出す源泉となっている。そのことを指摘したのは、『リスク社会』（邦訳『危険社会』法政大学出版局）の著者ウルリッヒ・ベックであった。彼によれば、二〇世紀後半以降の現代世界では「貧困社会における富の分配の論理から、発展した近代におけるリスクの分配の論理への転換」が生じているのである。リスクの分配とはいささか剣呑な物言いだが、原発から放出される核のゴミ（放射性廃棄物）や震災による瓦礫の処分場の選定が大きな政治的課題となっている現状を見れば、その意味は明らかであろう。英語にＮＩＭＢＹ（Not in my backyard）という言葉があるように、住民エゴと言われようと、誰しも自分の裏庭でリスクを引き受けるのは御免こうむりたいのである。

ただし、「リスク（risk）」と「危険（danger）」とは区別されねばならない。後者は自然災害のように、人間の責任とは無関係に外部要因によって生ずる。地震や津波を挙げるまでもなく、それらは制御困難であり、せいぜい防災や減災を心がけるしかない。それに対して、前者は人間自身の選択や意思決定によって生じる事故や人的災害であり、こちらは制御可能であるがゆえに応分の責任が伴う。東京電力福島原発事故は、たしかに地震と津波によって、引き起こされた全電源喪失によるものであるが、これは「危険」ではなく「リスク」に属する。ベックが述べるように、「地震が起きる場所に原子力施設を建設するというのは、政府であれ企業であれ、人間が決めたこと」（『朝日新聞』二〇一一年五月一三日）だからである。

とりわけ現代社会においては、科学技術の発達とともに、リスクは規模においても影響範囲においても著しく拡大している。第一に、そこではリスクを時間・空間的に限定することが不可能である。これは酸性雨や放射性物質の拡散が容易に国境を越えることからも明らかであろう。第二に、リスクをもたらした責任の所在を特定することが不可能である。たとえば光化学スモッグは、ドライバー全員に責任があるといえば言えるであろう。第三に、リスクによる被害の補償不可能性である。福島原発事故の被害補償が東京電力という一企業の弁済能力を超えていることは多言を要しない。

こうした三重の不可能性に取り囲まれたリスク社会のあり方を、ベックは「組織化された無責任システム」と呼んでいる。俗に「リスクをとる」という表現に見られるように、リスクと自己責任とは不可分のものであるはずだが、現代社会において両者は乖離し、その結び目が見えなくなっているのである。

わが国が「科学技術立国」を看板に謳い、「イノベーション」を国家目標に掲げている以上、われわれはそれが社会的リスクと表裏一体のものであることに目を向けねばならない。薬に大なり小なり副作用があるように、科学技術から利便性と効率性だけを享受するわけにはいかないのである。しかも、現代では実験室と市場との距離は著しく縮まっている。それに伴い、リスクもまた実験室から市場へと容易に流出する。「科学リテラシー」や「科学コミュニケーション」が重要であるのはもちろんだが、同時に「リスク・リテラシー」や「リスク・コミュニケーション」が必要な時代をわれわれは生きているのである。

8　受益圏と受苦圏

かつて「美しい国」をスローガンに掲げた首相がいたが、東京電力福島第一原子力発電所の過酷事故と広範な周辺地域の放射能汚染は、そもそも美しい国づくりと原子力発電とが両立しうるのかという重大な疑問をわれわれに突きつけた。原発の安全性に対する懸念もさることながら、喫緊の課題は原発から排出される高レベル放射性廃棄物、いわゆる「核のゴミ」の処理問題である。

すでに日本全体の使用済み核燃料は一万四〇〇〇トンを超えており、国内の貯蔵可能量の七〇パーセントに達している。このまま震災前の水準で原発を再稼動させれば、冷却用のプールは約六年で満杯になるという。わが国が原子力発電の導入に踏み切った一九五〇年代半ばには、核廃棄物の処理技術は二〇—三〇年で完成するだろうと見積もられていた。だが、それから半世紀以上が経った現在でも、増え続ける核のゴミは処理の目途すら立っていない。その点だけからも、原子力発電は不完全な技術と言わざるをえない。

日本学術会議はさる九月、内閣府原子力委員会からの審議依頼を受けて、「高レベル放射性廃棄物の処分について」と題する回答書を提出した。そのなかで注目したいのは、「受益圏と受苦圏が分離するという不公平」を明確に指摘していることである。電力を大量に消費し、原子力発電の恩恵を享受するのは大都市圏であるが、それに対して原発は人口も電力消費量も少ない遠隔地域を選んで立地されてきた。そのうえ、核廃棄物の一時貯蔵施設は本州最北端の青森県に置かれている。だが、青森県も最終処分地となることは拒否しており、県外に移設することを求めている。

「受益者負担」の原則に照らせば、本来なら最終処分地は大都市圏にこそ設置すべきであろう。そこまではゆかないものの、今回の回答書は公平性を担保するために、核廃棄物の保管施設に隣接して「政府・電力会社等の機能の一部」や大型研究施設を併設すべきことを提言している。受益圏/受苦圏という固定化した枠組みを打ち破る可能性をもった提案というべきだろう。

原発の寿命が数十年にすぎないのに対し、そこから排出される核廃棄物は、生物に無害なレベルに達するまでに数万年という途方もない時間を要する。フィンランド映画『十万年後の安全』では、オルキルオト島に建設された地下埋設による最終処分施設「オンカロ」の様子が克明に描写されている。

そこでは一〇万年後の人類(?)に施設の危険性をどのような手段で伝えるかが真面目に議論されているのである。関係者は「大きな悩みです。未来の人類への伝達方法がね。きっと言語や文字の表記が違うでしょうから」として絵文字を使う方法を示唆し、「感覚に訴える手法として興味深い絵画がありますす。ムンクの描いた「叫び」です」と述べている。冗談ならまだしも、最先端の科学者の言である。これがパンドラの箱を開けてしまったわれわれ人類が直面している現実にほかならない。ましてや地震大国日本では、地下埋設処分を行なうためには、一〇万年間の地層の動きを予測して施設の建設を進めねばならない。これは現在の科学知識と技術能力では不可能に近い。

脱原発を選択するにせよ、原発の再稼動を認めるにせよ、核廃棄物の処理はそれを作り出した現存世代が解決すべき課題である。現存世代の利便性のためにこれ以上核のゴミを増やし続け、その負債を将来世代に積み残すことは、「世代間倫理」の観点からも許されることではないであろう。子孫に「美田」を残すことはできないまでも、放射能に汚染された「醜田」を残すことだけは、少なくとも避けねばならない。

9　世代間倫理と「七世代の掟」

西郷隆盛の遺訓に「児孫のために美田を買わず」という人口に膾炙した一句がある。これは一家眷《いっかけん》属《ぞく》の私益を離れ、公益のために行動せよ、という高邁な倫理を述べたものであろう。だが現代においては、子孫に環境汚染や放射能汚染を免れた「美田」を残すことこそが求められている。いわゆる「世代間倫理」の問題である。

これまでの倫理学は「世代内倫理」、すなわち同時代を生きる人々の人間関係を律する行動規範の確立を目指してきた。和辻哲郎の「間柄」の倫理学もまた、その例に洩れない。彼によれば「倫理とは人間共同態の存在根底として、種々の共同態に実現せられるもの」（『人間の学としての倫理学』）だからである。おそらくこの「共同態」とは顔の見える範囲の「共時的」なものであり、世代をまたぐ「通時的」なものとは考えられていない。

ところが、科学技術の発達に伴う地球環境破壊は、未来世代の生存権をどのように保証すべきか、という新たな環境倫理の問題をわれわれに突きつけている。石炭や石油など化石燃料を現在世代が使い果たしてよいのか、放射性廃棄物（核のゴミ）の貯蔵と管理を未来世代に丸投げしてよいのか、といった問題である。こうした問いは、「正義」や「公正」といった倫理的概念を同世代のみならず未来世代にまで拡張することを要求する。だが、多数決による民主的決定という手続きは、ここでは通用しない。未来世代が不在であることに加え、加藤尚武氏が指摘するように「この多数決という制度は、現在世代の合意がたとえ未来世代に大きな負担を強いるものであっても有効である、という原則を含んでいる」（『災害論』世界思想社、二〇一一年）からである。

たしかに、現在世代が自分たちの利害を度外視してまで未来世代の福祉を優先することは難しい。だが、管啓次郎氏によれば、アメリカ先住民のイロクォイ族は、そのような決定手続きを導入していたという（『野生哲学』講談社現代新書、二〇一一年）。

「部族の会議が開かれるたび、人々はまず自分たちの義務を次のような言葉で誓いあうのだった。「何事を取り決めるにあたっても、われわれの決定が以後の七世代にわたっておよぼすことになる影響をよく考えなくてはならない」と。ある決議事項をめぐって自分が投票するなら、その票は自分だけではなく、まだ生まれていない者たちを含めて、以後の七世代のための一票なのだ」。

七世代といえばほぼ二〇〇年、われわれの曾孫の曾孫といった世代であろうか。それを現在の決定に参与させるとは、驚くべき想像力と共感能力と言わねばならない。そこでは「七世代の掟」という形で、苦もなく世代間倫理が実践されているのである。

世代内倫理は基本的に「双務性」に立脚している。自分が殺されたくなければ、他人も殺してはならないという一種の双務契約である。それに対して、世代間倫理は「片務性」を特徴とする。つまり、一方向的で見返りはない。それは「契約」や「交換」ではなく、「贈与」に似ている。だが、モースの『贈与論』を引くまでもなく、贈与には返礼義務が伴う。もちろん、未来世代からの返礼はありえない。ここではむしろ発想を逆転すべきであろう。

アメリカ先住民には「大地は子孫が貸してくれたもの」という箴言があるという。それからすれば、現在世代は大地を未来世代から贈与されているのである。大地を生存環境と読み換えるならば、それを保全し良好な状態で未来世代に手渡すことは、現在世代の返礼義務にほかならない。「持続可能性」を実現するためにも、アメリカ先住民の知恵に学ぶべきことは数多くありそうである。

10 「CUDOS」から「RISK」へ

「三・一一」と呼ばれる東日本大震災からはや二年近くが経とうとしている。しかし、津波で被災した三陸沿岸部は復興といえる状態にはほど遠く、東京電力福島原子力発電所の事故で避難を余儀なくされた人々は、故郷へ帰れる目途さえ立っていない。

このところ政権与党に復帰した自民党の幹部からは、「脱原発」の見直しをはじめ、再稼働や原発新設に向けての発言が目立つ。だが、高レベル放射性廃棄物の処分問題を放置したまま、なしくずしに原発政策を元に戻すことは、福島原発事故の教訓を無にすることに等しい。少なくとも「三・一一」を境に、私たちは科学技術と社会のあり方について、根本的な反省を迫られているのである。

二〇世紀半ばまで、科学の目標は真理の探究であり、そのため科学者は「科学者コミュニティ」の一員として一定のルールを遵守せねばならない、と考えられてきた。アメリカの科学社会学者ロバート・マートンは、一九四九年にそれを「マートン・ノルム」と呼ばれる行動規範にまとめ上げた。すなわち、①公有性（Communality）、②普遍性（Universality）、③利害の超越（Disinterestedness）、④系統的懐疑主義（Organized Skepticism）の四項目である。

これらは英語の頭文字をつなげて「ＣＵＤＯＳ」とも呼ばれる。具体的には、科学者が発見した知識は誰でもが共有できるものであり、その知識は科学者の人種・性別・国籍などに関わりなく普遍性をもち、また科学研究は私的利益のためになされてはならず、科学者は独断や狂信に陥ることなく常に懐疑の姿勢を保たねばならない、というものである。こうした行動規範は、戦後の民主主義社会における理想主義的科学者像を描いたものと言うことができる。

だが、二〇世紀後半の科学研究は、原爆開発を主導したマンハッタン計画をモデルに、科学者が共同で組織的に目標の達成を目指す「プロジェクト達成型」の研究へと大きく変貌した。いわば真理の探究から研究開発へのシフトである。イギリスの科学哲学者ジョン・ザイマンは、一九九四年にこうした動向を「ＣＵＤＯＳ」に代えて「ＰＬＡＣＥ」と表現した。すなわち、①知的所有（Proprietary）、②局所的研究（Local）、③権威主義（Authoritarian）、④委託研究（Commissioned）、⑤専門家（Expert）の五項目である。

具体的には、現代の科学者は特許を通じて知的財産権を主張し、研究分野が細分化されて局所的になるとともに、その分野については権威主義的に振る舞い、政府や企業からの受託研究を請け負う専門家、といったイメージである。いわば「プロジェクト達成型」時代の現実主義的科学者像とでも言えようか。

それに対して、「三・一一」以後の科学者・技術者は、何よりも地に落ちて失われた社会的信頼を回復せねばならない。また、科学技術の社会的影響を「世代間倫理」の観点から考え直すことが必要である。そのためには、科学者・技術者が自分の研究を歴史的・社会的に位置づける社会文化リテラシーを身に着けることが不可欠であろう。さらに、鳥インフルエンザウイルスに関する論文の公表がバイオテロとの関係で問題視されたように、現代はすでに知識の製造物責任が問われる時代に入っているのである。

これらを「ＲＩＳＫ」という標語にまとめることができる。すなわち、①信頼性（Reliability）、②世代間倫理（Intergenerational Ethics）、③社会文化リテラシー（Socio-Cultural Literacy）、④知識の製造物責任（Knowledge-Product Liability）の四項目である。言い換えれば、科学技術のあり方を「トランス・サイエンス」と「リスク社会」という背景のなかで捉え直すこと、これが三・一一を経験した私たちに課せられた責務にほかならない。

12 「今を生きる」ということ——記憶と忘却のはざまで

物語の記憶は、誰にも消せないわ

小川洋子『密やかな結晶』

1 良寛の言葉

二〇一一年三月一一日の東日本大震災で、私は生まれて初めて「被災者」という立場に身を置くことになり、自宅が「全壊」と判定されたため「罹災証明書」なるものを交付される身になった。被災者を表わす英語が“victim”であることを知ったのも、そのときである。もっとも、私は震災当日は国立大学の図書館長会議のため上京しており、新幹線はもちろん各種交通機関が途絶していたため、私が「全壊」の自宅に戻れたのは、それから四日後のことであった。ようやくたどり着いた家のなかは倒壊した本棚と割れて散乱した食器などで足の踏み場もなく、妻は近くの小学校の講堂に開設された避難所に身を寄せていた。せめてもの慰めは、電気と水道の復旧が予想よりも早かったことである（他方で、ガスの復旧まではほぼ一ヶ月を要し、そのあいだは風呂に入ることができなかった）。そうした混乱のなかで、当時の郵便事情を考えると不思議なほど早く、真っ先に届いたのは東京に住む友人から送られてきた一通の見舞い葉書であった。何よりも目を引いたのは、簡潔な文面の中に引用されていた、以下のような良寛の手紙の一節である。

災難に逢う時節には、災難に逢うがよく候。死ぬ時節には、死ぬがよく候。是ハこれ災難をのがるゝ妙法にて候。かしこ(1)

この一文は、文政一一(一八二八)年の冬に起きた三条の大地震の際に、与板の山田杜皐に宛てて書かれたものの由である。さいわい私の自宅は沿岸部から離れていたため津波の災禍は免れた。だが、庭には地割れが生じ、家の中には食器や書籍が散乱して足の踏み場もなく、ライフラインも途絶した有り様では、葉書を読んでも「うーん」と唸るばかりで、これほど達観するわけにはいかなかった。当初は震災のさなかにこんな文面を書き送ってくる友人の意図を量りかねて心穏やかではなかったが、この言葉を反芻するうちに、跡片付けをしている肩の力が抜け、妙に心が落ち着いてきたから不思議である。ショック療法と言おうか、ともかく「災難をのがるゝ妙法」ではあった。

水上勉はこの手紙について、良寛は「三条で大ぜいの人が死んだのに、己れにはまだ死の訪れのけはいがないので、嘆息しているのである」としながら、「死ねぬかなしみと、生きているよろこびが同居するのはこっけいに思えない」と注している。(2)だとすれば、良寛の言葉は諦念や無常観の表白ではなく、むしろ「今を生きる」ことへの覚悟を述べたものと解すべきであろう。あるいは、人知を超えた自然災害を前にしての、ひたすらな祈りにも似た凛とした姿勢である。

もちろん、「今を生きる」とはいっても、人は「今」だけを生きるわけにはいかない。現在は常に「過去」と「未来」に接続しており、そのあいだにあってこその「現在」である。その意味で、「今」ないし「現在」は単なる瞬間ではなく、歴史の厚みによって裏打ちされ、層をなしている。それゆえ、時間は流れ去るのではなく、今現在を支える地層として積み重なっているのである。人は過去の出来事を想起し、未来の出来事を予期しつつ現在を生きている。そうした重層的な時間経験こそ人間のものであろう。人は歴史的連続性のなかで自己を位置づけ、たえざる自己確認（アイデンティティ）を行なうことによって、はじめて「今を生きる」ことができる。人間が単なる生物学的存在ではなく、「歴史内存在」あるいは「歴史的動物」であるゆえんである。

けれども、今回の震災と東京電力福島原発事故は、そうした歴史的連続性を一瞬にして断ち切ってしまった。三・一一以前と以後とでは周囲世界のありようが一変したのである。被災者の一人が「今日の続きの明日が、去年の続きの今年がやってくると思っていました[3]」と述懐しているのは、まさに切実な実感であろう。その「続き」が切断され、もはや三・一一以前に戻るすべがないとすれば、個人であれ地域共同体であれ、引き裂かれた時間と歴史を紡ぎ直すためには「言葉の力」に頼るほかはない。強いて付け加えれば「物語の力」である[4]。

2　物語の力

自宅の跡片付けが一段落した頃、震災後はじめて沿岸部の津波の被災地を訪れた。荒浜方面に生前の母がお世話になった老人介護施設があり、その被災見舞いを兼ねてのことである（幸か不幸か、母は震災直前の三月六日に亡くなり、葬儀は震災前日の三月一〇日であった)。防潮堤の役目を果たした高速道(東部道路)の土手を越えると風景はまさに一変する。子どもの頃に海水浴を楽しんだ海岸沿いの松林は跡形もなく、一面の土砂と瓦礫の山である。その惨状にいっとき言葉を失った。

さいわい介護施設の建物は残っていたものの、一階部分は押し寄せた土砂で使いものにならなくなっており、庭には流されてきた防潮林の松の木が折り重なって倒れていた。もし母がショートステイなどで入居していたら、と考えると背筋に悪寒が走る。職員の方に伺うと、ただちに二階に避難したため入居者を含めて全員無事であった由、何よりのことと安心する。そこから海岸の方へ向かって車を進めたが、途中からはむろん立ち入り禁止区域である。周辺の田畑には押し流されてきた自動車が横転したり逆さになったり無残な姿をさらしており、ほど近い道路には漁船が乗り上げている。

テレビや新聞報道などで津波災害の甚大さはわかっていたつもりであったが、やはり百聞は一見にしかず、実際に目にすると少なからぬ衝撃を受ける。あたりにはヘドロの臭いであろうか、異臭が漂っており、そのなかに佇みながら生命を失った方々に祈りを捧げるほかはなかった。それでも、廃屋となった家に誰が立てたのか真新しい鯉のぼりが翻っていた。それが復興への希望を象徴するかのように風にはためいていたのが、せめてもの救いと慰めであった。

もちろん、私が目にしたのは、被災地のごくわずかな一面にすぎない。まして三陸沿岸に居住し、津波によって家族や係累を失い、家屋や家財を流されながら生き延びた方々の苦しみと悲しみは想像に余りある。被災者にとっては、家族や家財とともにあったはずの過去が、子どもたちとともにありえたはずの未来が、三月一一日に突然断ち切られてしまったのである。彼/彼女らが言葉を失い、沈黙を強いられたのも当然であろう。テレビの画面には、瓦礫の中をアルバムや卒業証書など、思い出の品々を探す人々の姿が映し出されていたが、粉々になった家族や共同体の「物語」を修復するためには、それらの断片をつなぎ合わせて物語を「語り直す」ほかはない。それは同時に、「今を生きる」自分をもう一度歴史の連続性の中に据えつけ直す作業でもあろう。名取市で医院を開業し、自身も被災されながらも、震災以来被災者の「心のケア」に尽力してこられた桑山紀彦医師は、そのあたりの事情を次のように語っている。

心のケアが必要な人にとって、記憶を紡ぎ出し、それを物語化し、どういう形でどこに仕舞う、つまり奉納するかという一連の作業が必要です。（中略）「この自動車、もしかしたら夫のかも」と何かを探し出せば、物語化が進むんです。辛い作業ですけど、でもその過程を踏まないと一生悪夢から解放されないんです。(5)

人は誰しも一つの「物語」を背負って今を生きている。これまで自分がどのように生きてきたか、これから自分はどのように生きていくのか、に関わる人生の物語である。それを自分が自分であること、すなわち自己の「アイデンティティ（自己同一性）」の確認と受容と言い換えてもよい。そのような物語に支えられることなしには、私たちは一瞬たりとも「今を生きる」ことはできない。もとより、自己の物語はそれだけでは完結せず、たえず家族や友人・知人など他者の物語と交叉し、絡み合いながら増殖し、新たに紡ぎ出されていく。それゆえ、家族や友人の死は、私の物語に埋めがたい空白箇所をもたらす。その空洞を埋めるためには、何らかの「喪の作業（グリーフ・ワーク）」が必要である。仏教の七七忌（四九日）に代表される服喪期間とは、そうした喪の作業のための時間のことであろう。それを通じて私たちは修復しがたい心の傷を癒すのである。

先の桑山医師は「心の傷をケアするのは、薬の処方を考えるのではなく、患者さんたちの物語を一緒に作っていく作業だということを改めて学びました[6]」と述べている。筆舌に尽くしがたい苦しみや悲しみに言葉を与え、それを自己の不可分の一部をなす「物語」として受け容れることによってはじめて、人は自分を取り戻し、「今を生きる」ことができる。それは限りなく個別的な「体験」を、言葉によって普遍的な「経験」へと昇華させ、次の世代へと語り継ぐ作業でもある。言い換えれば、「物語る」という言語行為は、個人の記憶や経験を言葉に象ることによって共同化し、それをコミュニティの記憶や経験として蘇生させる不可欠のメディアにほかならないのである。

震災後一年にして、「喉元すぎれば……」という諺のとおり、私たちの記憶は風化しかけている。もちろん、過去の記憶に固執するばかりでは、十全な意味で「今を生きる」ことはできない。それゆえ、忘却は一面において、心の傷を癒す何よりの良薬でもある。哲学者の坂部恵が「その経過が、いかなる薬にもまさる自然の治癒力をもつと多くの医家のいうあのかぎりなく優しい時間[7]」と述べている通りである。だが、その優しい時間は傷をかさぶたで覆うことはできても、傷の痕跡そのものを消し去ることはできない。震災の痕跡を次の世代へと語り継ぎ、死者の無念を記憶に留めて将来の災禍に備えることは、残された者の責務でもある。避けがたい忘却の力にあらがい、生者と死者の絆を結び直すことができるのは、何よりも「物語の力」なのである。

3　トランス・サイエンスの時代

東日本大震災が地震と津波の被害だけに止まったならば、まだしもそれを「物語」として形象化し、惨事の苛酷さに耐えることができたに違いない。すでに三陸沿岸地域は、明治二九年や昭和八年の大津波、そしてチリ地震津波による被災を経験し、そこから回復するすべを培ってきたからである。しかし、今回の震災が「未曾有の」あるいは「想定外の」と形容されたのは、それに引き続いて起こった東京電力福島原発事故によるものであった。政府の「収束宣言」にもかかわらず、メルトダウンを起こした原子炉の状態はいまだ安定しておらず、そこから放出されたヨウ素やセシウムなど放射性物質による被害は、広大かつ長期に及ぶものである。それはもはや個々人の「物語」の範疇に収まりきるものではない。事故直後に半径二〇キロ圏内の立ち入り禁止区域に入ったノンフィクション作家の佐野眞一は、津波と原発事故とを対比させながら次のように述べている。

　だが、不思議なことに、大津波に襲われた三陸地方の被災者のような切迫感はいま一つ伝わってこなかった。この差は、もしかすると、黙っていても〝見えてくる〟津波と、どうやっても〝見えない〟放射能の違いからくるのかもしれない。
　誤解を恐れずに言えば、大津波は人の気持ちを高揚させ、饒舌にさせる。これに対して、放射能は人の気持ちを萎えさせ、無口にさせる。それが、福島の被災者が三陸の被災者のような物語をもてない理由のようにも思われた。(8)

さらに佐野は、過酷な炭鉱労働が「炭坑節」のような唄や「フラガール」のような物語を生み出したのに対し、「だが、原発労働からは唄も物語も生まれなかった。原発と聞くと、寒々とした印象しかもてないのは、たぶんそのせいである」(9)とも指摘している。作家ならではの鋭利な洞察というべきだろう。いかなる物語も生み出せないということは、それが人間的な歴史の埒外にあることを意味する。「寒々とした印象」とはまさにそのことであろう。放射性物質の半減期の途方もない長さを考えれば、放射性廃棄物を作り出す原発も放射能の危険にさらされる原発労働も、ともに人間的時間のスケールを超え出ており、安易な物語化を拒んでいるのである。

今回の福島原発事故がもたらした衝撃は、これまで私たちが自明のこととして安住してきた科学技術文明のあり方に根本的な問いを突きつけている。少なくとも、原発開発を推進してきた科学者・技術者と日本の政治・経済・社会システムとの癒着構造(いわゆる「原子力ムラ」)の根深さが白日の下にさらされたと言ってよい。その意味で、原発事故は典型的な「トランス・サイエンス(領域横断的科学)」の問題である。トランス・サイエンスとは、核物理学者のA・ワインバーグが提起した概念であり、「科学によって問うことはできるが、科学によって答えることのできない問題群からなる領域」(10)を意味する。具体的には科学的判断と社会的価値判断とが複雑に交錯し、切り離すことができないような問題群、たとえば環境問題、BSEの安全性問題、インフルエンザをはじめとする感染症問題などである。もちろん、原発事故もその例に洩れない。

これまで私たちは事実と価値を切り分け、科学知識は「価値中立的」であり、善用も悪用も使う人次第と考えてきた。包丁が料理にも殺人にも使えるように、核エネルギーも原爆(軍事利用)にも原子力発電(平和利用)にも使える、というわけである。だが、二〇世紀後半からは、事実と価値が密接に関係するトランス・サイエンス的問題が急激に増大している。巨大化した科学技術は、たとえそれが善用されたとしても、不可避的に社会的リスク（悪）を伴うのである。

福島原発についても、地震や津波の影響によって重大事故につながる可能性があることは、それ以前から指摘されていた。しかし、全電源喪失にいたるような事故が起こる確率は極めて低いとして、その警告は無視されてきたのである。地震や津波による重大事故の発生確率については、科学者の見解はほぼ一致するであろう。だが、その確率を低いと見て無視するか、低くても防護策を講ずるべきと考えるかはリスク評価の問題であり、科学者だけで決めることはできず、科学を超えた社会的価値判断が必要となる。したがって、リスク評価は科学者だけに任せておいてよい問題ではない。今回の事故に際して、放射能汚染の被害を受けて避難や移住を余儀なくされたのは地域住民であり、彼／彼女らこそまさにステークホルダー（利害関係者）なのである。トランス・サイエンスの時代においては、「専門家支配」からの脱却とリスク評価における「シヴィリアン・コントロール」が求められるゆえんである。

4　未来世代への責任

もう一つ、福島原発事故が浮き彫りにしたのは、低レベルにせよ高レベルにせよ、放射性廃棄物処理の困難さという問題である。そもそも原発が必然的に生み出す放射性廃棄物の処理技術が未完成なまま稼動を続けている現状は、しばしば「トイレのないマンション」にたとえられている。その点で、原子力発電は不完全な技術であり、製造物責任が問われてしかるべき欠陥商品にほかならない。しかも、山本義隆が指摘するように、有毒性の化学物質については「それらの有毒性は分子の性質（原子の結合の性質）であり、原理的には化学的処理で人工的に転換可能」であるのに対し、放射性廃棄物の無害化は困難であり、ほとんど不可能に近い。

原発の放射性廃棄物が有毒な放射線を放出するという性質は、原子核の性質つまり核力による陽子と中性子の結合のもたらす性質であり、それは化学的処理で変えることはできない。つまり放射性物質を無害化することも、その寿命を短縮することも、事実上不可能である。（中略）無害化不可能な有毒物質を稼動にともなって生みだし続ける原子力発電は、未熟な技術と言わざるをえない。(11)

現在、海外で実施されている放射性廃棄物の唯一の処理方法は地下埋設による地層処分である。先ごろ公開された、それを実行しているフィンランドの様子を伝える映画『十万年後の安全』は実に興味深い。一〇万年後とは、現在埋設した放射性廃棄物が自然放射能と同じレベルにまで無害化される時期を示唆している。途方もない時間と言うべきだろう。一〇万年前に遡れば、地球上にはいまだネアンデルタール人が闊歩していた時代である。当然ながら、一〇万年後にどのような人類（？）が生存しており、どのような言葉を話しているかは、私たちの想像力の及ぶところではない。それでも一〇万年の間、私たちは後続世代に放射性廃棄物の危険性を伝え続けねばならない。そしてどのような形で伝えるべきかをめぐって（絵文字がよいのか、興味を持って掘り返さないよう何も書かないのがよいのか、など）、真面目に議論がなされているのである。まさに滑稽というほかはない。

たしかなことは、たとえ地層処分を行なったとしても、その安全管理は未来世代に丸投げせざるをえないということである。そこには「世代間倫理」という問題が生ずる。放射性廃棄物のような負の遺産を未来世代に押し付けてよいのかどうか、さらにその決定を現在世代だけで行ってよいのかどうか、という厄介かつ深刻な問題である。加藤尚武は次のように述べている。

「現在の世代が未来の世代に不利益な作用を及ぼさないかどうか」の検討・吟味という課題を果たす上で重要なことは、合意形成の仕組みが、現在世代の未来世代への加害を見落としやすい構造になっていないかどうかという点に着目することである。民主主義社会では、社会的に有効な合意は多数決による法律の制定という形をとる。この多数決という制度は、現在世代の合意がたとえ未来世代に大きな負担を強いるものであったとしても有効である、という原則を含んでいる。(12)

これまでの倫理は、現在世代内部での「相互性」ないしは「双務性」という原則の上に立っていた。たとえば「殺すなかれ」という倫理的命法は、自分と他人に等しく適用されることによって、暗黙の相互契約（黙契）として成り立っている。しかし、現在世代の未来世代に対する倫理は、未来世代がいまだ存在していない以上、「片務的」あるいは一方向的なものにならざるをえない。加藤が指摘しているように、多数決による社会的合意は現在世代の中でのみ有効だからである。

それゆえ、世代間倫理の基礎づけについては、これまでさまざまな議論がなされてきた。たとえばジョン・ロールズは、原初状態における「無知のヴェール」による選択という議論をもとに、「現世代は好き勝手に暮らすことができず、異時点の人びとの間の正義を定めるべく、原初状態で選択されると考えられる原理によって拘束されている」[13]と主張する。他方でハンス・ヨナスは「自ら生んだ子どもに対する責任と義務」[14]を根拠に、人間という理念に対する存在論的責任（人類の存続に対する責任）を強調する。つまり、子どもへの扶養義務をモデルにした議論である。いずれの論拠に対しても批判はあるものの、これらをめぐる論争には、ここでは立ち入らない[15]。

一つ考えておくべきことは、現在世代の多数決による合意にしても、それは選挙権をもった成人の利害のみによってなされるわけではない、ということである。そこには彼／彼女らの子、孫、曾孫ら「現存する未来世代」に対する配慮が働いているはずであろう。その意味で、現在世代の意思決定には、現存する未来世代も潜在的に参与していると言わねばならない。あるいは、未来世代は明示的にではないにせよ、決定への参与を要求しているのである。だとすれば、未来世代への加害の可能性のある決定は「他者危害の原則」（J・S・ミル）に照らしても許されるべきことではないであろう。放射性廃棄物をどう処理すべきかは、単なる技術的問題ではなく、このような「世代間倫理」の問題として考察されねばならない。放射能による汚染は、すでに福島の地で明らかになっているように、空気、土壌、水、食料といった未来世代の生存条件そのものを毀損する最悪の環境破壊である。そのことは、私たちが「今を生きる」ことが、未来世代への重い責任を伴うものであることを示唆している。その意味で、「今を生きる」ことは、同時に「未来を生きる」ことにほかならないのである。

註

（1）引用と表記は水上勉『良寛』中公文庫、一九九七年、四一一頁による。
（2）同前、四一二頁。
（3）北村みどり「ここにいる意味」、『世界』別冊 no.826、岩波書店、二〇一二年。
（4）「物語」の概念についての詳細は、野家啓一『物語の哲学』岩波現代文庫、二〇〇五年。
（5）海堂尊監修『救命』新潮社、二〇一一年、五五頁。
（6）同前、六〇頁。
（7）坂部恵『かたり』ちくま学芸文庫、二〇〇八年、一三九頁。
（8）佐野眞一『津波と原発』講談社、二〇一一年、八三—四頁。
（9）同前、一〇六—七頁。
（10）小林傳司『トランス・サイエンスの時代』NTT出版、二〇〇七年、一二三頁。
（11）山本義隆『福島の原発事故をめぐって』みすず書房、二〇一一年、三二—三頁。
（12）加藤尚武『災害論』世界思想社、二〇一一年、一六〇頁。
（13）ジョン・ロールズ『正義論』川本隆史・福間聡・神島裕子訳、紀伊國屋書店、二〇一〇年、三九一頁。
（14）ハンス・ヨナス『責任という原理』加藤尚武監訳、東信堂、二〇〇〇年、六九頁。
（15）加藤尚武『環境倫理学のすすめ』丸善ライブラリー、一九九一年、馬渕浩二『倫理空間への問い』ナカニシヤ出版、二〇一〇年などを参照。

おわりに

　本書は、私がここ四半世紀のあいだにさまざまな機会に発表した論考のなかから、『はざまの哲学』というタイトルにふさわしいものを青土社編集部の加藤峻さんに選んでいただき、一冊にまとめた文字通りの論文集である。

　きっかけは、昨年（二〇一七年）の夏に加藤さんから一通のお手紙を頂戴し、論文集の企画書（案）をお送りいただいたことに始まる。そこには詳細な私の論文リストが作成されており、なかには私自身が書いたことを忘れていたものまで含まれていたので、驚かされるとともに、加藤さんの熱意に感謝するとともに、重い腰を上げざるをえなかった次第である。

　その後、私が上京した折に何度かお目にかかり、企画を具体化していった。当初は二分冊にする案をご提示いただいたが、そこに含まれていた「物語り論」関係の論文、および「西田幾多郎論」関係の論文については、それぞれ別に一書をまとめる予定であったことから除かせていただいた。

多様なジャンルの論考が含まれているので、それをどのようなコンセプトのもとにまとめるかが難題であったが、加藤さんが最初に提案されたのは『はざまに漂う』というタイトルであった。私の大学院時代の恩師大森荘蔵先生の『流れとよどみ』にならったものとのことであったが、標題からは哲学書であることが直ちには読み取りにくいので、『はざまの思考』をこちらからは提案し、最終的に『はざまの哲学』に落ち着いた。その過程で、私の論考の標題や副題に「あいだ」や「はざま」を関するものが少なからずあることを加藤さんから指摘されたのは、私自身にとって新鮮な驚きであった。それで、「はざま」というキー・コンセプトのもとに、改めて自分自身の仕事を振り返ってみたのが、新たに書き下ろした「はじめに――「はざま」の作法」である。

収録した論文については、文意を明確にするための加筆や、「昨年」など執筆当時の年代表記の訂正等を行ったほかは、論旨に関わる修正はいっさいしていない。ただ、第V部に収めた東日本大震災関係の論考においては、臨場感を残すため、「一年前」などの年代表記をそのままにしておいた。各論文の初出タイトルと初出誌のデータは以下の通りである。

はじめに　（書き下ろし）

1　「哲学とはなにか——科学と哲学のあいだ」『日本の哲学』第一一号、二〇一〇年

2　「哲学のアイデンティティ・クライシス」『アルケー』第一六号、二〇〇八年

3　「「真理」の構成的側面」『現代のエスプリ』第四五四号、二〇〇五年

4　「マッハ科学論の現代的位相」岩波講座〈現代思想〉『科学論』岩波書店、一九九四年

5　「科学・形而上学・物語り——ホワイトヘッド『科学と近代世界』再読」『プロセス思想』第一四号、二〇一〇年

6　「フッサール——身体と知のアルケオロジー」今村仁司ほか『現代思想の源流——マルクス・ニーチェ・フロイト・フッサール』講談社、一九九六年

7　「言語の限界と理性の限界——分析哲学からポスト分析哲学へ」『〈哲学〉——〈知〉の新たな展開』ミネルヴァ書房、

一九九九年

8 「「分析哲学」私論――親和と違和のはざまで」『現代思想』二〇一七年一二月臨時増刊

9 「「情報内存在」としての人間」伊藤守・西垣通・正村俊之編『パラダイムとしての社会情報学』早稲田大学出版部、二〇〇三年

10 「科学技術との共生――科学技術論（STS）の視点から」『東京農工大学 人間と社会』二〇〇五年

11 「東北の地から」『書斎の窓』第六一三―六二二号、二〇一二―二〇一三年の連載。

12 「「今を生きる」ということ」座小田豊・尾崎彰宏編『人間として』東北大学出版会、二〇一二年

おわりに （書き下ろし）

本書の刊行に当たっては、論文の選択から全体の構成、果ては索引の作成にいたるまで、一から十まで青土社の加藤峻さんのお世話になった。ここに深甚の感謝の意を表したい。また、物語り論に関する論文集も引き続き加藤さんのお手を煩わせる予定であることをここに付け加えておきたい。

最後に、このようにして論文集を青土社から上梓していただけることは、大森荘蔵先生最晩年の時間論三部作が青土社から次々と刊行され、そのたびに議論の相手になっていただいた記憶が甦り、往時を思い起こして感慨深いものがある。あとは書肆に迷惑のかからない程度の部数が読者の手に渡ってくれることを祈るばかりである。

野家啓一

二〇一八年五月五日

索引

さ行

な行

は行

ま行

著者　野家啓一（のえ・けいいち）

1949 年仙台市生まれ。東京大学大学院博士課程中退。現在、東北大学名誉教授・総長特命教授。日本哲学会元会長。専攻は哲学、科学基礎論。主な著書に、『言語行為の現象学』『無根拠からの出発』（勁草書房）、『物語の哲学』『歴史を哲学する』（岩波現代文庫）、『科学の解釈学』『パラダイムとは何か』（講談社学術文庫）、『科学哲学への招待』（ちくま学芸文庫）など多数。1994 年第 20 回山崎賞受賞。

はざまの哲学

2018 年 5 月 30 日　第 1 刷印刷
2018 年 6 月 11 日　第 1 刷発行

著者——野家啓一

発行者——清水一人
発行所——青土社

〒101-0051　東京都千代田区神田神保町 1-29 市瀬ビル
［電話］03-3291-9831（編集）　03-3294-7829（営業）
［振替］00190-7-192955

印刷・製本——双文社印刷

装幀——水戸部 功

ISBN 978-4-7917-7074-8 C0010